아, 유럽

정치저작집 제11권

나남
nanam

윤 형 식

성균관대 법학과 졸업, 독일 트리어대학교, 베를린자유대학교,
브레멘대학교에서 철학, 정치학, 역사학, 그리스 고전문학 공부.
독일 브레멘대학교 철학 석사 및 박사, 동 대학교 철학과 초빙교수.
경희대학교 인류사회재건연구원 연구교수, 한국문학번역원 사업1팀장,
참여정부 대통령비서실 행정관, 한국정책방송원(KTV) 원장 역임.
현재 프리랜서 철학자. 또한 〈자전거 로만〉이란 자전거 가게를 운영 중임.
주요 저서 및 논문으로 *Semiotische Tätigkeitsphilosophie. Interner Realismus
in neuer Begründung*(《기호학적 활동철학. 내적 실재론의 새로운 정초》),
"퍼스 기호철학의 기본사상과 얼개", "토의민주주의와 시민사회 — 참여민주주의의
논의이론적 정초", "아리스토텔레스의 중용론과 '중용적 합리성'의 의사소통이론적
이해" 등이 있으며, 역서로 위르겐 하버마스의 《진리와 정당화》가 있음.

나남신서 1578

아, 유럽
정치저작집 제 11권

2011년 10월 25일 발행
2011년 10월 25일 1쇄

지은이_ 위르겐 하버마스
옮긴이_ 윤형식
발행자_ 趙相浩
발행처_ (주) 나남
주소_ 413-756 경기도 파주시 교하읍
        출판도시 518-4
전화_ (031) 955-4600 (代)
FAX_ (031) 955-4555
등록_ 제 1-71호(1979.5.12)
홈페이지_ http://www.nanam.net
전자우편_ post@nanam.net

ISBN 978-89-300-8578-6
ISBN 978-89-300-8001-9 (세트)
책값은 뒤표지에 있습니다.

나남신서 · 1578

아, 유럽

정치저작집 제11권

위르겐 하버마스 지음 | 윤형식 옮김

나남
nanam

Ach, Europa. Kleine Politische Schriften XI
by Jürgen Habermas

■ ■ ■

옮긴이 머리말

이 책은 독일의 '철학자이자 사회학자'인 위르겐 하버마스(Jürgen Habermas, 1929년 출생)의 *Ach, Europa. Kleine Politische Schriften XI.* (Frankfurt am Main: Suhrkamp, 2008)을 번역한 것이다. 우리말로 '정치저작집 제11권'으로 옮긴 이 책의 부제는 좀더 엄밀하고 친절하게 옮기자면 '정치적 성격을 갖는 작은 글들을 모은 11번째 책' 정도가 될 것이다. 그런데 우리말로 '정치적'이란 말이 갖는 외연에 익숙한 독자로서는 이 책이 '정치저작집'이란 부제를 달고 있는 것을 의아하게 여길 것이다. 스승이나 동료학자를 추모하는 글이나 그 업적을 기리는 강연문이 들어 있는가 하면 국제학회에서 발표한 학술논문도 실려 있기 때문이다. 그럼에도 이 책이 '정치저작집'인 이유에 대한 해명은 바로 하버마스의 삶과 이론에서 찾을 수 있다.

하버마스는 학자다. 그의 삶을 기록하는 전기작가라면 분명 그의 학문과 사상의 발전사를 기록하는 것 이외에 우리가 흔히 전기적인 것이라 여기는 내용이 그리 많지 않음에 당혹해할 것임이 분명하다. 물론 하버마스도 정치적 성격의 집회에서 토론하거나 길거리 데모 혹은 연

좌농성에 참여하였지만, 교수이자 학자로서의 인생 역정에 비추어보면
그것들은 에피소드에 불과하다. 그만큼 지금까지 그의 삶은 학문에 바
친 삶이었고, 《인식과 관심》(1968)과 《진리와 정당화》(1999), 《의사
소통행위이론》(1981)과 《사실성과 타당성》(1992) 등이 바로 그 위대
한 증거물이다.

하지만 하버마스는 언제나 자신이 반드시 해야 한다고 판단하면 '정
치적'으로 행동하길 주저하지 않았다. 그리고 그 정치적 실천의 핵심은
바로 글을 통한 실천이었다. 이 책에서도 역설하고 있다시피 하버마스
는 지식인이라면 '다른 사람들이 아직도 일상의 업무에 몰두하고 있을
시점에 위기적 사건 진행에 대해 흥분하고 분노할 수 있어야' 하며, 이
런 문제에 개입하기 위하여 자신의 전문영역을 넘어서서 자신이 가진
전문지식을 공적으로 사용해야 한다고 주장한다. 바로 이러한 지식인
으로서의 공적 의무에 대한 인식에 따라 현실에 참여한 결과물들을 하
버마스는 꾸준히 책으로 묶어냈다. 이 책들의 제목과 주요 주제는 각
기 달랐지만 모두 '[소규모]정치저작집'이란 부제를 달고 나왔다. 유럽
통합이 신자유주의적 일탈의 길로 갈 것을 우려하면서 보다 이성적이
고 민주적이며 평화지향적인 대안을 모색하는 글들을 중심으로 묶은
11번째 정치저작집이 바로 이 《아, 유럽》이다. 유럽 통합 문제에 관한
것은 그렇다 치고 이 책의 제1부를 구성하는 '철학적-정치적 인물론'들
이나 11번째의 글이 어떻게 '정치적인 것'(Das Politische)의 범주에 포
함될 수 있는가? 역자로서 이 질문에 대한 답을 시도하는 것은 매우 어
쭙잖고 어리석은 짓일 것이다. 이 질문을 염두에 두고 이 글들을 읽어
보시라고 독자 여러분께 청을 드리는 것으로 이 곤란을 면하고자 한다.

이 책에 실린 11편의 글 가운데 논문적 성격이 두드러지는 두 편의
글과 본래부터 신문 기고문으로 작성된 두 편의 글을 뺀 나머지는 모

두 경어체로 옮겼다. 이 글들은 모두 일정한 계기를 맞이하여 하버마스가 직접 청중을 대상으로 발표한 강연문이다. 이 글들을 논문처럼 옮기면 입말이 전해주는 뉘앙스가 사라지게 된다. 이념과 정치적 입장 문제로 한때 자신의 동지들한테까지 경원시되고 박해받았던 스승의 탄생 백 주년을 맞아 치러지는 추모행사에서 스승의 업적을 기리는 하버마스의 목소리에 어찌 감회가 없을 수 있겠는가? 철학적 교류를 넘어 동지적 우정을 쌓은 동료 철학자가 큰 상을 받는 축하의 자리에서 서로 다른 입장을 재확인하면서도 그의 성취를 경하하고 존경을 표하는 하버마스의 어조에 어린 진심을 어떻게 하면 우리말로 잘 전달할 수 있겠는가? 역자는 구어체로 번역하는 것이 그나마 나을 것이라 여겼다. 물론 우리말과 같은 경어체나 겸양어가 독일어나 영어에는 존재하지 않는다. 하지만 이러한 자리에서 강연하는 하버마스가 스스로를 '제'가 아니라 '나'라고 칭한다면 저 '감회'와 '진심'이 느껴지겠는가?

이 책은 유럽통합 문제를 제목으로 삼아 전면에 부각시켰지만 또 다른 핵심주제는 제3부에서 다루고 있는 공론장과 민주주의 문제이다. 매스컴, 특히 TV와 인터넷의 영향력에 대한 분석과 문제제기는 지상파 외 종합편성채널 허용 등 새로운 미디어 관련법 체제를 맞은 우리나라에도 시사하는 바가 크다. 무엇보다 적나라한 매체권력의 등장과 그 폐해에 대한 하버마스의 분석과 비판은 우리에게 다시 한 번 경각심을 일깨운다.

박식하고 식견 높은 학자가 자신의 사회·문화·역사적 맥락 속에서 이런저런 계기로 다양한 주제와 내용에 대해 저술한 여러 종류의 글들을 우리말로 적절히 옮기는 작업이 그리 녹록할 리 없다. 그나마 우리나라의 손꼽히는 로티 전문가인 이유선 교수가 로티와 관련한 글들의 초고를 읽고 여러 조언을 해주어서 역자의 시름을 덜어주었다. 이 자

8 ·

리를 빌려 이 교수께 감사의 뜻을 전한다. 물론 언제나 그렇듯이 로티
관련 글들을 포함하여 이 책 전체에 있을지 모를 오역의 책임은 오롯
이 역자의 몫이라는 것을 밝혀둔다. 그리고 번역 원고를 꼼꼼히 검토
하여 역자의 잘못된 우리말 습관에서 비롯된 오류들을 철저히 색출해
준 나남출판 편집부의 양정우 씨께도 깊이 감사드린다.

2011년 10월
윤 형 식

■ ■ ■
지은이 머리말

유럽의 다양성에 대한 엔첸스베르거의 찬가《아 유럽!》에서 오늘날 남은 것이라곤 탄식의 어조뿐이다. [1] 프랑크-발터 슈타인마이어 외무장관과의 토론은 다시 한 번 유럽의 미래에 대해 깊이 생각하면서 마치 리스본 정상회담 이후 유럽연합이 우리가 너무도 잘 알고 있는 바와 같은 각국 정부들 간의 권력게임으로 퇴행할 수도 있다는 두려움을 떨쳐버리게 된 것처럼 믿는 자기기만에 맞서서 이의를 제기할 수 있는 계기를 제공하였다. 유럽 각국의 정부들은 지금까지 유럽통합의 진로를 결정해왔지만 이제는 더 이상 어찌할 바를 모르고 있는 것처럼 보인다. 아마도 이들 정부들은 앞으로의 유럽의 운명을 자기네 국민들의 손에 맡기는 편이 좋을 것이다. 나아가 나는 서방의 '양극적' 동맹체제를 주창한다.

---

1) 옮긴이 주: 한스 마그누스 엔첸스베르거(Hans Magnus Enzensberger, 1929년 생)는 독일의 시인이자 작가이다. 1987년 그는 기행문 형식으로 《아 유럽!》(*Ach Europa! Wahrnehmungen aus sieben Ländern*)이란 책을 출간한 바 있다.

이 핵심주제 외에 나는 한편으로 이런저런 계기를 맞아 쓰게 된 '철학적-정치적 인물론'을 같이 실었고, 다른 한편으로 정치적 공론장의 역할에 관한 두 편의 글을 덧붙였다. 나로서는 특히 마지막 글이 중요하다. 이 글에서는 규범적 공론장 이론이 경험적 연구의 기본구상에 있어 그 틀을 어떻게 짤 것인지에 관하여 미칠 수 있는 영향력에 대해 다룬다.[2] 전문학술지들은 이 주제를 힘들어한다. 사회과학과 철학 간의 거리가 그 사이 비판이론의 창시자들이 상상할 수 있었던 것보다도 더 많이 벌어졌기 때문이다.

2007년 11월 슈타른베르크에서

위르겐 하버마스

---

2) 이에 대해서는 *Acta Politica* 40/3, 2005, 384~392에 실린 나의 논평을 참조.

나남신서 · 1578

아, 유럽
정치저작집 제11권

차 례

제 2 부 아, 유럽

제 3 부 공론장의 이성에 대하여

일러두기

1. ( )는 원문에 있는 ( )이거나, 원문을 그대로 병기할 때 사용하였음.
2. 〔 〕는 (1) 역자가 보충한 것, (2) "상호이해〔의사소통〕"처럼 서로 교체
   가 가능한, 상응하는 말, (3) "어휘〔체계〕"처럼 "어휘" 혹은 "어휘체계"
   로 번역이 가능하고 이를 밝히는 것이 독자들에게 더 도움이 된다고 생
   각되는 경우에 사용함.
3. 역자가 보충한 주는 앞에 '옮긴이 주:'라고 표시를 해두었으며, 그 밖의
   모든 주는 저자의 주임.
4. 고딕체는 원문에서 이탤릭체로 강조된 부분임.

1.
초창기 연방공화국의 헤르만 헬러*

    ●
    ●
    ●

볼프강 아벤트로트의 탄생 100주년을 기념하며**

    금속노조위원장 다음에 예전의 제자이자 교수가 강연하는 것, 이것은 볼프강 아벤트로트(Wolfgang Abendroth〔1906~1985〕)의 정치적 인생역정의 핵심을 이루는 두 축, 즉 노동운동과 학문을 적절한 방식으로 대변하고 있다고 저는 생각합니다. 또한 강연순서도 옳다고 생각합니다. 주최자가 먼저 나서는 게 당연하기 때문에 그럴 뿐만 아니라, 오토 브렌너1)의 후계자는 아벤트로트가 독일 연방공화국 초창기에 커

---

  * 옮긴이 주: 헤르만 헬러(Hermann Heller, 1891~1933)는 사회민주주의적 입장을 견지한 독일의 법학자로서 바이마르 공화국의 민주주의 원칙을 수호하기 위해 투쟁한 대표적 학자 가운데 하나이다. 그의 주저 《국가론》(*Staatslehre*)은 전후 독일 정치학의 성립에 지대한 영향을 끼쳤다.

 ** 이 글은 2006년 5월 6일 독일 금속산별노조(IG Metall) 집행부 건물에서 열린 회의("노동운동 - 학문 - 민주주의. 볼프강 아벤트로트 탄생 100주년을 기념하며" — 회의명은 옮긴이가 보충)에서 행한 연설문이다.

 1) 옮긴이 주: 오토 브렌너(Otto Brenner, 1907~1972)는 1956년에서 1972년까지 독일 금속노조위원장을 지내면서 전후 독일 금속노조와 노동운동 전반에 큰 영향을 미친 대표적 노동운동가이다.

다란 정치적 희망을 걸었고 많은 노력을 투입했던 조직을 대표하기 때문에도 그렇습니다. 이 〔노동운동의〕 영역에서 그는 투쟁의 동지들을 얻었습니다. 빅토르 아가르츠2)와 다른 이들을 생각해보십시오. 물론 인물과 사고방식 면에서 연면한 연속성을 지켜온 대학보다는 이곳에서 훨씬 더 쉽게 동지를 얻을 수 있었겠지요.

그런데 바로 이 대학에서 아벤트로트는 비록 정치와 노조의 영역에서보다 꽤 외롭기는 했지만 아이러니하게도 더욱더 성공적인 투쟁을 수행해냈습니다. 아도르노, 블로흐, 한스 마이어(Hans Mayer), 뤼씨앙 골드만(Lucien Goldmann), 오씹 플레히트하임(Ossip Flechtheim), 헬무트 리더(Helmut Ridder) 등이 참가한 아벤트로트 회갑기념 논문집이 이미 그것을 증거하고 있습니다.3) 10년 뒤 70세 생일에 다수의 제자와 동료들이 참여한 기념포럼은 이 학문적 성공을 더욱 뚜렷하게 부각하고 있습니다.4) 그리고 이러한 성공의 반향은 아벤트로트가 죽은 지 15년도 더 지난 2001년, 그가 설립한 〔마르부르크 대학교〕 정치학과가 50주년 기념식을 거행했을 때에도 사그라지지 않았습니다.5) 그리고 5년이 지난 지금 그의 생일 100주년을 맞아 이미 손자뻘인 세대가 아벤트로트가 대학을 다니고 대항-공산당(KP-Opposition)6)에 합류했던 시기인 바

---

2) 옮긴이 주: 빅토르 아가르츠(Viktor Agartz, 1897~1964)는 독일의 사회주의 경제학자이자 노동운동가였다.

3) *Gesellschaft, Recht und Politik*, H. Maus 등 (편), Neuwied: Luchterhand 1968.

4) *Abendroth-Forum. Marburger Gespräche aus Anlaß des 70. Geburtstages von Wolfgang Abendroth*, F. Deppe 등 (편), Marburg: Verlag Arbeiterbewegung und Gesellschaftswissenschaft 1977.

5) *Wolfgang Abendroth, Wissenschaftlicher Politiker*, Friedrich-Martin Balzer 편, Opladen: Leske + Budrich 2001.

6) 옮긴이 주: 대항-공산당(KP-Opposition)은 독일공산당(KPD)이 모스크바 노선을 추종하면서 독일사민당에 대해 적대 노선을 취하자 이에 반발하여 브란틀러(H. Brandler)와 탈하이머(A. Thalheimer) 등의 주도 아래 독일

이마르 공화국 후기의 논쟁과 갈등들로부터 주로 그 동력을 부여받은 그의 사상과 실천의 현재적 타당성을 다시금 묻고 있습니다.

이곳 강당에 계신 분들 중 몇 분은 잘 기억하고 계실 것입니다. 볼프강 아벤트로트는 전화를 받을 때 자기 이름을 일종의 '기상' 구호 같은 팡파르 신호처럼 억양을 붙여 발음하곤 했습니다. 저녁노을이 음향적으로 서광(曙光)으로 바뀌곤 했지요.[7] 아벤트로트는 그 원기를 북돋우는 목소리로 전화를 건 사람 모두에게 순수하게 거리낌 없이 응대했고, 전화를 건 사람이 누구인지 알기도 전에 무방비 상태로 그 사람에게 자신을 내맡겼습니다. 볼프강 아벤트로트는 세상에 대해 신뢰를 선불하였지만 세상은 종종 그를 실망시켰습니다. 그렇기 때문에 그의 곁에 리자(Lisa)가 있었다는 것은 그의 삶에 있어 매우 중요한 것이었습니다.

그렇게 민감한 심성을 지닌 사람이 그 많은 박해를 받고, 그 많은 패배와 공포를 경험하고, 끊임없는 고통을 겪고 나서도 어디서 그렇게 언제나 다시 — 자신과 다른 이들을 위해서 — 삶의 용기를 새로 추슬러 낼 수 있었는지가 저에게는 언제나 수수께끼였습니다. 저는 지금 정치적 지하생활에서, 교도소에서, 수형대대(受刑大隊)에서, 그리스 저항투쟁의 대오에서 그리고 영국의 포로생활에서 그가 겪은 극단적 경험들에 대해 말하는 것이 아닙니다. 나중에 태어난 우리가 오늘날 아무런 대가도 치르지 않고서 하나의 표본적인 인생역정으로 '기념하는' 정치적 인생역정의 결코 완전히 아물지 않은 상처들에 대해 말하는 것이 아닙니다. 저는 단지 자신의 당, 즉 사민당(SPD)의 비호를 상실한[8]

공산당 분파가 만든 당이다.
7) 옮긴이 주: 저녁노을은 독일어로 아벤트로트(*Abendrot*)이고 서광은 모르겐뢰테(*Morgenröte*)이다.
8) 옮긴이 주: 독일 사회민주당의 학생조직이었던 사회주의독일학생연맹(Sozialistischer Deutscher Studentenbund, SDS)이 맑스주의를 표방하자 사민

초창기 독일 연방공화국의 유일한 맑스주의자 정교수가 겪어야 했던 아주 통상적인 고난들을 말하는 것입니다.

제가 볼프강 아벤트로트를 알게 된 것은 50년대 말, 60년대 초였습니다. 그의 예전 조교였던 뤼디거 알트만(Rüdiger Altmann)이 기독교민주학생동맹(RCDS)9)의 한 신문에 칼 슈미트(Carl Schmitt)적 무기를 가지고 자신의 예전 스승을 상대로 막 전면공격을 감행했을 때였습니다. 〈프랑크푸르터 알게마이네 차이퉁〉10)의 사설은 영국의 전쟁포로 시절에 이미 이 마르부르크 대학교수의 천막 위에 펄럭였다는 붉은 깃발의 색깔에 대해 아주 고소하다는 듯이 묘사하였습니다. 이 비열한 중상모략의 여파를 저는 세미나가 끝난 뒤 아벤트로트의 집에서 식사를 할 때 실감하였습니다. 그의 딸 엘리자베트가 아버지 때문에 이 긍지 높은 대학도시에서 아침마다 학교 마당에서 또다시 겪어야만 했던 추잡한 일에 대해서 말했을 때였습니다. 나중에 요아힘 페렐스(Joachim Perels)로부터 사민당 출당 때문에 겪게 된 일들에 대해 질문을 받았을 때 아벤트로트는 자기 자신과 관련하여서는 항상 그렇듯이 대수롭지 않다는 듯이 답변하면서도 다음과 같은 말을 덧붙였습니다. "그런데 나는 그 일로 내 처와 세 아이들이 당하게 될 불이익들을 과소평가했었습니다."

냉전 시대의 피곤한 분위기와 전적으로 대비되는 반(反)-반공주의의

당은 SDS와 결별하고, 아벤트로트를 위시한 사민당 소속 교수들에게도 SDS와 결별할 것을 요구하였다. 아벤트로트가 이를 거부하자 사민당은 1961년 그를 출당(黜黨)하였다.

9) 옮긴이 주: 기독교민주학생동맹(Ring Christlich-Demokratischer Studenten)은 독일 기독교민주당(CDU)과 기독교사회당(CSU)의 비공식 학생조직이다.

10) 옮긴이 주: 〈프랑크푸르터 알게마이네 차이퉁〉(Frankfurter Allgemeine Zeitung)은 프랑크푸르트에서 발간되는 전국지(全國紙)로서 독일의 대표적인 보수신문이다. 통상 FAZ로 약칭된다.

상징으로서 단지 이 사람의 존재만으로도 그를 추모할 이유가 충분할
것입니다. 그가 1961년 학생조합 〈마르부르크의 클라우스탈러 빙골
프〉(Clausthaler Wingolf zu Marburg)에서 바이마르 공화국의 조합들
(*Korporationen*)을 예로 들어 강연했던 것처럼 단지 제1차 세계대전과
제2차 세계대전 사이의 아카데믹한 중산층들이 가졌던 심성 및 사고
방식의 역사에 대한 강연들만 했다고 하더라도, 아벤트로트는 초창기
연방공화국의 성급한 건망증을 거스르는 불편한 증인으로서 우리에게
행운의 케이스가 되었을 것입니다. 그러나 오늘 여기 모인 우리는 위
대한 지식인 노동운동가이며 바이마르 시대의 중요한 국법학 논쟁들에
대한 공세적 접속을 가능하게 해준 정치학자이자 선구적인 법률가로서
볼프강 아벤트로트를 기리는 것입니다. 제가 아벤트로트의 글을 맨 처
음 접한 것은 베르크슈트래써11) 기념논문집에서였습니다만, 그 뒤로
저는 아벤트로트가 국가론을 쓸 결심을 하지 않은 것에 대해 안타깝게
여겨왔습니다. 그러나 후배 정치학자 및 법률가 세대들에게 아벤트로
트는 이 독창적이며 그 영향력을 결코 과소평가해서는 안 되는 에른스
트 포르스트호프12)와의 비판적 논쟁 하나만으로도 이미 초창기 연방
공화국의 헤르만 헬러가 되었습니다. 학자로서 볼프강 아벤트로트는
항상 다른 무엇보다도 법률가였습니다. 스탈린주의의 비판자로서 그는
민주주의자들의 투쟁은 또한 언제나 법을 위한 투쟁, 규범적으로 올바

---

11) 옮긴이 주: 루드비히 베르크슈트래써(Ludwig Bergsträsser, 1883~1960)
는 역사학자이자 독일사회민주당 정치인이었다. 하버마스가 언급하고 있는
책은 《베르크슈트래써 70세 기념논문집》(*Aus Geschichte und Politik. Fest-
schrift zum 70. Geburtstag von Ludwig Bergsträsser*, A. Herrmann 편,
Düsseldorf 1954)으로, 여기에 아벤트로트의 글이 실렸다.

12) 옮긴이 주: 에른스트 포르스트호프(Ernst Forsthoff, 1902~1974)는 칼 슈
미트를 위시하여 나치즘에 협력한 대표적인 독일 법학자 가운데 한 사람이
다. 전후 그는 사회복지국가 개념의 헌법적 타당성을 부인하면서 이를 옹호
하는 아벤트로트와 논쟁을 벌었다.

른 법의 관철을 위한 투쟁이어야 한다는 것을 결코 망각한 적이 없습니다.

1953년 아벤트로트가 민주적 그리고 사회적 법치국가에 관한 헌법규정을 매우 설득력 있게 해석해낸 덕분에 오늘날 사회복지국가는 민주적 법치국가의 정당성의 조건으로 인정받고 있습니다. 당시 그는 이것과 헌법에 규정된 공화국을 이 헌법적 틀 안에서 사회주의적 민주체제로 탈바꿈시키려는 전망을 결합했습니다. 이 전망은 오늘날 적어도 두 가지 이유에서 낡은 것이 되어버렸습니다. 사회체제들 간의 경쟁은 전 지구적 자본주의의 승리로 결판이 났고, 이 전 지구적 자본주의의 포괄적 그물망은 더 이상 어떠한 출구도 열어두고 있지 않습니다. 자본주의를 안으로부터 정치적으로 그리고 법적으로 순치(馴致)시키는 일은 여전히, 아니 그 어느 때보다도 더 절박한 현안입니다만 이 일은, 자본주의 경제가 더 이상 국제적 체제 안에 포섭되어 있는 것이 아니라 거꾸로 국민국가들을 자신의 명령하에 복속시킨 이후로는, 더 이상 한 국민국가의 틀 안에서는 가능하지 않게 되었습니다.

2.

리처드 로티와 긴축의 충격에 대한 환희*

새로 제정한 상에 〔세상의〕 관심과 인정을 확보하고 싶은 심사위원단이 첫 번째 수상자로 세계적 명성을 떨치고 있는 저술가를 선정하고, 이 결정 자체가 갖는 의의를 확신하는 것은 놀라운 일이 아닙니다. 그러나 첫눈에 보기에 미국의 실용주의자와 독일 신비주의자로 이름 높은 신학자를 함께 엮는 일은 다소 초현실적인 놀라움을 자아냅니다.

---

* 이 글은 2001년 12월 3일 리처드 로티의 마이스터 에크하르트 상(Meister Eckhart-Preis) 수상식에서 행한 축하강연문(*Laudatio*)이다. 〔옮긴이 주: 이 글의 제목에서 '긴축'(緊縮)은 Deflationierung을 옮긴 말이다. 이 말은 소위 긴축주의적 진리이론(*deflationary theory of truth*)을 배경으로 하여 사용된 것이다. 이 진리이론에 따르면 '참' 혹은 '진리'라는 표현은 어떤 진술이나 명제의 실재적 속성을 지시하는 것이 아니라 단지 그 진술 혹은 명제 자체의 주장을 표현하는 형식적 장치에 불과한 것이고, 따라서 없어도 되는 잉여물이다. 이 입장에 따르면 전통적인 철학적 진리 개념은 지나치게 부풀려진 것으로써 축소 내지 긴축의 대상이 된다. 하버마스는 자신의 저서 《진리와 정당화》(*Wahrheit und Rechtfertigung*, Frankfurt am Main: Suhrkamp 1999; 우리말 번역, 나남출판 2008) 제5장에서 로티와 긴축주의에 대해 상세히 논하고 있다.〕

물론 〔둘 사이에〕 유사점들도 찾아볼 수 있습니다. 로티는 문학적인 영어를 구사합니다. 뛰어난 작가로서 그는 별 어려움 없이 이 장르에서 저 장르로 넘나듭니다. 그의 학술논문과 철학책의 산문은 또한 연설가의 화려한 수사와 에세이스트의 함축적인 스타일 덕을 보고 있습니다. 이 재능은 자신의 식사 때 강독이나 설교 그리고 훈령에서 라틴어를 버리고 민중의 언어에 영적인 어휘를 도입했던 박학한 도미니쿠스 교단 수도사의 창의적인 언어능력을 상기시킵니다. 당시 신학자들의 세계에서 이 '야만적인' 독일어는 여전히 '악마의 언어'로 여겨지고 있었지요. 그런데 설교하는 것을 꺼리지 않는다는 말은, 조금의 경멸의 뜻도 없이 드리는 말씀이지만, 바로 로티에게도 해당된다고 말할 수 있을 것입니다. 영감으로 가득 차서 듣는 이들을 감동시키는 연설을 하는 선교사적 재능도 그에게는 낯설지 않습니다. 청중으로는 물론 여성들이 우선적 대상이지요. 저 〔마이스터 에크하르트의〕 경우엔 베긴회 소속 여성들[1] 이었고, 이 〔로티의〕 경우엔 여성주의자들이긴 합니다만.

또 다른 유사점은 이단이라는 오명입니다. 물론 20세기 후반에 직업적인 철학자 공동체가 더 이상 — 과거 쾰른 대주교와 아비뇽의 교황이 그랬던 것처럼 — 28개 항목의 신앙적 진리에 이단의 죄를 씌웠던 것과 같은 권위를 가지고 있지는 않습니다.[2] 그러나 완고한 핵심 분석철학

---

1) 옮긴이 주: 베기넨(die Beginen)은 12세기에서 14세기까지 주로 네덜란드, 프랑스, 독일에서 활발히 일어난 기독교 평신도 여성공동체 운동이다. 남성 공동체는 베가르덴(die Begarden)이라고 칭하였다. 이들은 평신도 운동을 곱게 보지 않았던 로마 가톨릭교회에 의해 자주 이단시비에 휘말리면서 박해를 받았다.

2) 옮긴이 주: 마이스터 에크하르트(Meister Eckhart, 1260~1328)는 1325년 쾰른 대주교에 의해 이단으로 고발되어 죽을 때까지 종교재판에 시달렸다. 1327년 아비뇽에서 열린 종교재판에서 그가 주장한 28개의 테제들이 이단 혐의로 심판의 대상이 되었고, 그의 사후인 1329년 교황 요한 22세는 이 중 17개 테제를 이단으로 판정하였고 나머지도 비판대상으로 규정하였다.

자들이 국제적으로 인정받고 영향력도 크지만 배교자인 그들의 박학한 형제(*frater doctus*)에게 행한 파문(破門)은 그에 못지않게 고통스러운 의식(儀式)을 따르고 있습니다. 이러한 배경을 고려할 때 오늘날 로티가 비교문학 담당교수라는 자리를 갖고 있다는 아이러니한 사실만으로도 이 철학자에게 마이스터 에크하르트의 이름으로 상을 주며 그 업적을 기리는 것이 얼마나 정당한 일인지 알 수 있습니다.

그런데 로티는 이제는 자신의 직책 때문에도 해야 하는 문학공부를 — 다른 엘리트 대학교들의 철학과 동료들처럼 — 돌아가는 길이나 심지어는 잘못 든 길로 보는 시각을 갖고 있지 않습니다. 철학자들이 자연과학자와 시인 중 누구를 더 부러워하는가 하는 물음은 그에게는 심지어 리트머스 테스트로 사용됩니다. 그 자신이 수학자나 물리학자를 부러워한다는 것은 생각조차 할 수 없는 일이지만, 그는 콰인(Quine) 자신이 블레이크나 릴케를 부러워하는 것을 과연 상상이나 할 수 있었을까 하는 데 대해서는 확신이 없습니다. 로티의 경우 블레이크나 니체에 대한 사랑은, 그가 천재미학(*Genieästhetik*)으로부터 거의 열광적이라 할 정도이며 인간학적 측면으로까지 확장된 개념, 즉 의미창출로서의 포이에시스(*Poiesis*)와 혁신중독적인 생산성, 그리고 스스로를 기획하는 주체성의 개념을 이끌어낸 구제 불가능한 낭만주의자라는 사실을 드러내줍니다.

그러나 이 창조적이고 자기창조적인 주체성이라는 생산미학적 개념은 마이스터 에크하르트의 '영혼의 불꽃'(*Seelenfunken*)과 어떠한 연결고리도 갖고 있지 않습니다. 보다 자세히 들여다보면 매개적 인식이라는 논의적(*diskursiv*) 이상을 좇는 유명론자이자 자연주의자와 오직 — '신을 그 자체의 존재로 직접 바라보는 것'이라는 — 하나의 목적밖에 모르는 플라톤적이고 네오플라톤주의적인 영혼의 사변 사이를 연결시켜 줄 공통점은 많지 않습니다. 그런데 눈을 감은 관조(觀照)라는 이 말 없는 행위를 서술하고 있는 에크하르트의 말들은 너무도 다의적이어서 이

《독일어 설교집》의 저자를 후대의 불운한 영향의 역사로부터 지켜내지 못하였습니다.[3] 그러나 오해의 여지없이 자유주의 좌파인 로티의 경우에는 이렇게 이데올로기적으로 곡해되고 악용되는 운명은 면하게 될 것입니다.

두 사람의 저작 내용과 관련하여 살펴보자면, 기껏해야 루가복음 10장 38절 이하(Lukas 10, 38 ff.)에 대한 에크하르트의 유명한 해석 정도가 이론들을 그것들이 행위와 관련하여 갖는 결과에 비추어 평가하는 실용주의적 태도에 대한 로티의 애호와 일정한 연관성을 가질 것입니다. 왜냐하면 성경에 쓰여 있는 말과는 반대로 에크하르트는 손님들을 위해 뼈 빠지게 일하는 부지런한 주부 마르타를 주님의 발치에 앉아서 꼼짝 않고 그의 말에 귀 기울이고 있던 그녀의 동생 마리아보다 더 높게 평가합니다. 헤겔을 상기시키는—에크하르트가 마리아에 대해 말한 것처럼 '쾌감과 달콤함에 빠져' 있는—'아름다운 영혼'에 대한 비판은 '일 하는 것'을 영혼과 신의 직관적 합일로 이끄는 유일하게 올바른 길이라고 가르치고 있습니다. 의도한 [영혼과 신의] 융합은 마지막에는 '어떠한 매개체로부터도 자유롭게' 됩니다. 이 해석으로부터 실용주의적인 내용을 이끌어낼 수는 없습니다. 로티를 생각나게 하는 것은 단지 종법화된 위계질서를 뒤집어버리는 용감하고도 충격적인 행위뿐입니다.

로티는 니체를 좇아 플라톤적인 구분들의 가치를 이와 유사하게 철저하게 전도시킵니다. 그는 이론구조상 핵심적인 반대개념들인 '본질'과 '현상' 그리고 '참'과 '거짓'(unwahr)을 철폐하고 플라톤주의적으로 자기 소외된 문화의 구조를 무너뜨리고자 합니다. 로티는 자기 안에 폐쇄된 그릇된 삶은 그릇된 개념들, 왜곡하는 개념들에 그 원인이 있

---

3) 옮긴이 주: 하버마스의 이 말은 특히 나치시대에 마이스터 에크하르트 열풍이 불면서 그가 이데올로기적으로 악용된 것을 염두에 두고 하는 말이다.

다는 비트겐슈타인의 견해에 동조합니다. 오로지 이 형이상학적 전제만이, 동시대인들을 반(反) 형이상학적으로 재교육하고자 하는 로티의 계획이 왜 그렇게 과도할 정도의 문화비판적 어조를 띠는지를 설명해 줍니다. 앞에 내세운 반 형이상학적 의도가 저변에 깔린 형이상학적 동인(動因)을 은폐하고 있는 것입니다.

로티는 철학이 한때 내세웠던 실생활적 의의를 다시 철학에 부여하려는 소망을 가지고 있습니다. 철학은 개개인에게 지향점을 제공하고 인류의 도덕적 진보를 촉진함으로써 세계가 처한 상황의 개선에 도움을 주어야 한다는 것입니다. 그는 자신의 자유주의 유토피아를, '우리 종(種)에 속하는 모든 존재가 나머지 모든 존재들의 운명에 대해 염려하며 돌보는 그런 행성의 모습'을 조금도 소심하지 않은 방식으로 그리고 있습니다. 그러나 철학은 오로지 철학으로서 스스로를 지양(止揚)함으로써만 이 목적을 달성할 수 있습니다. 그런데 이번에는 〔사회적〕 관계의 혁명적 변혁을 통해서가 아니라, 철학을 상대로 철학을 가지고 수행하는 변혁을 통해서 달성할 수 있다는 것입니다.

혁명적 요구가 겨냥하는 대상은 이번에는 철학 그 자체, 즉 철학자들이 본래의 사명을 수행하는 데 방해가 되는 철학자들 자신의 이른바 파멸적인 자기이해입니다. 로티의 자제된 열정은 직업적 철학계 내에서 인정된 것의 해체를 향하고 있습니다. 로티는 상처받을 수 있는 개별자(das Einzelne)들에 대해 무심하게 지나쳐버리면서 높이 둥둥 떠다니는 고답적인 보편개념들로부터 바람을 빼버립니다. 훌륭한 방식으로 대단히 날카롭게 제기한 유명론적 도발은 긴축(緊縮, 바람빼기)의 충격에 대한 작가적으로 계산된 환희를 드러내줍니다. 정치적인 것에서가 아니라 서술형식의 미학 속에서 로티는 자신의 아나키즘적 성향을 마음껏 발휘합니다.

우리는 절대적인 진리를 추구하는 것을 포기해야 하고 더 이상 사물의 본질이나 본성을 탐구하려고 노력해서는 안 됩니다. 우리는 진리추

28

구와 인식의 노력을 너무 높이 치솟아 오르는 이념들보다는 손에 잡히는 사유의 결과들에 방향을 맞춘 수사학적 실천으로 대체해야 합니다. 본질과 현상 간의 존재론적 구분의 무익함과, 존재와 가상 간의 인식론적 구분의 무의미성과, 참과 거짓 간의 의미론적 구분의 쓸데없음을 일단 통찰하게 되면, 철학적 작업은 '성과의 고양'과 '관용'과 같은 실천적 목표들을 지향할 수 있게 됩니다.

과학적 진보는 오로지 기술혁신을 통해 생활조건의 개선으로 전환될 수 있는 이론의 예측적 성과에 의해서만 측정되기 때문입니다. 사회도덕적 진보는 주변화한 이들과 낯선 이들을 우리가 우리와 가까운 이들에 대해 느끼는 그런 종류의 의리(*Loyalität*)의 대상 속에 계속해서 더욱더 많이 포용하는 것으로 표출됩니다. 사회도덕적 진보는 다른 이들의 수난과 고통에 대한 감수성의 증대로 그리고 무자비함의 제거로 표현됩니다. 이것은 대중 상대의 평이한(*populär*) 말들로 들리는데, 사실 그렇기도 합니다. 그러나 이 민중교육자의 외관 뒤에는 《우연성, 아이러니, 연대성》(1989)[4]과 같은 광범위한 영향력을 행사한 책에 탄탄한 토대를 제공한 세분화된 이론이 숨어 있습니다.

번득이는 표현들을 가지고 대중매체를 통해 요구하는 건 많으면서도 산만한 일반청중에게서 명망을 얻는 도깨비불처럼 현혹적인 철학-연예인들(*Philosophy-Entertainer*)과는 반대로 로티는 프로답게 작업합니다. 그는 비상하게 명민하고 매우 생산적이며 끈질기게 분석하고 호기심 많으며 지속적으로 배워나가는, 직업적 철학계의 정점에 서 있는 철학자입니다. 물론 그는 자신의 전공분야의 논쟁들을 보다 큰 문화적 변동의 연관관계 속에 자리매김하여 바라봅니다. 그러나 바로 그가 직업적 철학계의 토론에 — 매우 자주 혁신적 동력으로서 — 참여하기 때문에

---

4) 옮긴이 주: R. Rorty, *Contingency, irony, and solidarity*, Cambridge Univ. Press 1989. (우리말 번역: 《우연성, 아이러니, 연대성》, 김동식·이유선 역, 민음사 1996)

더욱 그는 자신의 대외적 활동무대에서는 세부에 집착한 많은 논변들로부터 넉넉하고 포괄적인 결론들을 이끌어낼 권리가 있다고 느낍니다. 그가 가끔 직업적 철학계를 향해 아무리 조소를 쏟아붓는다 해도 그는 자신의 사상을 발전시키고 검증하는 동안은 학계의 표준을 지킵니다. "우리 철학교수들은 진리대응설이나 가치의 객관성에 찬성하거나 반대하는 소소한 논변들을 연거푸 제시할 수 있습니다. 우리가 그러한 논변들을 끊임없이 이리 뒤집고 저리 뒤집어보지 않는다면, 우리는 우리의 직업적 소명을 다하지 않는 셈이 될 것입니다."

로티는 그의 획기적인 저서 《철학과 자연의 거울》[5]에서 인지과학 및 오늘날의 의미론의 주요 흐름을 여전히 17~18세기의 고전적 인식론과 연결시키고 있는 정신주의적 근본가정들을 해체하였습니다. 그 후로 진리와 객관성이라는 주제는 그가 지칠 줄 모르고 계속 자아내고 있는 논변의 실타래를 관통하는데, 이 실타래는 수십 년 전부터 로티를 도날드 데이빗슨과 힐러리 퍼트남, 존 써얼(Searle)과 찰스 테일러, 한스-게오르그 가다머와 자크 데리다 등과 연결해주고 있습니다. 그는 청년처럼 팔팔하게 어느 정도 관심을 불러일으키는 모든 신간들에 대해 자신의 의견을 개진하고 있습니다. 그리고 자신의 주장들에 대한 모든 비판에 대해서 꼼꼼히 방어함으로써 그 관심에 답하고 있습니다. 궁극적으로 그는 단 하나의 문제를, 아니 보다 좋은 표현으로는, 그가 이 문제의 해결을 위해 작업해낸 제안이 갖는 후속문제들을 해결하고자 합니다.

이 문제 자체는 쉽게 정리됩니다. 한편으로 우리는 주장을 함으로써 말한 내용이 참이라는 것에 대한 절대적 요구〔주장〕를 제기합니다. 우리가 어떤 것을 참이라고 간주할 때, 우리는 그것이 여기 그리고 지금

---

5) 옮긴이 주: R. Rorty, *Philosophy and the Mirror of Nature*, Princeton Univ. Press 1979. (우리말 번역: 《철학 그리고 자연의 거울》, 박지수 역, 까치 1998)

에만 타당하고, 오직 '우리에게만' 참이라고 말하는 것이 아닙니다. 진술들이 어쨌든 참인 한, 그 진술들은 모든 경우에 그리고 모든 사람에 대해서 참입니다. 그래서 우리는 '참'(진리)은 진술의 '상실 불가능한' 속성이라고 말합니다. 다른 한편 우리는 '참'이라는 술어를 어떤 주장이 참인지 아닌지를 둘러싸고 서로 대립하는 이들이 이 주장이 참이라는 것을 비판하거나 정당화하면서 제시하는 근거들의 맥락 속에서만 사용합니다. 진리주장은 본래부터 비판 및 정당화와 연관되어 있는 것입니다. 그러나 진리 여부의 확정이 언제든 실패할 수도 있는 정당화의 실천에 종속되어 있다는 이 인식적 종속성은 절대적 타당성 주장에 치명적 결과를 낳게 됩니다. '진리'와는 달리 '근거제시'(논증, *Begründen*)는 청중과 연관되어 있고 청자(聽者)에 상대적인 성과 개념입니다. '참'이 절대적 개념이라는 전제하에서도 그 적용조건들은 언제나 여전히 상대적일 것입니다. 왜냐하면 전적으로 정당화되었거나 단번에 완벽하게 논증된 믿음과 같은 것은 존재하지 않기 때문입니다. …"

이 문제에 대해서 우리는 물론 여러 가지 상이한 방식으로 대응할 수 있습니다. 로티는 우리가 더 이상 진리 개념에 대해 신경 쓰지 말아야 한다고 제안하는데, 이것이 바로 사람들에게 반감을 불러일으킨 요인입니다. 로티는 진리 개념을 정당화된 주장가능성 개념으로 대체하고자 하는데, 그 이유는 이 개념이 어차피 모든 일을 다 해야만 하기 때문이라는 겁니다. 이 주장으로 로티는 논쟁을 불러일으켰는데, 이에 대해서 저는 이 자리에서는 더 이상 상론하지 않겠습니다. 우리의 맥락에서 관심의 대상은 이 제안을 한 동기입니다. 로티는 대응할 수 있는 가능한 선택지 중에서 가장 극단적인(*radikal*) 대응을 선택한 건데요, 제가 보기에 그 이유는 그가 그의 동료들이 놀라자빠질 바로 그 귀결들을 바람직한 것이라고 간주하기 때문입니다.

아마도 로티는 이렇게 생각했을 것 같습니다. "진리 개념으로부터 모든 철학적 관심을 제거하면, 우리는 우리의 인식이 자연의 모사(模

寫)이거나 거울이라는, 우리를 오도하는 직관을 벗어던지게 된다. 뿐만 아니라 맥락으로부터 독립적인 진리타당성을 포기하고 우리 정신과는 독립적인 객관적 세계와 작별함으로써 우리가 전혀 필요도 없는데 쓸데없이 우리 스스로를 속박해온 가상의 강박도 완화된다"고 말입니다. 합리성 '일반'을 각각의 '우리들의' 합리성으로 되돌리고, 의사소통과 의견조작(Manipulation), 설득과 설복(Überzeugen und Überreden) 간의 대립을 완화하고, 플라톤적 기본개념들 전체를 녹여버리는 일은 무언가 해방적인 것을 암시하고 있습니다. 이 점을 이해하기 위해서는 로티가 새로운 우연성의 여유 공간에 던지는 낭만적인 눈길을 보아야만 합니다.

우연성에 대한 의식의 증대는 로티에게는 자유 의식의 진보를 의미합니다. 왜냐하면 그것은 창의성을, 각기 변화된 자기이해 및 세계이해를 위한 각각의 새로운 어휘들의 창안을 진작하기 때문입니다. 혁신과 실험을 통해 미학적 아방가르드의 경험이 활성화됩니다. 그러나 실존적 삶의 기획이 갖는 비(非)일상성은 정치적 자유주의가 제기하는 정의에 대한 요구 및 민주적 지식인이 갖는 임무들과 합치되어야 합니다. 여기서 이 두 측면들은 각각 고유한 제단과 수호신을 갖습니다. 하이데거와 듀이가 서로 상보적 관계를 형성하고 있는 것입니다.

로티는 그 목소리가 대륙 전체에 걸쳐 경청되는 다섯 손가락 안에 꼽히는 미국 지식인 중 한 사람입니다. 그가 용기 있으면서도 허영심이라곤 전혀 없이 어떤 일을 편들며 목소리를 낼 때에도 무비판적이 아니면서 꿋꿋한 자기 나라에 대한 충성심이 표출됩니다. 그것은 다음과 같은 브레히트적인 정신에서 나온 애국주의입니다. "그리고 우리는 이 나라를 개선하기 때문에 이 나라를 사랑하고 비호하는 것이라네." 다시금 세심하게 옹호된 철학적 견해와 상쾌할 정도로 솔직한 정치적 입장표명 간에 투명한 연관관계가 있게 됩니다. 그것은 아프가니스탄 침공에 대한 그의 최근의 의견표명에서도 드러납니다. 합리성 논쟁에

서 로티는 이해의 상호성이라는 해석학적 견해에 반대하면서 방법적
자문화중심주의(*Ethnozentrismus*)를 내세운 바 있습니다. 이 철학적 입
장은 이제 서구의 세속적인 휴머니즘 문화가 다른 문화들과 꽤나 당당
하게 교류하는 것에 대한 거의 망설임 없는 편들기로 나타납니다. 6)

축하강연(*Laudatio*)은 이의를 제기하고 논쟁을 하기에 적합한 장소가
아닙니다. 그러나 저는 우리의 저자가 자신의 가장 최근에 나온 책의
서두에 쓴 겸양의 말(*captatio benevolentiae*)에 대해서는 반박을 해야만
하겠습니다. 그곳에서 로티는 이런 경우 필수적인 겸손함을 가지고 자
신을 '천재가 아닌 사람들' 속에 포함시키기 위하여 위대한 철학자의
독창성과 절충주의자의 호기심을 대비시키고 있습니다. "나는 불안해
져서, 이전의 영웅들에 대해 어느 정도 신의를 지키면서도 새 영웅들
을 찾아 두리번거리고, 그리하여 마침내는 혼합주의자(*Synkretist*)로 털
갈이를 하게 되었다. 그러나 아무리 성공적인 혼합주의라 할지라도 그
것은, 우리로 하여금 모든 것을 새로운 시각에서 바라보도록 함으로써
전체적 형태의 변화(*Gestaltwechsel*)를 촉발하는 데 성공하는, 진정 영
웅적인 철학적 업적에 필적할 수 있으리라는 희망을 가질 수 없다."7)
〔철학적〕크기의 차이가 없다고 하는 주장에 동조하지 않으면서도 저
는 저의 친구 딕 로티의 이 영웅숭배적 제스처를 그냥 통과시켜주고
싶지 않습니다. 그 제스처가 바로 잘못된 전제에 근거하고 있기 때문
에 그렇습니다.

로티는 자신의 철학적 영웅들인 헤겔과 니체, 듀이와 하이데거의
(플라톤은 왜 또 아니죠?) 새로운 어휘들을 부러워하는데요, 이 어휘들

6) R. Berhorst, "Die Umwelt ist nicht zu retten. Der Philosoph Richard
   Rorty steht im Streitraum der Berliner Schaubühne Rede und Antwort",
   2001년 11월 20일자 〈쥐트도이췌 차이퉁〉(*Süddeutsche Zeitung*) 15쪽 참조.
7) R. Rorty, *Wahrheit und Fortschritt*, Frankfurt am Main: Suhrkamp
   2000, 20.

은 하늘에서 떨어진 것도 아니고, 숙명처럼 우리에게 내려온 시적인 세계개창(世界開創, *welterschließung*)도 아닙니다. 우리가 이미 알고 있는 것을 다른 시각에서 보도록 하고 새로운 방식으로 기술하는 것이 가능하도록 해주는 새로운 전망은 또한 초인적이고 천재적인 방식으로 (*herrisch-genial*) 만들어지는 것도 아닙니다. 그러한 전망은 우리를 애먹이는 문제들을 가지고 충분히 오랫동안 끙끙대며 작업한 연후에야 종종 나타나는 기발한 답들과 함께 생겨납니다. 까다로운 문제들을 대상으로 한 절망적인 연구작업을 통해서야 비로소 창의적인 발상의 단초가 주어집니다. 상상력과 '소소한 논변'의 이 혁신적인 공동작용의 예로는 오늘 우리가 기리고자 하는 이 철학자의 매혹적인 업적보다 더 좋은 예는 없습니다. 그래서 우리는 그가 자신의 등불을 됫박으로 덮는 것을 허용하지 않으려 합니다.

3.
"… 그리고 미국을,
그것의 강건한 민주주의를 정의하는 것"*

•
•
•

리처드 로티를 추모하며

오늘 우리가 이 자리에 함께 모인 이유는 매우 개인적인 동기이기 때문에 사적인 회고로 〔이 추모강연을〕 시작해도 괜찮으리라고 생각합니다.

제가 리처드 로티를 처음 만난 것은 1974년 샌디에이고(San Diego)에서 열린 하이데거 학회모임에서였습니다. 맨 먼저 그 자리에는 참석하지 않은 헤르베르트 마르쿠제(Herbert Marcuse)의 인터뷰 비디오가 상영되었는데, 이 인터뷰에서 마르쿠제는 1930년대 초 자신과 하이데거와의 관계를 전후(戰後) 둘 사이에 오간 신랄한 편지들로 보아 예상할 수 있었던 것보다 더 부드럽게 묘사하고 있었습니다. 짜증스럽게도 이것 때문에 정치적인 것에 개의치 않는 하이데거 숭배의 분위기가 형성되었고, 이러한 분위기는 학회모임 전체를 지배했습니다. 1933년 이전에 역시 프라이부르크에서 공부했던 머조리 그린(Marjorie Grene)1)

---

* 이 글은 2007년 11월 2일 스탠퍼드 대학교의 추모식에서 행한 강연이다.
1) 옮긴이 주: 머조리 그린은 1931년 하이데거에게 배웠던 미국의 여성 철학자이다. 독일어 원문에는 이름이 Marjorie Green으로 잘못 표기되어 있는데,

만이 언짢아하며, 당시 그 스승의 더러운 생각에 속아 넘어간 것은 기껏해야 하이데거의 아주 가까운 제자들뿐이었고, 마르쿠제도 그 중 하나였다고 말하였습니다.

이런 분위기 속에서 저는 당시까지는 단지 언어학적 전회에 관한 유명한 논문선집의[2] 편집자로만 알고 있던 프린스턴에서 온 교수 한 사람이 도발적인 비교를 시도하는 것을 듣게 되었습니다. 그는 세계적으로 유명한 세 명의 독주자들의 불협화음을 기이한 협주곡의 틀 안에서 조화시켜보려고 하였습니다. 실용주의자들 가운데 가장 정치적이었던 급진민주주의자 듀이가 이 오케스트라에서는 거만한 독일 고위관리의 전형적 화신(化身)인 하이데거와 나란히 등장하고 있었습니다. 이 있을 법하지 않은 동맹의 세 번째 인물은 비트겐슈타인이었습니다. 저는 물론 비트겐슈타인의 《철학적 탐구》(Philosophische Untersuchungen)로부터 흥미로운 것들을 많이 배웠습니다. 그러나 그 역시 독일적 이데올로기의 정신에 대한 주물숭배적(geistfetischistisch) 편견들로부터 전적으로 자유롭지는 못했기 때문에 그를 듀이의 동지로 내세우는 것은 모양새가 이상했습니다.[3]

홈볼트와 철학적 해석학의 시각에서 볼 때 언어의 세계개창적 기능에 대한 통찰은 하이데거와 비트겐슈타인 간의 근원적 근친성(近親性)을 부각시킵니다. 토마스 쿤(Thomas Kuhn)의 과학사에 대한 맥락주의적 독법(讀法)을 확신하게 된 로티는 분명 언어의 세계개창적 기능에 대한 통찰에 매료되었을 것입니다. 그러나 이 둘과 우리 유럽에서는 그 부재가 그리도 절박하게 아쉬웠던 저 급진민주주의적 청년헤겔

이는 명백한 오기이므로 바로잡았다.

2) *The Linguistic Turn*: *Essays in Philosophical Method*, R. Rorty 편, Chicago: University of Chicago Press 1967.

3) L. Wittgenstein, *Vermischte Bemerkungen*, Frankfurt am Main: Suhrkamp 1977.

주의 분파의 화신인 듀이가 어떻게 어울린단 말입니까? 사유의 습성 (*Denkhabitus*)이라는 측면에서 바로 이 사람은 하이데거의 독일-그리스 적인 허세와는, 다수 앞에서 자기들만이 진리에 이르는 특권을 가지고 있는 양 행세하는 소수의 점잔빼는 어조와 엘리트적 태도와는 천양지 차인 사람입니다.

당시 저는 이 세 사람을 이렇게 한데 묶는 것이 너무도 외설스럽다 고 생각했기 때문에 토론에서 꽤 흥분했었습니다. 그러나 놀랍게도 프 린스턴에서 온 이 대단한 동료는 독일 촌구석에서 온 저의 억센 항의 에도 전혀 마음 상하지 않고, 오히려 친절하게도 저를 자신의 세미나 에 초청하였습니다. 그리고 프린스턴 방문은 저로서는 행복하면서도 배운 것 많은 우정의 시작이 되었습니다. 공동의 정치적 신념이라는 탄탄한 지반 위에서 우리는 우리들 사이의 철학적 차이들을 여유 있게 참아낼 수 있었습니다. 이렇게 딕(Dick)이 저를 상대로 공개적으로도 변호한 바 있는 저 '철학에 대한 정치의 우선성'이라 할 것이 수행적으 로(*performativ*) 입증되었습니다. 그런데 하이데거와 관련하여 처음의 저의 흥분은 알고 보니 그럴 이유가 없었던 것이었습니다. 딕도 존재 의 목소리를 엿듣는 비교적(秘敎的, *esoterisch*) 사상가보다는《존재와 시간》의 실용주의적 하이데거를 더 염두에 두고 있었습니다. 4)

첫 만남 뒤에 그는 제게 자신의 논문 〈잘 잃어버린 세계〉의 별쇄본 을 보냈습니다. 5) 제목에 담겨 있는 아이러니한 풍자를 보고서 그 때에 이미 저는 철학자 리처드 로티가 가지고 있는 지식인이자 작가로서의 면모를 알아차렸어야 했습니다. 그러나 저는 분석적으로 논변하는 그

---

4) R. Rorty, *Philosophy and Social Hope*, New York: Penguin Books 1999, 190 이하.

5) R. Rorty, "The World Well Lost", *The Journal of Philosophy* 69/19, 1972, 649~655. 로티는 이 제목을 1953년 출판된 씨어도어 스터전 (Theodore Sturgeon)의 같은 제목의 단편소설에서 따왔다.

논문을 그저 《철학저널》(*Journal of Philosophy*)에 실린 논문을 읽을 때 통상 읽는 방식으로 그렇게 읽었습니다. 사실 그 논문은 몇 년 뒤에 출판된 저 근대적인 인식론 패러다임에 대한 포괄적 비판의 선행작업이었습니다. 《철학과 자연의 거울》(1979)이 끼친 영향은 대단했습니다. 이 연구가 가진 혁명적 성격은 하이데거와 비트겐슈타인에 의해 수행된 의식철학에서 언어철학으로의 언어학적 전회를 비판적으로 재정리한 데 있다기보다는 그로부터 귀결되는 단 하나의 결론을 첨예하게 부각시킨 데 있습니다. 로티는 차근차근 단계적으로 '표상하는' 혹은 '사실을 모사하는' 관람자적 사유모델을 해체하였고, 이로써 러셀과 카르납 이래로 17세기 인식론의 근본문제들을 논리-의미론적으로 다룸으로써 학문적 인정을 얻고자 노력해왔던 연구분야의 심장을 찌른 것입니다.

여기서 이 책의 중심을 이루는 생각들을 간략히 상기해보겠습니다. 사실들이 우리 언어의 명제적 구조와 독립적으로 개념화될 수 없고 의견이나 진술들이 오직 다른 의견이나 진술들에 의해서만 수정될 수 있다면, 우리의 사유가 '바깥의 저 세상 속의' 사실들과 대응한다는 표상은 우리를 그릇된 길로 이끄는 것입니다. 우리는 자연을 "이 언어는 자연 자체의 언어다"라고 상정해도 괜찮을 그런 언어로 기술할 수 없습니다. 그래서 실용주의적 독법에 따르면 실재의 '모사' 대신에 실재의 도전들에 대한 문제해결을 통한 '대처'(*Zurechtkommen*, [coping])라는 표상이 등장하게 됩니다. 이에 따르면 우리는 매우 복잡하고 우리를 놀라게 하는 환경과 구성적 교류를 하는 과정에서 사실지식들을 취득합니다. 자연은 오직 간접적으로만 답을 줍니다. 왜냐하면 자연의 모든 답들은 우리의 문제제기 구조와 연관되어 있기 때문입니다. 우리가 '세계'라 칭하는 것은 사실들의 총체로 이루어진 것이 아닙니다. 그것은 우리를 놀라게 하는 자연의 반응들로부터 학습하고 우연적인 자연적 사건을 믿을 만한 예측을 통해 통제 가능하게 만드는 우리의 시도들에 부과되어 있는, 인식과 연관된 제한들(*Beschränkungen*)의 총체입니다.

인식하는 정신의 이른바 모사기능에 대하여 면밀하게 행해진 이 비판은 저자의 보다 더 큰 야망을 추종할 용의가 없는 동료들로부터도 경의를 이끌어낼 수 있을 정도입니다. 이 야망은 당시 이 책의 독일어 번역판을 낼 때 영어 제목에 가해진 확장에서 엿볼 수 있습니다. 《철학과 자연의 거울》은 독일어로 《자연의 거울. 철학 전체(!)에 대한 비판》(*Der Spiegel der Natur. Eine Kritik der*(!) *Philosophie*, [1981])이란 제목하에 출간되었습니다. 그런데 저 자신은 그의 논문집 《실용주의의 결과들》(*Consequences of Pragmatism*, 1982)의 서문을 읽고서야 비로소 로티의 기획이 가지는 영향력의 범위가 얼마나 큰지를 — 그리고 그와 함께 하이데거와 비트겐슈타인과 듀이라는 조합이 갖는 의미를 — 알아차렸습니다.

저자를 개인적으로 아는 사람으로서는, 이 철학자이면서 작가이자 정치적 지식인인 사람의 대단한 주장과, 같은 이름을 가졌으나 겸손하고 사람들과의 교제에서 수줍음 많고 예민하며 거의 가냘프달 수 있는 사람을 일치시키기는 결코 쉽지 않았습니다. 그의 대외적 활동은 화려한 수사와 절제된 정열로, 청년같이 날카롭게 문제를 제기하는 정신이 주는 매력으로, 심지어는 그 어떤 파토스(*Pathos*)로 각인되어 있었습니다. 숭고한 개념들의 긴축(바람빼기)과 김빼는 표현(*understatement*)은 분명 그 자체로 파토스를 가질 수 있기 때문입니다. 그러나 매우 인상적인 연설가이자 열정적인 선생의 아우라(Aura) 뒤에는 이미 말씀드렸다시피 수줍고 조용한 성격, 품위 있는 절제력을 갖춘 성격, 고결하고 사랑스러운 성격을 가진 사람이, 그 무엇보다도 심오한 체하는 것을 가장 증오했던 사람이 숨겨져 있었습니다. 그러나 우리는 친구의 인품에 대해 모든 존경을 바치면서도 그가 철학적으로 옹호했던 것의 과도함에 대해 침묵해서는 안 될 것입니다.

리처드 로티가 야심차게 의도했던 것은 다름 아니라 그리스 형이상학이 사로잡힌—그리고 그리스 형이상학의 밭고랑에서 싹터 나온 과학에 대한 주물숭배(*Wissenschaftsfetischismus*)가 사로잡힌—개념적 강박들로부터 스스로를 해방시키는 문화를 장려하려는 것이었습니다. 그가 생각하는 '형이상학'이 무엇이고 또 형이상학에 대해 그가 비판한 것이 무엇인지는 이 비판을 추동한 동기를 명확히 떠올려보면 가장 잘 이해할 수 있습니다. 〔로티에 따르면〕"철학자들은 오로지 영원한 것에 대한 인식을 얻겠다는 희망을 포기한 뒤에야 미래의 상(像)들에 대한 연구에 몰두하게 되었습니다."6) 플라톤주의는 좋음과 참이라는 불변의 이데아에 눈길을 붙들어 매 놓고, 자기 스스로를 창출하는 인류의 창조적 에너지를 그 안에서 딱딱하게 굳게 만드는 하나의 그물과 같은 범주적 구분들의 체계를 만들어냅니다. 그런데 로티는 현상보다는 본질을, 특수보다는 보편을, 우연보다는 필연을, 그리고 역사보다는 자연을 개념적으로 우선시하는 것을 단지 순수히 이론적인 문제만으로 보지 않습니다. 세계를 바라보는 근본적 시각들이 삶의 형식에 구조를 만듭니다. 그래서 로티는 세계와 우리 자신에 대해 다른 시각을 표출해주는 어휘에 자신의 동시대인들을 학습시키고자 하였습니다.

로티는 보다 급진적인 두 번째 계몽주의의 추진을 통해 스스로를 배반한 근대의 진정한 동기들이 재생되어야 한다고 주장합니다. 이 근대는 오직 자기 내부에서만 모든 규범적인 것들을 창출해야 합니다. 조망이 불가능한 우연성들의 부침(浮沈)을 넘어서는 어떠한 권위나 발받침도 더 이상 존재하지 않습니다. 어느 누구도 어느 한 맥락을 벗어나는 즉시 또 다른 맥락 속에 처하게 될 뿐, 맥락 자체를 초월할 수는 없습니다. 동시에 인간의 조건(*human condition*)은 다음과 같은 특징을 갖게 됩니다. 즉, 인간이라는 피조물의 유한성과 자연에 종속된 상태

---

6) R. Rorty, "Philosophy and the future", *Rorty and Pragmatism. The Philosopher Responds to its Critics*, H. J. Saatkamp 편, Nashville: Vanderbilt University Press 1995, 199.

(*Naturverfallenheit*)를 — 정신의 오류 가능성과 육신의 취약성 그리고 부서지기 쉬운 공동체적 삶의 위태로움을 — 냉철하게 인정하는 것이 사회와 문화의 쉼없는 창조적 자기변혁의 동력이 될 수 있다는 것 말입니다. 이런 견지에서 우리는 정치, 경제, 사회적으로 갈기갈기 찢긴 세계사회에서 보다 나은 미래에 대한 월트 휘트먼(Walt Whitman)의 믿음이 기회를 잃지 않기 위해서는 우리 스스로를 당당한 근대의 아들과 딸로 이해하는 것을 배워야 한다는 것입니다. 포용적이고 박애적인 공동의 삶에 대한, 멀리서부터 다가오는 사회적 희망을 말하는 민주주의적 목소리가 침묵하게 되어서는 안 된다는 것입니다.

지식인 리처드 로티의 감동적인 노래들, — 그의 인터뷰와 강연들, 우연성과 아이러니 그리고 연대성이라는 그의 대외적 가르침들, 전 세계에 널리 퍼진 논문들 — 이 모든 것들은 메타철학과 실용주의의 시대 비판적 부활 그리고 좌파적 애국주의가 함께 어울린 삼중주로, 그의 독특하게 낭만적이고 매우 개성적인 삼중주로 가득 차 있습니다. 이 생애와 업적에 합당한 묘비명으로 저는 1871년 월트 휘트먼이 쓴 시의 한 구절보다 더 잘 어울리는 것은 없다고 생각합니다. 〈낯선 나라들에게〉(*To Foreign Lands*)라는 제목 아래 들어있는 말들은 딕 또한 자신의 유럽 친구들에게 하고 싶었던 말임 직합니다.

나는 당신들이 이 신세계라는 수수께끼를 입증해주고,
미국을, 그것의 강건한 민주주의를 정의해줄 무언가를 요구했다
들었기에,
여기 당신들에게 나의 시를 보내노니
여기서 당신들이 원하던 것을 보시라. 7)

---

7) W. Whitman, "Den fremden Ländern", *Grashalme*, J. Schlaf Trans., Stuttgart: Reclam 1968, 5. (옮긴이 주: 영어 원본, W. Whitman, "To Foreign Lands", *Leaves of Grass*, 1855년 초판, 1892년 임종판〔deathbed

여러분은 오늘 이 자리에 철학자 동료를 초청하였고, 그런 까닭에 제가 다음 사항을 설명해줄 것을 기대하고 계실 것입니다. 즉, 리처드 로티가 어떻게 해서 제가 이미 상기시켜 드린 바 있는 **인식론에 대한 메타비판**[8])으로부터 형이상학 비판으로 넘어갔고, 그로부터 매우 미국적인 민주주의자의 세계시민적 애국주의에 이르게 되었는가를 말입니다.

로티가 《자연의 거울》에서 전개하고 있는 실용주의적 인식 개념은 헤겔주의적 자연주의의 맥락 속에 들어 있습니다. 인간에 의해 산출된 문화의 출발조건은 이 시각에서 보자면 자연적 진화의 산물입니다. 과거의 모든 문화적 성취들은 기능적으로 위험한 환경과의 실천적 대결 속에서 그 가치가 입증된 '도구들'로 파악됩니다. 그런데 인류학과 역사에 대한 이 시각은 오직 '약한' 자연주의만을 뒷받침해줍니다. 다윈주의적 말놀이는 자율적이고 창의적으로 행위하고 구성적으로 인식하며 규범적으로 사회화된 주체들의 일상적 자기이해의 기반을 파괴해서는 안 되기 때문입니다. 그런데 오늘날 사변적인 방식으로 신다윈주의적 진화론의 틀 안에서 유전생물학(*Biogenetik*)과 신경학의 인식들을 결합시키고 있는 환원주의적 설명전략들은 바로 이 선을 넘어서고 있습니다. 이 환원주의적 설명전략들은 인간의 자연과학적인 자기객체화의 한계선을 넘어서고 있습니다. 이 한계선을 넘게 되면 우리는 더 이상 우리 스스로를 자신들의 행위와 창안들을 행한 원작자라고 이해할 수

---

edition) 발행. 여기 하버마스가 인용한 "To Foreign Lands"는 1871년판부터 실린 것이다. 인용부분의 영어 원문은 다음과 같다. "I heard that you ask'd for something to prove this puzzle, the New World, / And to define America, her athletic Democracy, / Therefore I send you my poems that you behold in them what you wanted.")

8) 이것은 후썰의 인식론에 대한 아도르노의 비판서의 제목이기도 한데, 아도르노의 이 비판은 (로티와) 그 목표 방향이 유사하다. T. W. Adorno, *Metakritik der Erkenntnistheorie. Studien über Husserl und die phänomenologischen Antinomien*, Stuttgart: Kohlhammer 1956.

없게 됩니다. 이러한 자기묘사들이 다른 어떠한 것도 용인하지 않고
전적으로 자기들만으로 충분하다고 주장한다면, 이러한 자기묘사들하
에서 사라지는 것은 바로 자아(*das Selbst*)입니다. 이러한 자기묘사들은
바로 로티의 생철학적인 실용주의가 인간이 가진 것 중 칭송하는 것들
인 자유와 창의성 및 학습의 의식을 환상이라고 비방합니다.

이것은 로티의 항의를 불러일으킬 수밖에 없었습니다. 로티는 스스
로가 자신의 인간 개념을 다원주의적 말놀이를 사용하여 상론하였기
때문에 자연주의 자체에 정지(停止)규정(*Stopregel*)을 도입해야만 했습
니다. 대니얼 데넷(Daniel Dennett) 같은 강한 자연주의를 과학주의
(*Szientismus*)로 비판하며 거부할 수 있기 위해서 로티는 객체화하는 연
구입장들을 세계관적으로 부풀리는 것이 사이비 과학적 객관주의라는
것을 밝히는 설명이 필요했습니다. 이러한 설명을 그는 그가 비판했던
인식에 대한 관람자 모델을 형이상학의 역사의 포괄적 해체 속에 위치
시킴으로써 얻어낼 수 있기를 희망하였습니다. 이보다 광범위한 맥락
안에서 로티는 과학주의와 플라톤주의 간에 일정한 근친성을 발견합니
다. 이 둘은 자연 인식을 수동적인 반영으로 이해하고 이 인식의 주체
들을 탈 세계적 존재들로서 아무데도 없는 곳(*Nirgendwo*)에 위치시키
는 나쁜 습관을 공유하고 있습니다. 〔로티에 따르면,〕"본질주의 철학
자들의 최후의 방어선은 물리과학이 우리를 우리 자신으로부터, 우리
의 언어와 목적들로부터 꺼내어서 더할 나위 없이 탈 인간적이고 탈 관
계적인(*nonhuman and nonrelational*) 것으로 이끌어줄 것이라는 믿음입
니다."[9] 물리학주의적 말놀이의 언어존재론적 전제들에 대한 하이데
거와 비트겐슈타인의 비판에 의지하여 로티는 인지과학자들과 생물학
자들의 환원주의적 설명전략에서 아무 데도 없는 곳으로부터의 조망
(*view from nowhere*)을, 세계 바깥에서 스스로를 관찰하는 객관적인 —

9) R. Rorty, *Philosophy and Social Hope*, 59.

아무 데도 없는—관점을 추구하는 플라톤주의적 유산을 찾아냅니다.

그런데 로티의 형이상학 비판은 듀이는—그의 핵심적인 반플라톤적 저술인 《철학의 재구성》(Reconstruction In Philosophy, 1920)[10]에서—지불하지 않았던 반실재론이라는 대가를 요구합니다. 로티는 약한 자연주의가 과학주의로 추락하지 않도록 방어하려면 철저히 자기지시적인 역사주의에 의해 보완되어야 한다고 생각합니다. 그는 오로지 제 발로만 서야 하는 근대적 문화는 두 가지를 포기해야만, 즉 우리의 기술(記述)들과는 독립적으로 존재하는 객관적 세계의 상정과 맥락을 초월하는 보편적인 타당성 주장의 세계 내적 초월을 포기해야만, 과학주의적 자기사물화(事物化)의 소용돌이에 빠지는 것을 피할 수 있다고 주장합니다. 수행적으로(performativ) 주장된 우리 합리성의 표준들도 모든 문화적 실천관행들의 부침(浮沈)에 굴종한다는 것입니다. 동기는 이해가 가지만 논증 면에서는 논란의 여지가 많은 이 행보가 로티에게는 보다 쉬운 일이었을 수 있습니다. 그에게는 하이데거의 해체가 또 다른 이유에서도 여전히 매력적이었기 때문입니다.

기존의 모든 철학을 일소해버리고자 하는 철학의 요구에서 우리는 일말의 향수(鄕愁)를 엿볼 수 있습니다. 바로 형이상학이 결국은 지키지 못한 약속에 대한 실망 말입니다. 로티나 하이데거의 반플라톤주의에는 여전히 플라톤적인 동인이 숨겨져 있습니다. 그러나 이렇게 싹쓸이 한다거나 과도한 경매가를 부르는 제스처에서 드러나는 것은 무엇보다도 멜랑콜리입니다. 로티는 여전히 철학이라는 이름을 가지고는 있으나 공적으로 중요한 일은 하나도 해내지 못한 학문분야의 상태를 한탄합니다. 특히 로티 자신의 출신지인 분석철학 정통파가 철학이 고도로 전문화되고 분화된 학문분야로 발전하는 것을 가속화하였습니다.

---

10) 옮긴이 주: 이 책의 우리말 번역은 다음과 같다. 듀이, 《철학의 재구성》, 이유선 옮김, 아카넷 2010.

더 이상 '삶'이 아니라 전문 철학계가 제기하는 문제들만이 진지한 문제로 취급됩니다. 이러한 변화발전 때문에 로티는 1967년에 이미 불안해했고 고통스러워했습니다. 그때 이미 그는 '논변을 통해 논증될 수 있는 철학적 진리들이 있고 이를 찾아낼 수 있다'는[11] 직업적 철학자집단 활동의 핵심 전제에 대해 의문을 제기함으로써 이들을 도발하고 있습니다. 대체 형이상학의 종언 이후 철학에서 무엇이 남을 수 있고 또 남아야 하느냐는 물음으로부터 전혀 다른 전망이 나오게 됩니다.

로티의 견해에 따르면 플라톤주의에 대한 비판으로부터 나올 수 있는 철학은 오직 자기 스스로에 대한 역사적 의식을 가지고 '시대를 사유로 포착하는' 철학, 즉 헤겔에 의해 시작된 근대에 대한 논의를 속행하는 철학뿐입니다. 그런데 이 지점에서 하이데거와 로티의 길이 갈립니다. 물론 로티는 한 번도 논증적 논변을 벗어던진 회념(懷念, An-denken)의 기고만장하여 열광하는 자기숭배를 추종하고픈 유혹에 빠진 적이 없습니다. 듀이처럼 그는 두 가지 논의를 동시에 수행합니다. 하나는 학계의 동료들과 함께 전문적 문제들에 대해 행하는 논의이고, 다른 하나는 보다 광범위한 청중과 함께 근대의 자기이해에 관한 문제들에 대해 행하는 논의입니다. 〔두 번째의〕 이 대외적 논의는 그가 비트겐슈타인이 말한 치료의 목적을 가지고 수행하는 것입니다. 인간 정신이 플라톤적인 개념들의 그물에 사로잡혀 있다면, 병들게 하는 자기오해를 치유하는 데 도움을 주는 것은 더 이상 이론이 아니라 오직 잘못된 이론적 주장들의 탈 숭고화(Entsublimierung)뿐입니다. 이것은 로티의 공적인 활동이 왜 저 전형적인 특징을 갖게 되었는지를 ― 본질을 까발린다(debunking)거나 그건 잊어버리라거나 어깨를 으쓱한다거나 줄로 쓸어버린다는 수사(修辭)를 쓰게 되었는지를, 어떤 주제에 대해 그 주

---

11) R. Rorty 편, *The Linguistic Turn: Essays in Philosophical Method*, 1967, 36.

제는 이제 시시한 것이 되었으니 제쳐두라는 권고를 하게 되었는지를
— 설명해줍니다.

　로티의 반플라톤적 감정은 이상적인, 즉 초인간적인 세계에 관여한
다는 망상을 통해 실제로는 우리를 이 우상들의 노예로 전락시키는 거
창한 자기 이미지(自己像)를 겨냥하고 있습니다. 로티는 일상적 삶의
단지 관습적이고 우연적인 측면들을 보지 못하도록 우리를 속이는 플
라톤주의적 강박을 극복하고자 노력합니다. 그런 점에서 그는 항상 이
미 실용주의자들이 암묵적으로 공유하고 있는, 평범화를 지향하는(tri-
vialisierend) 평등주의적인 신념들을 따르고 있습니다. 그는 비트겐슈타
인적인 치료도 듀이의 민주주의적 현실참여(Engagement) 뒤로 물러나
게 하는데, 그것은 이 치료가 변혁적이고 해방적인 성격을 가져야지,
온전한 이전상태(status quo ante)의 회복이라는 정적(靜寂)주의적(quie-
tistisch) 의미를 가져서는 안 되기 때문입니다. 형이상학과 과학주의를
상대로 하여 이중의 전선을 만든 데는 물론 목적이 있는데, 이 목적들
을 위해서 로티 자신이 효과적인 구호들을 만들어 퍼뜨렸습니다. 그는
'철학보다 민주주의가 더 우선한다'는 것과 '이론보다 기술이 더 우선한
다'는 것을 옹호합니다. 더 이상 철학과 과학의 성공이 진술들이 언어
와 문화로 더럽혀지지 않은 순수한 실재와 대응하는지의 여부에 따라
측정될 수 없게 된 이상, 이제 철학과 과학은 스스로 유용해져야만 한
다는 것입니다.

　중요한 것은 철학적 실천과 과학적 실천이 인간의 기본욕구들에 관
한 — 그리고 서로 경합하는 다양한 개인적 욕구들의 충족 수단들에 관
한 — 합의의 지속적 확장을 위해 행하는 기여입니다. 자연과학적 이론
구성이 그 기술적 성공 가능성을 위해 복무하는 것처럼 철학은 민주주
의와 자유를 위해 복무해야 합니다. 그리고 "우리가 정치적 자유를 돌
보게 되면, 진리는 보너스로 얻게 됩니다".12) 어떻든 간에 당대의 절
박한 문제들에 대한 시대진단과 이에 의거한 예민한 성찰을 통해 철학

은 공적인 역할을 수행할 수 있습니다. 그리고 미국에서 리처드 로티
는 다른 어느 누구보다도 철학에 공적인 의미를 재부여한 사람입니다.
그 점에 대해 그의 학계 동료들이 그에게 고마워하고 있을까요?

그런데 공적 지식인의 역할을 하는 철학자는 복잡사회에서 요구되는
자연과학 및 사회과학의 해당 전문지식을 동원할 수 없을 뿐만 아니라
역사적 정신과학의 방향제시적인 지식조차도 동원할 수 없습니다. 로
티는 자신의 공적인 개입활동에서 이 곤란한 상황을 오히려 장점으로
역이용하면서 철학의 임무 자체를 주제로 내세웠습니다. 그는 메타철
학적 사유를 전개하면서 '과학적' 철학자들과 문학에서 모범을 찾는 철
학자들을 대결시켰습니다. 그래서 그는 니체처럼, 그러나 물론 그 자
신의 방식으로, 고전적 교육의 이점과 단점에 대해 숙고합니다. 〔로티
에 따르면〕 "이 모든 굉장한 책들은 단지, 운만 조금 있으면 언젠가는
그것들 없이도 우리가 잘해나갈 수 있을, 사다리의 가로장들일 뿐입니
다. 우리가 철학의 정전(正典)들을 읽기를 멈춘다면, 우리는 우리로
하여금 지금처럼 생각하고 말하게 해주는 힘들을 보다 덜 의식하게 될
것입니다. 우리는 우리의 우연성을 파악하는 데 보다 덜 의식적이 될
것이고, '아이러니스트'(ironist)가 될 능력도 더 줄어들 것입니다."[13]
그래서 철학의 수신자들에게 지상에서 사는 존재의 우연성을, 특히 이
른바 토대들까지도, 최종적이라고 간주한 어휘들까지도 포괄하는 우연
성을 의식하도록 연습시키는 것, 이것이 바로 철학의 두 임무 중 하나
라는 것입니다. 이러한 방식으로 로티는 옛사람들이 '지혜'라고 불렀던
것과 같은 것을 실천합니다. 그리고 그는 이러한 실천을 교화(edifica-
tion)라고 부릅니다. 이 명칭의 출처가 종교라는 것은 전적으로 우연만

---

12) E. Mendieta 편, *Take Care of Freedom and Truth Will Take Care of Itself.*
   Interviews with Richard Rorty, Standford: Standford University Press
   2005에 의거하여 인용함.
13) 앞의 책, 79에 의거하여 인용함.

은 아닐 것입니다. 그런데 이 사적인 교화는 철학적 전도사업의 단지
반쪽에 불과합니다. 공적인 현실참여가 바로 또 다른, 심지어는 보다
더 중요한 철학의 임무입니다. 실용주의자인 로티로서는 세계정치를
주도하는 강대국의 시민과 엘리트들에게 자기 나라 고유의 전통을 상
기시키는 일이 가능합니다. 정치적 공론장에서 로티는 이 문화적 자원
을 현 상황의 해석을 위한 열쇠라며 추천합니다.

　이 실용주의는 위대한 작가들과 위대한 철학자들의 정신으로부터 똑
같이 나온 것입니다. 로티는 끊임없이 에머슨과 휘트먼을, 제임스와
듀이를 언급합니다. 그리고 이 정신은 자신의 미국적 기원을 자각하고
있는 동시에 스스로를 진보적이라고 이해하기 때문에 이 실용주의 작
가들과 철학자들은 좌파적 애국주의, 곧 세계시민주의적으로 확장된
애국주의라는 선명한 프로필을 갖게 됩니다. 로티가 이 유산을 모두
상속할 수 있게 된 것은 그가 대단한 철학자이자 훌륭한 작가이며 정
치적으로 영향력 있는 지식인으로 활동할 수 있게 한 저 보기 드문 세
가지 재능을 다 함께 가지는 행운을 누리게 된 덕분입니다.

* * *

　끝으로 저는 로티가 대단히 훌륭하게 수행한 철학자, 작가, 그리고
정치적 좌파이자 애국자라는 역할들에 대해 각각 한 말씀씩 드리고자
합니다.

　자신의 전공분야에서 리처드 로티는 아주 대단한 동료들과 명철한
논변들을 주고받았습니다. 도널드 데이빗슨과는 진리 개념에 대하여
논쟁하였고, 힐러리 퍼트남과는 실재론과 합리성에 대하여, 대니얼 데
넷과는 정신적인 것(*das Mentale*)의 개념에 대하여, 존 맥도웰(John
McDowell)과는 간주체성과 객관성에 대하여, 자신의 수제자인 로버트
브랜덤과는 사실들의 위상에 대하여 논쟁하였습니다. 14) 그의 저작은

여기 영미권과 똑같이 유럽대륙에서도 주목받고 있습니다. 아니, 아마도 영향력은 여기보다 유럽에서 더 클 것입니다. 로티는 두 세계의 철학적 언어에 모두 정통하였습니다. 그가 숭배하는 세 명의 철학적 영웅 중 두 사람이 바로 유럽 출신 아닙니까? 푸코와 데리다를 위해서 그는 미국에서만이 아니라 독일에서도 통역 역할을 수행하였습니다. 그리고 우리 유럽에서 라인 강을 사이에 둔 두 파당 간의 의사소통이 잘 진척되지 않고 있을 때 우리들 사이의 간접적인 의사소통의 창구 역할을 한 사람이 또한 로티였습니다.

흠잡을 데 없는 학술적 산문을 구사한 몇 안 되는 철학자들 가운데에서도 로티는 시적 정신에 가장 근접해 있습니다. 로티의 텍스트가 문학과 같은 세계개창적(世界開創的) 힘을 갖게 된 이유는 얼어붙은 전문용어들을 갱신하여 눈을 새롭게 뜨게 만드는 창의적인 혁신전략에 있습니다. 수십 년에 걸쳐 끊임없이 새로운 아이디어와 새로운 표현들로 나를 놀라게 했던 동료는 로티 말고는 없었습니다. 로티는 새로운 전망을 만들어내는, 서로 짝을 이루는 개념(Paarbegriff)들을 가지고 독자들을 기습하였고, 예기치 않았던 대립 설정을 통해 충격을 주었습니다. 복잡한 사유의 과정을 억지로 한데 모아놓은 것처럼 보이는 야만적일 정도로 단순화된 표현은 찬찬히 다시 보면 혁신적 해석을 담고 있습니다. 로티는 독자들의 관습을 못 벗어나는 예상들을 가지고 놉니다. 뜻밖의 이름들을 함께 늘어놓는 것은 생각을 바꾸라는 요청입니다. 로티의 생각들은 간접적인 방식으로 빛을 발합니다. 때때로 그것은 단지 말의 강세만을 새로 바꾼 것일 경우도 있습니다. 로티가 도날드 데이빗슨과 대니얼 데넷, 아네트 베이어(Annette Baier)와 로버트 브랜덤의 이름을 함께 거론할 때, 독자들의 허를 찌르는 이 눈에 띄지

---

14) R. Brandom 편, *Rorty and His Critics*, Malden, Mass.：Blackwell 2001.

50

않는 변칙이 바로 그의 본래의 메시지입니다. 이 경우 그의 메시지는 그가 '지적인 진보'라고 강조하고 싶은 아네트 베이어의 흄의 도덕철학에 대한 탁월한 재구성을 지적하는 것입니다.

끝으로 우리는 로티에게서 교육과 사회개혁을 믿는 구식의 좌파 지식인을 만나게 됩니다. 민주주의 헌법에서 그에게 가장 중요한 것은 그것이 짐 지고 억압받는 이들이 '부자들과 힘 있는 자들에 맞서 스스로를 방어할 수' 있는 도구들을 이들의 손에 쥐어준다는 것입니다. 무엇보다 착취와 굴욕을 항구화하는 제도들을 철폐하는 것이 관건입니다. 다양성의 증대에도 불구하고 서로 굳게 연대하고 모든 당사자들이 토의를 통해 창출한—그러나 수정 가능한—동의에 근거할 수 없는 어떠한 권위의 구속력도 인정하지 않는 관용적 사회를 촉진하는 것이 중요합니다. 로티는 스스로를—토드 기틀린(Todd Gitlin)의 말을 인용하여—'빨간 기저귀를 찬 반공주의 아기'였으며, 십대 때엔 '자유주의적 냉전세대'였다고 묘사하고 있습니다.[15] 그러나 이러한 과거가 그에게는 어떠한 증오의 흔적도 남기지 않았습니다. 그는 과거의 급진주의자들과 **자유주의 매파들**(*liberal hawks*) 중 늙은 축에 속하는 많은 이들과 젊은 축에 속하는 여러 사람들이 가지고 있는 흉터들을 조금도 가지고 있지 않습니다. 그에게 신랄한 정치적 감정이 존재했다면 그것은 그가 보기에 고생스런 현장에 등을 돌린 문화적 좌파를 향한 것이었습니다. "좌파라는 자가 관람자 역할에만 머물고 옛날에 대한 회고만 하고 있다면 그는 더 이상 좌파가 아니다."[16]

---

15) R. Rorty, *Stolz auf unser Land. Die amerikanische Linke und der Patriotismus*, Frankfurt am Main: Suhrkamp 1999, 60. (옮긴이 주: 하버마스가 인용하고 있는 이 책의 원본은 다음과 같다. *Rorty, Achieving Our Country: Leftist Thought in Twentieth Century America*, Cambridge, MA: Harvard University Press 1998.)

16) 앞의 책, 19.

리처드 로티는 그의 책 중 가장 개인적이면서 가장 감동적인 《우리 나라 이룩하기》(*Achieving Our Country*)17)를 통해 자신이 미국적 애국 주의를 신봉한다는 것을 공언하였는데, 이 애국주의는 세계가 그 앞에 서 두려워 떨지 않아도 되는 그런 애국주의입니다. 이 텍스트의 선율 에는 그 원칙들이 갖는 규범적 내용에 대해 자부심을 가져도 될 가장 오래된 민주주의의 예외성에 대한 긍지(*Exzeptionalismus*)가 새로운, 이 제는 전 세계에 걸친 문화적 다양성과 그 목소리의 다수성에 대한 감 수성과 합쳐져 있습니다. 이 지구적 다원주의에서 새로운 것은— 한 국가 사회 안의 매우 긴장된 다원주의와는 달리 — 국제공동체의 포괄 적 틀 내에서는 더 이상 분열의 위험들을 영리하게 외부의 적에게 돌 려 모면하는 것이 불가능하게 되었다는 사실입니다. 오늘날 진화인류 학은 같은 나이의 아이들과 침팬지들에 대한 비교연구를 통해 관점수 용(*perspective-taking*) 능력이 인간만이 가진 고유한 능력임을 재발견함 으로써 과거의 실용주의적 통찰이 타당함을 다시 입증하였습니다. 베 르톨트 브레히트는 상호 간의 관점 수용이 진정한 애국주의의 조건이 라고 주장합니다.

> 그리고 우리는 이 나라를 개선하기 때문에
> 이 나라를 사랑하고 비호하는 것이라네.
> 그리고 우리에겐 이 나라가 가장 사랑스럽게 보이듯
> 다른 민족들에겐 그들 나라가 그렇게 보일 것이라네.

딕은 이 유명한 〈아이들 찬가〉(*Kinderhymne*)의 구절들을 알고 있었 고, 초강대국에게도 세계시민주의는 자신들의 삶의 형식을 전 세계에

---

17) 옮긴이 주: 이 책은 우리말로 《미국 만들기》(임옥희 역, 동문선 2003)라는 제목으로 출판되었다. 이 제목에서는 원제목 중 Our Country가 갖는 애국주 의적 뉘앙스가 사라지기 때문에 여기서는 원제목을 그대로 살리는 방향을 택 하였다.

수출하는 것이 아니라는 것을 알고 있었습니다. 그는 민주주의의 '강건한' 성격은 오직 자기비판을 통해서만 얻을 수 있다는 것을 알고 있었습니다. 2001년 9월 11일에 가진 인터뷰에서 그는 부시의 '거만한 반국제주의'를 경고하면서 그 대신 제2차 세계대전 후 미국 대통령으로 하여금 국제연합(UN)을 만들자고 발의하도록 하였던 그 이념을 상기시켰습니다. 그렇다고 해서 그가 비현실적이었던 것은 아닙니다. 그는 "지금 그 시나리오는 설득력이 더 없는 것처럼 들립니다. 그러나 그것은, 제가 상상할 수 있는 한, 실제로 좋은 결과를 낳을 수 있는 유일한 시나리오입니다"라고 말한 뒤 한 문장을 덧붙였는데요, 이 문장은 이 사람의 정신을 표현하고 있는 동시에 그의 조국의 가장 훌륭한 전통이 담고 있는 정신을 표현하고 있습니다. "물론 세상에는 비관주의의 손을 들어줄 많은 이유가 있습니다. 하지만 그저 단념하고 두 손을 들어버리는 것보다는 사람들로 하여금 가능할 것 같지 않은 시나리오를 따르도록 만들기 위해 자신이 할 수 있는 일을 하는 것이 더 나을 것입니다."[18]

　이 정신은 로티의 저작 전체를 관통하고 있으며 이 저작과 함께 앞으로도 계속 그 생명력을 유지할 것입니다.

---

18) E. Mendieta 편, 101에서 인용.

4.
윤리적 물음에 어떻게 답변해야 하는가*

●
●
●

데리다와 종교

(1) 자크 데리다의 철학함(*Philosophieren*)이 갖는 유대적 배경에 관한 이 학술회의에 참석할 기회를 주신 데 대해 감사드립니다. 그런데 이 회의에서 다루어지는 주요주제들이 제 전문분야와는 꽤 거리가 있다는 이유만으로도 오늘 제 발표는 주변적인 기여에 국한될 수밖에 없을 것 같습니다. 왜냐하면 게르숌 숄렘과의 오랜 인연에도 불구하고 저는 유대교 분야의 전문가가 아니기 때문입니다. 1) 그리고 오늘 이 자리에 모인 사람들 중에서 저는 분명 데리다의 저작 전체에 관해서 제일 정통하지 못한 사람일 것입니다. 물론 이에 대해서, 주변적인 입장이 반드시 불리한 것만은 아니라고 제일 먼저 주장할 사람이 데리다일 것입니다. 어찌됐든 제가 이 초청에 응한 이유는 두 가지입니다.

---

* 이 글은 2000년 11월 3~5일 데리다의 참석하에 파리의 유대교 공동체회관에서 개최된 "Judéités, questions pour Jacques Derrida"란 제목의 학술행사에서 발표한 강연문이다.

1) J. Habermas, "Begegnungen mit Gershom Scholem", *Münchner Beiträge zur jüdischen Geschichte und Kultur* 제2권, 9~18.

저는 비록 우리 사이에 일정한 거리가 있기는 하지만 공통되는 동기와 의도들 또한 찾아볼 수 있는 데리다의 저작 전체에 대해 경의를 표하고 싶었습니다. 그리고 오래전부터 제가 관심을 가지고 다루었던 다음과 같은 질문을 자크 데리다에게 직접 제기할 수 있는 호기를 놓치고 싶지 않았습니다. 즉, 하이데거와 데리다의 사상을 가르는 분수령은 정확히 어느 지점인가? 이 질문은 문헌학적 질문일 뿐만이 아니라, 바로 철학적 질문이자 정치적 질문이기도 합니다.

데리다는 작년 여름 프랑크푸르트에서 우리가 '대학의 이념'이라고 부르는 것에 관해 강의를 하였습니다.[2] 그것은 진리추구와 자유의 옹호에 대한 학문공동체의 절대적 의무를 열정적으로 대변하는 호소문이었습니다. 스스로의 고유한 이념을 부인하지 않는 대학은 그러한 고백을 할 수 있는 제도적 공간을 확보해야만 합니다. 끊임없이 이 '고백'의 수행적 의미를 — 진리를 '작동하게 하는 것'(Ins-Werk-Setzen)을 — 일깨우는 것이 '교수들'의 과제라는 것입니다.[3] 여기서 데리다가 사용하는 용어는 하이데거가 무엇보다 문학과 예술 및 철학 분야의 위대한 작품들이 가지고 있다고 본 세계개창적 기능을 상기시킵니다. 그래서 데리다가 자신의 강의의 마지막 부분을 하나의 호출(Evokation/Anrufung) 행위에, 즉 '사건의 도래'에 할애한 것은 결코 놀라운 일이 아니었습니다. 비록 이러한 호출에 꼭 필요한 아이러니를 내보이면서 행하기는 하였지만 말입니다.

당시 데리다는 강당에서, 즉 벽으로 둘러싸인 곳에서(intra muros) 말하였습니다. 그래서 이 호출은 청중의 마음속에 대학의 '벽'들을 수호해

---

2) 이 강의는 2001년 *Die unbedingte Universität*라는 제목을 달고 프랑크푸르트 암 마인 소재 주어캄프(Suhrkamp) 출판사에서 책으로 출판되었다.

3) 옮긴이 주: 라틴어 '고백하다, 공언하다'(*profiteor*)에서 파생한 professor를 우리말로 옮기면 이 문장에 쓰인 '고백'과 '교수들'이란 표현 간의 연관이 사라져버리기에 이 주를 붙인다.

야 한다는 이념을 불러일으키고자 하는 자기지시적인 제스처였습니다.

> 수행문(*Performativ*)이 그것이 말하고 있는 사건(*Ereignis*)을 산출한
> 다는 것에 대해 우리는 아주 빈번히 들어왔습니다. 그러나 우리는
> 반대로 언제 어디서 수행문이 말해지든 간에 이 이름에 걸맞을 사건
> 은 하나도 일어날 수 없다는 점을 깨달아야 합니다. 일어나는 것이,
> 〔사건이〕 가능한 것의 지평에, 가능한 수행문의 지평에 속하는 한,
> 그것은, 그 말이 갖는 완벽한 의미에 비추어볼 때, 일어나는 것이
> 아닙니다. 내가 종종 제시하려고 했던 바와 같이, 오직 불가능한 것
> 만이 일어날 수 있습니다. … 사건의 힘은 수행문의 힘보다 언제나 강
> 합니다. 4)

   데리다의 문장은 하이데거의 저작 《사건에 관하여》(*Vom Ereignis*)에
나오는 저 모호한 말들의 메아리처럼 들립니다. 1936년에서 1938년 사
이에 하이데거는 처음으로 권력에 사로잡힌 주관주의의 전체주의적인
요소들을 사유를 통해 극복하고자 시도하였습니다. 하이데거가 이 '전
회'를 공개적으로 표명한 것은 1946년이 되어서였습니다. 그는 《휴머
니즘에 관한 편지》에서 자신이 근대성의 자기이해의 젖줄이었던 저 '휴
머니즘적' 전통의 말과 정신을 거부한다는 것을 분명하게 밝혔습니다.
그런데 데리다는, 내가 받은 인상으로는, 그가 비록 '사건의 도래'에
대한 하이데거의 태도를 채택하기는 하지만, 이 '휴머니즘'의 실체는
구제하고 싶어 하는 것 같습니다.
   데리다는 인권의 전 지구적 관철과 비인도적 범죄의 추단을 강력히
주장하며, 국경을 초월한 민주주의를, 그릇된 함의를 갖지 않는 주권
을 옹호합니다. 자율성을 이야기하고 저항과 시민불복종을 고무하는
것, 즉 데리다가 대학의 이념에 대한 자신의 신앙고백과 연결시키는

---

4) J. Derrida, *Die unbedingte Universität*, 73 이하.

모든 것 — 이것들은 또한 휴머니즘에 대한 하이데거의 비난을 반박하
는 수많은 그의 언행들입니다. 그래서 간단히 말해 내 질문은 다음과
같습니다. 저 의미심장하나 모호한 채로 남겨둔 '사건'의 도래에 대한
이해와 관련하여 하이데거와 데리다의 차이는 무엇입니까? '휴머니즘'
에 대한 찬반의 태도가 갖는 〔두 사람 간의〕 차별성을 해명해주는 구분
이 존재합니까? 여기서 우리는 제가 제기하는 실제 내용과 관련된 질
문을 용어에 관한 질문으로 깎아내려서는 안 될 것입니다. '휴머니즘'
이란 표현을 긍정적으로 사용하는가 아니면 경멸의 의미로 사용하는가
는 그다지 중요하지 않습니다. 문제는 이 사안의 내용 자체입니다. 데
리다가 궁극적 목적(Telos)으로 추구하는 것을 하이데거는 경멸합니다.
저는 이들이 서로 갈리는 지점이 유일신적 유산이 갖는 특별한 내용에
대한 부동의 신심에 — 그리고 이 유산에 대한 신(新) 이교도적 배신에
— 있지 않은가 하고 생각합니다.[5] 저는 여기서 게르숌 숄렘이 이 충
성심에 대해 한 말을 상기하고 싶습니다. "진정한 전통은 은폐되어 있
다. 전통은 퇴락하기 시작하면서 비로소 하나의 대상으로서 퇴락하게
되고, 이 퇴락 속에서 비로소 그 전통의 크기가 가시화된다."[6]

　여러 갈래로 뻗어나간 데리다의 저작에 대한 제 지식의 한계를 의식
하면서 저는 길을 우회하여 먼 지점으로부터 출발하는 방식으로 논의
를 시작하고자 합니다. 여러분은 제게서 〔데리다의 저작에 대한〕 전문
적 해석이나 해체의 실행을 기대해선 안 될 것이며, 〔데리다의 글에 대
한〕 상세한 해설(close reading)조차도 기대해선 안 될 것입니다. 앞으로
저는 우선 (2)도덕과 윤리에 대한 근대적 구분을 설명한 뒤, (3)'윤리

---

5) J. Habermas, *Der philosophische Diskurs der Moderne*, Frankfurt am Ma-
　in: Suhrkamp 1985, 214 이하. 〔옮긴이 주: 이 책의 우리말 번역은 다음과
　같다. 하버마스, 《현대성의 철학적 담론》, 이진우 옮김, 문예출판사 1994.〕
6) G. Scholem, "Zehn unhistorische Sätze über Kabbala", in: 같은 이,
　Judaica III, Frankfurt am Main: Suhrkamp 1973, 264.

적 근본문제'에 대한 키르케고르(Kierkegaard)의 탈 형이상학적이면서
도 기독교적인 답변을 다시 떠올리고, (4) 키르케고르의 윤리적 통찰을
탈 종교적으로(*nachreligiös*) 자기 것으로 만들고자 하였던 여러 철학적
시도들을 논의함으로써, (5) 마지막으로 데리다에게 제기한 저의 질문
을 보다 구체화할 수 있는 논변들을 모아보고자 합니다.

　(2) '윤리학'은 한때 '올바른 삶'에 대한 가르침을 뜻했습니다. 제 2차
세계대전의 그늘 속에서 아도르노(Adorno)로서는 자신의 《미니마 모랄
리아》(*Minima Moralia*)를 '슬픈 학문'으로 — 상처받은 삶에서 나온 성찰
로 — 구상할 만한 이유가 충분했습니다. 철학이 여전히 자연과 역사
전체를 확보할 수 있다고 믿었던 동안에 철학은 개인과 공동체의 인간
적 삶이 따라야만 할 이른바 확고한 틀을 가지고 있었습니다. 우주의
구조와 인간의 본성은, 세상의 역사와 구원의 역사의 단계들은, 올바
른 삶에 대해서도 깨달음을 줄 수 있는 듯이 보였던 규범적 함의를 갖
는 '사실들'을 제공했습니다. 여기서 '올바른'이란 표현은 개인이 되었
건 정치적 공동체가 되었건 간에 본받을 만한 삶의 모델이라는 표본적
의미를 가지고 있었습니다. 좋은 삶에 대한 가르침과 정의로운 사회에
대한 가르침, 즉 윤리학과 정치학은 아직은 분리되지 않은 상태였습니
다. 그러나 사회변동이 가속화하면서 이 윤리적 삶의 모델들의 유효기
간들도 계속 짧아지게 되었습니다. 그것의 지향점이 그리스 도시국가
였든, 중세적 **시민사회**(*societas civilis*)의 신분질서였든, 도회적 르네상
스의 전인적(全人的)인 개인이었든, 혹은 헤겔의 경우처럼 가족, 시민
사회 및 입헌군주제라는 구성이었든 간에 말입니다.
　존 롤즈(John Rawls) 식의 정치적 자유주의는 이러한 발전과정의 종
결지점을 가리킵니다. 7) 이 정치적 자유주의는 세계관의 다원주의와

---

7) J. Rawls, *Politischer Liberalismus*, Frankfurt am Main: Suhrkamp 1998.

생활방식의 개성화의 진전에 응답하고 있습니다. 이 자유주의는 특정 생활양식을 모범적이거나 보편적 구속력을 갖는 것으로 특징지으려는 철학적 시도들이 실패한 것으로부터 다음과 같은 결론을 이끌어냅니다. 즉, 정의로운 사회는 각자에게 자신의 능력과 생각에 따라 좋은 삶에 대한 자신만의 개념을 실현하기 위해 윤리적 자기이해를 만들어 갈 수 있는 동등한 자유를 보장한다는 것입니다.

물론 실천철학은 결코 규범적 고려들을 모두 포기하지는 않습니다. 그러나 대체로 정의에 관한 물음들에 한정합니다. 우리는 무엇이 각각의 모든 사람의 균등한 이해관계에 들어맞으며 모든 이에게 균등하게 좋은 것인지를 확정하는 문제를 다룰 때 규범과 행위들을 '도덕적 관점'에서 고찰합니다. 첫눈에 보기에 도덕이론과 윤리학은 "나는 혹은 우리는 무엇을 해야 하는가?" 하는 동일한 물음을 지침으로 삼는 것처럼 보입니다. 그러나 '해야 한다', 즉 '당위'는 우리가 더 이상 포괄적인 '우리'의 시각에서 인격체들이 상호 간에 귀속시키는 권리와 의무에 대해 질문하는 것이 아니라 1인칭 인격의 시각에서 우리 자신의 삶에 대해 염려하면서 무엇을 하는 것이 장기적으로 볼 때 — 그리고 모든 것을 통틀어 고찰해볼 때 — '나에게' 혹은 '우리에게' 가장 좋은 것인가를 질문하게 되면 다른 의미를 갖게 됩니다. 왜냐하면 이와 같은 자기 자신의 안녕과 불행에 대한 윤리적 물음들은 특정한 삶의 이력이나 특별한 생활형식의 맥락 속에서 제기되기 때문입니다. 이 물음들은 정체성에 대한 물음들과, 즉 우리는 거울에 비친 우리의 모습을 보고 얼굴이 붉어지지 않으려면 스스로를 어떻게 이해해야 하는가, 우리는 누구이고 또 누구이고자 하는가를 묻는 물음들과 밀접히 연관되어 있습니다.

이렇게 제기된 문제들을 분석적으로 구분해보면, 한편으로 정의와

〔옮긴이 주: 이 책의 영어 원본은 *Political Liberalism*, New York: Columbia Univ. Press 1993이고, 우리말 번역본은 《정치적 자유주의》, 장동진 역, 동명사 1998이다.〕

도덕에 관한 이론들과 다른 한편으로 올바른 혹은 좋은 삶에 대한 가르침이라는 고전적 의미에서의 '윤리학' 간의 분리가 이루어지게 됩니다. 도덕적 관점에서 볼 때 우리는 거창한 형이상학적 그리고 종교적 이야기들 속에 전승되어온 성공적인 혹은 그릇되지 않은 삶에 대한 저 표본적인 그림[像]들을 도외시해야만 하게 됩니다. 우리의 실존적 자기이해는 여전히 이 '강한 전통들'의 실체에 의존할 수 있겠지만, 철학은 이 신앙권력들의 싸움 자체에는 더 이상 고유권한을 주장하며 개입할 수 없습니다. 그래서 우리에게 여전히 가장 큰 중요성을 갖는 문제들과 관련하여 철학은 메타적 차원으로 이동하게 되고, 이제는 내용 자체에 대해서는 입장을 표명하지 않은 채 오직 자기 자신들에 대한 상호이해 과정의 형식적 특성들에 대해서만 연구합니다.

도덕이론과 법이론 및 정치이론은 이제는 오직 자기 자신들에 대한 실존적 상호이해의 형식에 관해서만 전문적으로 연구하는 '윤리학'과 분업하게 된 데 대해 큰 대가를 치르게 되었습니다. 저 이론들은 도덕적 판단에 비로소 올바른 행위의 동기를 확보해주는 맥락을 해체합니다. 도덕적 통찰은 정의(正義)를 위해서 자기 자신의 안녕에 대한 염려를 절제할 줄 아는 윤리적 자기이해 안에 포함되어 있을 때에야 비로소 효과적으로 의지를 구속합니다. 의무론적 이론들은 도덕적 규범들을 어떻게 논증하고 적용해야 하는지에 대해서는 아무리 잘 설명할 수 있다고 할지라도 도대체 왜 우리가 도덕적이어야만 하느냐는 물음에 대해서는 여전히 답변을 못하고 있습니다. 마찬가지로 정치이론도 왜 민주주의 국가공동체(Gemeinwesen)의 시민들이 공동생활의 원칙을 둘러싼 다툼에서 목적합리적으로 협상해낸 **모두스 비벤디**(*modus vivendi*)에8) 만족해선 안 되고 공공복리를 지향해야 하는가라는 물음에 답변

---

8) 옮긴이 주: 라틴어 모두스 비벤디라는 말 자체는 '사는 방식', '생활양식'을 뜻한다. 정치이론적으로는 둘 이상의 당파들이 다툼의 대상이 되는 사안과 관련하여 완전한 합의를 이루지는 못하지만 '삶을 지속하기 위하여' 상호 간

을 하지 못합니다. 윤리학과의 연결이 끊어진 정의의 이론들은 오로지 〔정의의 요청에〕 사회화 과정과 정치적 생활형식이 '부응'하기만을 희망할 수 있을 뿐입니다.

이보다 더 우리를 심란하게 하는 것은 다음과 같은 다른 물음, 즉 왜 철학적 윤리학이 예를 들어 심리적 착란을 제거하면서 별로 주저하지도 않고 삶의 방향제시라는 고전적 과제도 스스로 떠맡은 심리치료에 자리를 비워주어야 하는가의 물음입니다. '정신병'이라는 개념은 신체적 질병에 대한 비유를 통해 만들어진 개념입니다. 그런데 심리적 영역에는 건강한 신체 상태를 나타내주는 관찰 가능하고 명백한 판단이 가능한 지표들이 거의 존재하지 않는데, 그렇다면 이 비유는 어느 정도까지나 타당한 것일까요? 분명코 '착란이 없는 자아상태'에 대한 규범적 이해가 결여된 신체적 지표들을 대신할 수밖에 없습니다. 이것은 특히 환자로 하여금 정신분석가를 찾도록 만드는 고통의 압박 자체가 억압되어서 착란이 눈에 띄지 않고 정상적인 삶에 순응된 경우에 명백히 드러납니다. 왜 철학은, 예를 들어 정신분석은 할 수 있다고 나서는 일을 자신은 못한다고 펄쩍 뛰며 뒤로 물러나야만 합니까? 여기서 문제는 그릇된 삶 내지 그릇되지 않은 삶의 의료적 특징들에 대한 우리의 직관적 이해를 명료하게 밝혀내는 것입니다.

(3) 키르케고르는 인간 자신의 삶의 성공과 실패에 대한 윤리적 근본문제에 대해 '자기 자신일 수 있음'(*Selbstseinkönnen*)이라는 탈 형이상학적 개념을 가지고 답변하였던 최초의 인물입니다. 이러한 추상수준은 우리 사회를 지배하고 있는 세계관적 다원주의의 도전에 상응합니다. 키르케고르는 《이것이냐 저것이냐》에서 '윤리적' 생활관에 '미적' (美的) 생활관을 대비시킵니다. 그는 될 대로 되라며 아이러니한 태도

의 차이를 인정한 가운데 일단은 공존을 도모하는 일시적인 타협을 뜻한다.

로 그저 살아가면서 성찰적 향락과 순간에 사로잡힌 채 자기중심적으로 놀기 좋아하는 존재의 모습을 어느 정도 호감을 가지고 초기 낭만주의의 매력적인 색채들을 동원해 그리고 있습니다. 그가 이 쾌락주의와 확실하게 대비시키고자 하는 것은 각각의 개별자에게 정신을 똑바로 차리고서 압도하는 주위 세계에 대한 종속으로부터 벗어날 것을 요구하는 결연한 윤리적 삶의 영위입니다. 각각의 개별자는 온 힘을 다해 자신의 개성과 자유에 대한 의식에 도달해야 합니다. 그리하여 그는 숨 가쁘게 파편화된 삶의 산만한 무명성(無名性)에서 벗어나서 자기 자신의 삶에 연속성과 투명성을 부여합니다. 이렇게 자기 자신을 의식하게 된 인격체는 "자기 자신을 자신에게 부여된 과제로 갖게 됩니다. 비록 이 과제가 자신이 스스로 선택함으로써 갖게 된 과제라 할지라도 말입니다". [9]

키르케고르는 자기 자신을 의식하며 존재하는 개별자가 산상수훈(山上垂訓)에 비추어 자신의 삶에 대해 지속적으로 해명한다는 암묵적 전제로부터 출발합니다. 그는 칸트의 평등지향적 보편주의로 세속적 형태를 갖게 된 도덕적 잣대 자체에 대해서는 거의 언급하지 않습니다. 그의 모든 관심은 오히려 '자기 자신일 수 있음'의 구조에, 즉 자기 자신의 삶의 기획의 '성공에 대한 무한한 관심'에 의해 규정된 윤리적 자기성찰 및 자기선택의 형식에 집중되어 있습니다. 각각의 개별자는 사실로서 눈앞에 존재하며 구체적으로 현전(現前)하는 자신의 과거 이력을 미래의 행위 가능성들을 고려하면서 자기비판적으로 제 것으로 만듭니다. 그는 이를 통해 비로소 대리 불가능한 인격체이자 혼동 불가능한 개인이 됩니다.

각각의 개별자는 사실로서 눈앞에 존재하는 자신의 삶의 이력을 도덕상 양심적으로 평가하고 비판적 검토를 통해 제 것으로 만듦으로써

---

9) S. Kierkegaard, *Entweder-Oder*, H. Diem 편, Köln: Hegner 1960, 830.

자기 자신을 현재의 자신이자 동시에 앞으로 자신이 되고 싶은 존재로 서의 인격체로 구성해냅니다. "그의 자유에 의해 정립된 모든 것은 그 것들이 아무리 우연적으로 보일지라도 본질적으로 그에게 속한다. …" 그런데 이 말 다음에 이어지는 다음과 같은 글을 볼 때, 키르케고르는 사르트르(Sartre)의 실존주의와는 매우 거리가 멉니다. "이러한 특징은 윤리적 개인의 경우 결코 자신의 의사선택의 결과물이 아니다. … 그 는 '자신이 자기 자신의 편집자다'라는 표현을 사용할 수 있을 것이다. 그러나 그는 책임을 지는 편집자이다. … 그 자신이 몸담고 살고 있는 사물들의 질서에 대해서, 신에 대해서 책임을 지는 편집자이다."10) 키 르케고르는 제힘으로 만들어낸 윤리적 존재형식은 오직 신에 대한 신 자의 관계 속에서만 안정화될 수 있다고 확신합니다. 그는 사변철학을 극복하였고 그런 점에서 탈 형이상학적으로 사유하기는 하지만, 결코 탈 종교적으로 사유하지는 않습니다. 윤리적 물음이 구속력 있는 답변 을 얻을 수 있으려면 도덕적 지식에 신앙이 부가되어야만 합니다. 도 덕이 오로지 좋은 근거들을 통해서만 인식 주체의 의지에 동기를 부여 할 수 있다고 한다면, 시대비판가 키르케고르가 끊임없이 지적하는 저 황폐한 상태가, 즉 기독교적으로 계몽되고 도덕적으로 독선적이면서 깊이 타락한 사회의 상태가 설명 불가능하게 됩니다. 정의롭지 않은 세계의 상태에 대한 의식을 배제하는 것이 정상적인 것으로 굳어지고, 이 상태를 냉소적으로 인정하는 것이 드러내주는 것은 지식의 결핍이 아니라 의지의 타락입니다. 이것을 더 잘 알 수 있을 사람들이 이해하 려고 들지 않는 것입니다. 그런 까닭에 키르케고르는 책임이 아니라 죄에 대해 이야기합니다.

그러나 책임을 죄로 해석하는 즉시, 우리는 면죄에 매달리게 되고 역사의 진행과정에 소급적으로 개입해서 손상된 질서와 희생자의 본래

---

10) 앞의 책, 827.

모습을 회복시킬 수 있는 절대적 힘에 우리의 희망을 걸 수밖에 없게
됩니다(이것은 1930년대 벤야민과 호르크하이머 사이의 유명한 논쟁의 주
제였습니다). 구원의 약속에 의해서 비로소 무조건적으로 요구되는 도
덕과 자기 자신에 대한 염려 사이에 동기를 부여하는 연결고리가 형성
됩니다. 키르케고르는 소크라테스와 칸트에 대항하여 동기의 문제를
패로 씀으로써 이 둘을 넘어서 그리스도에 이릅니다.

하지만 ─ 키르케고르가 자신의 저서 《철학적 단편》의 저자로 내세
운 가명 인물 ─ 클리마쿠스(Climacus)는 자신이 가설적으로 하나의 '사
유 프로젝트'로 바라본 기독교적 구원의 복음이 세계관적 중립성이라는
탈 형이상학적 경계 내에서 움직이는 내재적 사유보다 '더 참되다'는 점
에 대해 결코 확신하지 못합니다. 11) 그래서 키르케고르는 안티-클리
마쿠스(Anti-Climacus)를 등장시킵니다. 안티-클리마쿠스는 자신의 세
속적 상대인 클리마쿠스를 논변에 의한 설득을 통해서가 아니라 심리
학적 현상학을 가지고 '소크라테스를 넘어서도록' 만들고자 합니다. 12)

키르케고르는 증후적인 삶의 형식들을 가지고 치유력이 있는 '죽음
에 이르는 병'의 단계들을, 처음에는 억압되었다가 다음에는 의식의 문
턱을 넘어서고 마지막으로 자아중심적인 의식의 전복을 강요하는 절망
의 형태들을 기술합니다. 이 절망의 형태들은 또한 진정한 자기 자신
으로서의 존재를 가능하게 할 수 있을 유일한 실존적 기본관계가 그릇
되어 나타난 똑같은 수만큼의 증후적 표현들이기도 합니다. 키르케고
르는 자기 자신이어야 한다는 자신의 운명적 규정을 의식하고는 있으
나 "절망하여 자기 자신이기를 욕망하지 않거나, 혹은 보다 낮은 차원

---

11) 특히 《철학적 단편》의 마지막 글 "도덕"을 참조. S. Kierkegaard, *Philoso-
phische Brocken*, L. Richter 편, Frankfurt am Main: Syndikat 1984, 101.

12) 다음 내용과 관련하여서는 M. Theunissen, *Das Selbst auf dem Grund der
Verzweiflung. Kierkegaards negativistische Methode*, Frankfurt am Main:
Hain 1991 참조.

64

에서, 절망하여 자아이기를 욕망하지 않거나, 혹은 가장 낮은 차원에
서, 자기 자신이 아닌 다른 사람이기를 욕망하는"13) 다른 대안들 속으
로 도피하는 인격체의 불안한 상태를 서술하고 있습니다. 마침내 절망
의 원천이 주변 사정이 아니라 자신의 도피행위에 있다는 것을 인식한
사람은 '자기 자신이기를 욕망하는' 고집 센, 그러나 역시 성공하지 못
하는 시도를 행하게 됩니다. 이 마지막 용틀임의 ─ 전적으로 자기 자
신만을 고집하는 자기 자신이고자 하는 욕망의 ─ 절망적 좌절은 유한
한 정신으로 하여금 자기 자신을 초월하여 자신의 자유의 근본이 되는
타자에 대한 종속성을 인정하도록 만듭니다.

　이 전회는 이 〔절망의〕 실습의 전환점을, 근대 이성의 세속화된 자
기이해의 극복을 표시하는 것이 됩니다. 키르케고르는 이 재탄생을 피
히테의 《학문론》의 첫 단락들을 상기시키는 표현을 가지고 기술하고
있습니다만, 이 표현은 동시에 순수행위(*Tathandlung*)14)의 자율적 의
미를 그 반대로 역전시키고 있습니다. "자아는 자기 자신에 대해 관계
를 설정하고 자기 자신이기를 욕망함으로써 자신을 정립한 힘 안에서
투명하게 터를 잡습니다."15) 이로써 이 종교적 저술가의 시각에서 볼
때 올바른 삶의 양식으로서 '자기 자신으로서의 존재'(*Selbstsein*)를 가
능하게 해주는 기본관계가 가시화됩니다. '자기 자신일 수 있음'의 근
본이 되는 '힘'에 대한 명시적 연관설정을 반드시 종교적 의미로 이해
할 필요는 없겠지만, 키르케고르는 인간 정신이 오직 죄의식을 통해서

13) S. Kierkegaard, *Die Krankheit zum Tode*, L. Richter 편, Frankfurt am Main: Syndikat 1984, 51.
14) 옮긴이 주: Tathandlung은 자아가 스스로를 반성적 자아로 정립하는 원초적 행위를 가리키는 피히테의 개념으로 '사행'(事行)이라고도 번역된다. 이 어색한 조어는 어떠한 '대상'도 정립하지 않는 자아의 순수한 자기정립행위 그 자체를 뜻한다고 볼 수 있을 어떠한 실마리도 제공하지 않기 때문에 채택하지 않았다.
15) S. Kierkegaard, *Die Krankheit zum Tode*, 51.

만 자신이 유한한 존재라는 올바른 이해에 이를 수 있다고 역설합니다. 자아는 진실로 오로지 신 앞에서만 존재한다는 것입니다. 자아는 오직 자기 자신에 대해 관계를 설정함으로써 그가 모든 것을 빚지고 있는 절대적 타자에 대해 관계를 설정하는 신자로서만 막막한 절망의 단계들을 견뎌낼 수 있습니다.[16)]

(4) 키르케고르는 평생 동안 자비로운 신에 관한 루터의 물음에 대해 고민하였습니다. 물론 이렇게 종교적 정통성을 고수하려는 그의 태도는 그를 철학적으로 추종하는 후계자들에게는 짜증나는 일입니다. 키르케고르는 우리가 신에 관해 논리적으로 일관성 있는 개념을 가질 수 없다는 점을 강조하였습니다. **탁월의 길**(*via eminentiae*)을 통해서도, **부정의 길**(*via negationis*)을 통해서도 가질 수 없다는 것입니다.[17)] 어떠한 이상화(理想化)도 탁월을 표현하는 강조 작업의 출발점이 되는 기본술어들의 유한성에 사로잡혀 있습니다. 그런 이유로 절대적 타자를 모든 유한한 속성들의 부정을 통해 규정하고자 하는 지성의 시도도 실패할 수밖에 없습니다. "지성은 절대적 차이성을 사유할 수 없다. 지성은 자기 자신을 절대적으로 부정할 수 없는데, 그 이유는 이 부정에

---

16) 앞의 책, 14.

17) 옮긴이 주: '탁월의 길'과 '부정의 길'은 위(僞)-디오니시우스(*Pseudo-Dionysius*)로부터 연원하는 구분으로 중세 신학에서 집중적으로 논의된 신에 대한 인식 내지 표현의 방법들이다. 인간은 신을 있는 그대로 인식할 수 있는 능력이 없기 때문에 간접적으로 인간이 사물들에 대해 사용하는 수식어들을 가지고 신의 영향력을 비유적으로 표현하거나(긍정의 길 내지 원인의 길, *via affirmativa vel causalitatis*), 이러한 수식어를 적용하는 것을 전적으로 부정하여 신의 위대성을 표현하거나(부정의 길, *via negativa*), 유한성을 갖는 이러한 수식어를 최상급으로 사용하여, 즉 인간으로서는 상상할 수 없는 탁월함의 의미로 사용하여 신의 속성을 표현할 수밖에(탁월의 길, *via eminentiae*) 없다는 것이다.

자기 자신을 이용하고 자기 자신 안에서 이 구분을 사유하기 때문이다."18) 지식과 신앙의 간극은 사유를 통해서는 극복될 수 없습니다. 이것은 윤리학에 대한 탈 형이상학적 접근방법과 관련하여 어떠한 계시도 수용하지 않으면서 키르케고르를 추종하고자 하는 세속적 철학자에게는 하나의 난제입니다. 저는 하이데거와 아도르노에 대해 논의하기 전에 먼저 야스퍼스(Karl Jaspers)와 싸르트르에 대해 간략히 언급하고자 합니다.

칼 야스퍼스는 철학적 지식을 신앙의 한 방식으로, 이성에 대한 신앙으로 파악합니다. 철학은 계시를 진리의 원천으로 받아들이는 것을 거부하기는 하지만 개인과 공동체의, 아니 인류 전체의 올바른 규범적 자기이해를 둘러싸고 종교적 가르침들과 경쟁관계에 있습니다. 소크라테스가 똑같은 눈높이에서 그리스도 옆에 자리합니다.19) 이 개념전략적 행보는 신앙과 과학 사이에서 철학이 차지하는 역설적인 어중간한 위치를, 즉 그와 같이 기술된 인식적 시도가 갖는 위상을 해명해야 하는 난점을 초래합니다. 합리적 논의의 통상적 척도들을 따라야만 하는 철학이 어떻게 세계종교들과 영토를— 초월적 문제제기와 교의적(敎義的) 주장들의 영역을— 공유한다는 것입니까?20)

탈 형이상학적 사유가 신앙과 방식상의 유사성을 갖는다는 것은 철학과 과학을 대립시키는 것만큼이나 설득력이 없습니다. 중세 중반부

---

18) S. Kierkegaard, *Philosophische Brocken*, 43.

19) K. Jaspers, *Die Großen Philosophen*, 제1권, München: Piper 1957.

20) K. Jaspers, *Der philosophische Glaube angesichts der Offenbarung*, München: Piper 1962, 100 이하. "여기서 대립하는 것은 지식 대 신앙이 아니라 신앙 대 신앙이다. … 계시신앙과 이성신앙이 양극으로서 대립하며, 서로 영향을 주고받는 관계에 있고, 서로를 완전히 이해하지는 못하지만 서로를 이해하려는 시도는 멈추지 않는다. 각각의 개별 인간이 자기 안에서 자기 자신에 대해서는 거부하는 것도 타자 안에서는 그 타자에 대한 신앙으로서 인정할 수 있는 것이다."

터 철학은 모든 차이들에도 불구하고 자신의 과학적 성격에 대한 어떠한 도전도 결코 받아들이지 않았습니다. 철학과 과학은 동일한 논증적 언설(言說, Rede)의 우주에 거처합니다. 다른 한편, 장-폴 싸르트르는 키르케고르의 실존변증법을 잇는 다른 계승전략을, 노골적으로 무신론적인 계승전략을 택합니다.

그런데 싸르트르의 자유 개념은 자기의식적인 윤리적 삶의 방식과 고집 센 자기주장이 갖는 주관주의 간의 차이를 지워버립니다. 이러한 자기주장은 발 딛고 설 자리가 없다는 것을 비판한 데에 바로 키르케고르가 제시한, 점차 단계가 높아가는 절망의 현상학의 핵심이 놓여 있는 것입니다. 키르케고르처럼 싸르트르도 인간 정신의 오류 가능성과 도덕적 요구의 절대성을 고려하고자 합니다. 그러나 그는 키르케고르가 설득력 있게 제시한 다음과 같은 논변을 거부합니다. 〔키르케고르에 따르면〕 자아는 자기 스스로를 기획하는 자유를 갖는다는 전제하에서는 윤리의 절대성 주장에 제대로 부응할 수 있다는 희망을 가질 수 없습니다. 오로지 홀로 서게 된 주체는 자신의 존재의 우연성과 유한성을 부인하기 때문입니다. 이러한 주체는 자신의 통제를 넘어서 존재하는, 〔자신을〕 가능하게 하는 동시에 〔자신의〕 근거가 되는 힘에 대한 종속성을 깨달을 수 없기 때문입니다. 윤리적으로 의식적인 삶의 영위는 편협하게 자기 스스로에게 권능을 부여하는 것으로 이해되어서는 안 됩니다.

내재적 비판이라는 방식을 통해 키르케고르의 윤리학에 접목하고자 하는 철학은 이 '〔자신을〕 가능하게 하는 힘'에 대한 해석을 제시해야 합니다. 과학주의적 의미에서의 자연주의적인 엄격한 설명은 제외됩니다. 타자에 대한 '훤히 들여다보이는' 종속성은 간(間)인격적 관계를 가리키고 있기 때문입니다. 그 이유는, 종국에는 절망하여 자기 자신이고자 하는 반항하는 사람의 고집은 바로 — 고집으로서 — 한 사람의 2인칭 인격을 대상으로 하기 때문입니다. 다른 한편, 우리는 언어 및 행위 능력을 가진 주체인 우리가 우리의 삶을 그르칠지 모른다고 염려하면서 종속되어 있는 '우리 마음대로 처분 불가능한 것'을 탈 형이상학적 사유의 전제조건하에서는 키르케고르가 말하는 '시간 속의 신'과 동일시할 수 없습니다.

그런데 이제 언어학적 전회는 우리 존재의 유한성과 '타자'에 대한 종속성에 관하여 긴축주의적인 해석을 가능하게 합니다. 역사적 존재이자 사회적 존재로서 우리는 언제나 이미 언어적으로 구조화된 생활세계 속에 존재하게 됩니다. 세계 속의 무언가에 대하여 그리고 우리 자신에 대하여 서로 의사소통하는 의사소통형식들 속에서 우리는 초월적 힘과 마주하게 됩니다. 왜냐하면 언어는 사적 소유물이 아니기 때문입니다. 어느 누구도 공동의 상호이해 매체에 대한 배타적 처분권을 가지고 있지 않습니다. 어떤 참여자도 혼자서는 상호이해 및 자기이해 과정의 구조나 진행경과를 통제할 수 없습니다. 이러한 해석방식은 과정적 의미를 갖는 약한 의미의 '무조건성' 개념을, 즉 오류 가능한 동시에 반(反)회의주의적인 의미의 '무조건성' 개념을 가능하게 합니다. 어떻게 화자(話者)와 청자(聽者)가 '예' 혹은 '아니오'라는 입장을 취할 수 있는 의사소통적 자유를 향유하는가는 결코 주관적인 자의의 문제가 아닙니다. 왜냐하면 그들이 이 자유를 향유하는 것은 오로지 그들이 서로에 대해 제기하는, 논증을 요하는 타당성 주장들의 구속력 덕분이기 때문입니다. 언어의 로고스에 화자들의 주관성보다 선행하며 그 기저를 이루는 간(間)주체적인 것의 힘이 구현되어 있는 것입니다.

언어의 로고스는 우리의 통제를 벗어나 있습니다. 하지만 이 매개체를 통해 서로서로 의사소통하는 것은 바로 언어 및 행위능력을 가진 주체들인 우리입니다. 그것은 여전히 '우리의' 언어입니다. 우리가 무조건적 타당성 주장을 제기하는 것은 우리의 실제적 생활행위의 필수 불가결한 전제조건입니다. 그러나 이 타당성 주장들은 '우리의' 생활형식의 구성요소들을 넘어서는 어떠한 존재론적 보증도 가지고 있지 않

습니다. 마찬가지로 각기 '올바른' 윤리적 자기이해 역시 계시되어 있
지도 않고 다른 방식으로 '주어져' 있지도 않습니다. 우리 각자가 자신
의 개인적 삶의 이력을 자기비판적으로 정리, 소화해내는 것 역시 일
정하게는 공동의 구성행위입니다. 이러한 시각에서 보면 우리에게 자
기 자신으로서의 존재를 가능하게 해주는 것은 하나의 절대적 힘으로
서가 아니라 초주관적 힘으로 현상합니다. 물론 언어적으로 구성된 생
활형식이 갖는 '근거정립적 힘'에 대한 이러한 해석은, 도덕적 의무는
우리의 삶에 의미를 부여해주는 종교적 자기이해 속에 자리 잡아야만
비로소 그 구속력이라는 특성을 가질 수 있다는 키르케고르의 생각에
까지는 이르지 않는 겸손한 해석입니다.

"신 없이 무조건적 의미를 구해내고자 하는 시도는 모두 헛된 것이
다"[21] 라는 막스 호르크하이머의 문장도 위와 같은 메타비판적 의미에
서 이해되어야 합니다. 호르크하이머처럼 신의 죽음과 함께 어떠한 무
조건적 타당성 주장도 포기되어야 한다는 것을 수용하는 사람은 누구
나 다음과 같은 거북한 양자택일에 직면하게 됩니다. 즉, 발본적(拔本
的, radikal) 회의주의에 대해 회의하거나 죄와 구원의 신학적 실체를
받아들여야 하는 것입니다. 저 자신은 이러한 양자택일의 주장이 설득
력이 있다고는 결코 생각하지 않습니다만,[22] 이러한 양자택일의 주장
의 밑바닥에 놓여 있는 직관은 분명코 20세기의 가장 주요한 철학적
저작들에 그 흔적을 남길 정도로 강력한 것이었습니다. 제1차 세계대
전의 충격을 겪은 후 많은 철학자들은, 호르크하이머의 글에도 반영되

---

21) M. Horkheimer, "Theismus-Atheismus", in: 같은 이, *Vorträge und Auf-
    zeichnungen 1949~1973, Gesammelte Schriften Band* 7, Frankfurt am
    Main: S. Fischer 1985, 184 이하.
22) 호르크하이머에 대한 나의 비판에 대해서는 "Zu Max Horkheimers Satz
    'Einen unbedingten Sinn zu retten ohne Gott, ist eitel'", in: J.
    Habermas, *Texte und Kontexte*, Frankfurt am Main: Suhrkamp 1991,
    110~126 참조.

70

어 있는 저 향수병적인 이성(理性)패배주의는 오로지 '시간 속의 신'이
라는 종교적 표상의 이성적 번역을 통해서만 극복될 수 있을 것이라고
확신하였습니다. 여기서 문제는 모세(Moses)적 신 개념을 비인격적이
면서도 시간 속에 위치시킨 절대자의 개념들로 번역하는 것이었습니
다. 이것이 아도르노와 데리다의 저작들에 대한 열쇠입니다. 그러나
하이데거의 저작에도 이것이 열쇠가 될 수 있을까요?

　시간은 없지만 간략하게나마 아도르노와 하이데거가 일신교의 유산
에 대해 지녔던 충성도와 관련하여 둘을 비교해보고자 합니다. 한 사
람은 서구 맑스주의의 메시아주의적 원천들에 기댔던 반면, 다른 한
사람은 니체를 좇아서 형이상학의 플라톤적 기원 이전으로 '회귀하고
자' 했던 것처럼 일신교의 유대적 기원 이전으로 '회귀하고자' 시도했던
것 같습니다.

　(5) 부정의 변증법은 아도르노가 다음과 같이 《미니마 모랄리아》의
마지막 경구(警句)에서 표현한 생각을 발전시킨 것으로 볼 수 있습니다.

　　절망에 직면해있는 철학이 아직도 책임져야 할 것이 있다면 그것은
　　오직 모든 사물들을 구원의 관점에서 바라본 바대로 고찰하려는 노
　　력이 아닐까 한다. 인식은 구원으로부터 지상에 비추어지는 빛 외에
　　는 어떠한 빛도 가지고 있지 않다. … 언젠가 메시아의 빛 속에서 드
　　러나게 될 세상의 모습은 궁핍하고 흉측한 것일 터, 세상의 모습을
　　바로 그렇게 드러내어 낯설게 만들고 그 째진 틈과 균열을 폭로하는
　　관점들을 만들어내야 할 것이다. 23)

<hr />

23) T. W. Adorno, *Minima Moralia. Reflexionen aus dem beschädigten Le-*
　　ben, Frankfurt am Main: Suhrkamp 1969, 333 이하. 〔옮긴이 주: 이 책
　　의 우리말 번역은 다음과 같다. 테오도르 아도르노, 《미니마 모랄리아. 상
　　처받은 삶에서 나온 성찰》, 김유동 옮김, 도서출판 길 2005. 위 인용문과
　　뒤에 이어지는 같은 책에서의 인용문들은 김유동 교수의 번역(325, 326)을

반(反)사실적으로 이러한 관점들을 준거점으로 삼는 일은 '신앙'에 대한 키르케고르의 저 유명한 규정, 즉 '신앙'은 인간 정신과 '무한한 것, 가능하면서도 초월적인 것과의 연관'을 잘라내 버리지 않는 방식으로 인간 자신의 유한성을 깨닫게 되는 것이라는 규정을 상기시키는 말들로 정당화됩니다. 키르케고르에 매우 정통한 아도르노 역시 위기의 순간에 자신을 주장하는 절망스런 고집에서 비롯되는 저 자기 자신을 초월하는 통찰을 고수하면서 다음과 같이 말을 잇고 있습니다.

> 사유가 무조건적인 것, 절대적인 것을 위하여 자신의 제한성을 열정적으로 부정하려 들면 들수록, 사유는 더욱더 의식하지 못한 채, 그리하여 더욱더 비참하게 세상의 손아귀에 떨어지고 만다. 가능성을 위하여 사유는 자기 자신의 불가능성도 또한 파악해야만 한다. 24)

그러나 아도르노는 다음과 같은 마지막 문장을 덧붙임으로써 신학적 암시를 철회하고, 독자들에게 세계내적 맥락을 상기시키고 있는데, 이 마지막 문장 역시 바로 이 세계내적 맥락에서 발언된 것입니다. "사유에 부과된 이 요청에 비추어볼 때 구원이 실재하는지 아닌지에 대한 물음 자체는 거의 중요하지 않다."25) 구원자로서의 신에 대한 철회된 암시에서 도덕적으로 중요한 것은 방법론적으로 취한 구원의 '관점'입니다. 아도르노는 숨은 신(*Deus absconditus*)26)이라는 개념에 각인되어

참고하여 옮긴이가 다시 번역한 것이다.〕

24) 앞의 책, 334.

25) 앞의 책, 같은 곳.

26) 옮긴이 주: Deus absconditus는 신은 계시에도 불구하고 궁극적으로 인간의 인식능력으로는 알 수 없는 존재라는 점을 강조한 신학개념이다. 직역하자면 '숨겨진 신'이지만 우리말 번역어가 이미 '숨은 신'으로 정착되었고, 또한 신학적으로 신이 스스로 자신을 감춘 것이라는 설도 있는 관계로 '숨은 신'으로 옮긴다.

있는 평등주의적이며 개인주의적인 보편주의에 자신이 여전히 충실하다는 것을 넌지시 알려주고 있습니다. 최후의 심판 날에 우리 각자가 자신의 고유한 삶의 이력에 대해 책임지기 위해 홀로 직접 신 앞에 나설 때, 모든 걸 꿰뚫어보면서도 자비로운 신의 눈길 아래에서는 우리 모두에게 똑같은 방식으로 정의가 행해질 것입니다. 일신교가 갖는 이 규범적 가치가 바로 아도르노가 세속화를 통해 의식이 각성된 상황에서도 여전히 간직하고 싶어했던 것이었습니다. 그러나 제가 보기에 하이데거의 경우 이 가치는 상실되어 없어지게 됩니다.

절망을 넘어선 삶을 위해 필요한 것에 대한 키르케고르의 실존적 분석에 대하여 철학적으로 가장 설득력 있게 해설하고 있는 책은 분명 《존재와 시간》입니다. 그러나 키르케고르가 제시한 '본래적인' 삶 혹은 윤리적인 삶의 양태들을 존재론화하는 방식으로 행한 하이데거의 해석은 비본래적인 것과의 결별이라는 자신의 구상에서 도덕적 핵심을 박탈해버립니다. "궁극에는 하이데거와 키르케고르는 서로 상반된 방향으로 가게 된다. 도덕적, 사회적 책임의 전제조건을 구성하는 키르케고르의 윤리적 삶과 달리 하이데거의 방법론적 본래성 개념은 극히 반규범적이다."[27] 어떠한 실체도 없는 결단성에 대한 공허한 호소는 나중에 '존재'의 도래의 공허함으로 모습을 드러내게 됩니다. 즉, 규정되지 않았으면서도 보다 고차원의 힘으로 호출되는 사건의 불확실한 도래로 말입니다. 하이데거는 후기철학에서도 이 존재론적 시각을 견지합니다. 그리하여 그는 키르케고르의 '역사 속의 신'을 익명적인 존재의 역사로 바꾸어버리고, '자기 자신이기를 욕망하는' 의지의 고집스런 자기주장을 정신주의 패러다임과 함께 '존재사적' 지배력을 갖게 된, 자기 자신을 완강히 고집하는 주관주의로 파악합니다.

27) P. J. Huntington, "Heidegger's reading of Kierkegaard revisited", *Kierkegaard in Post/Modernity*, M. J. Matusik, & M. Westphal 편, Bloomington and Indianapolis: Indiana University Press 1995, 43~65.

존재사는 우연적인 일련의 운명적이며 압도적인 사건들 속에서 현현(顯現)합니다. 존재사는 작가와 사상가들의 창조적 생산성 덕택에 나오게 된 세계개창적 언어들과 개념적 구조물들의 교체 속에서 현현합니다. 윤리적 자아에 대한 소크라테스적 자기이해로부터 기독교적인 구원자로서의 신의 은총과 심판에 절대적으로 종속되어 있음에 대한 의식으로의 전환 대신에 형이상학적 전통의 총체화하는 사유방식으로부터 보다 고차원적인 존재 아래로의 굴종적 복속으로의 전회가, 이 아직 일어나지 않은 전회가 자리하게 됩니다. 소모적인 부재를 통해 자신의 존재를 알리는 이 알 수 없는 힘은 귀를 쫑긋 기울이고 언제 올지 모르는 예고된 복음을 기다리고 있는 제자들에게 헌신적 복종을 요구합니다. 현재 우리가 가지고 있는 유일한 정보는 형이상학의 역사에 대한 비판적 독해를 통해 나온 위기의 진단뿐입니다. 하이데거는 니체 독해를 통해 〈휴머니즘에 대하여〉라는 자신의 서간문의 기초로 삼는, 다음과 같은 권고를 제시합니다. "우리는 … 기독교적, 휴머니즘적, 계몽주의적, 부르주아적 그리고 사회주의적 도덕에서 연원하는, 정의(正義)에 대한 모든 관념들을 우리 머릿속에서 지워야만 한다."28) 이렇게 윤리학을 존재론에 동화시킴으로써 하이데거는 1946년 윤리적 근본물음에 대한 답변을 '순응성'(Schicklichkeit)이라는 공허한 품성을 언급하는 것으로 갈음하기에 이릅니다. 하이데거는 자신의 동시대인들에게 보다 고차원적인 힘의 역운(歷運)에 순응할 것을 명합니다. 그런데 우리는 이 당분간 부재하는 힘이 정확히 무엇인지에 대해서는 지금까지 자세히 아는 바가 없습니다.

시간 속에 위치시킨 '존재'로부터 — 그에 '합당한' '예속성'이란 것 말고는 — 모든 도덕적 내용을 제거한 것은 존재사라는 개념구상을 낳은 이론전략적 결단에서 비롯된 것입니다. 먼저 하이데거는 일신교적 전

---

28) M. Heidegger, *Nietzsche*, *Band* 3, Pfullingen: Neske 1961, 325.

74

통들을 '존재신학'이라는 명칭 아래 형이상학의 역사에 포함시킵니다. 이로써 유대-기독교적 전통도 이 형이상학의 역사에 대한 비판의 대상이 됩니다. 이 '해체' 작업을 추동하는 동기는 — 서구의 두 원천으로 키르케고르가 높이 평가하였고 니체는 비판대상으로 삼았던 — 소크라테스와 모세/그리스도보다도 더 '본원적이며' 깨우쳐주는 게 많은 원형적 시원으로의 귀환에 대한 소망입니다. 이것은 하이데거로 하여금 단수의 신 대신 복수의 '신들'을 운위하게 만듭니다. 저는 1976년 5월 31일자 〈슈피겔〉지 인터뷰의 다음과 같은 제목을 상기시키고 싶습니다. "이젠 오직 한(!) 신만이 우리를 구원할 수 있다."29) '기원(起源)의 사유'에 대한 아도르노의 비판은 이 '시원적 사유'에 대한 안티테제를 형성합니다.

니체의 '말인'(末人, letzter Mensch)에 대한 반향으로서 '말신'(末神)도 있습니다. 이 말신의 죽음과 함께 모든 '유신론적' 전통도 끝장났다는 것이 하이데거의 의견입니다. 하이데거의 존재에 대한 '회념'(懷念)에서는 유일신적 전통에 각인되어 있던 평등주의적이면서 개인주의적인 보편주의는 흔적도 없이 사라지게 됩니다. 이러한 사정과 관련하여 우리의 큰 관심의 대상이 되는 것은 데리다가 하이데거에 관한 자신의 책 끝부분에 가상적으로 쓴 하이데거의 대화입니다. 여기서 하이데거는 '특정 기독교 신학자들과, 아마도 가장 까다로운 신학자들과' 만납

29) 옮긴이 주: 하이데거는 자신의 사후 공개를 전제로 1966년 9월 〈슈피겔〉(Der Spiegel)지의 인터뷰에 응하였다. 나치즘과 관련된 하이데거의 과거 문제가 다루어진 이 인터뷰는 그가 (1976년 5월 26일) 죽은 뒤 5월 31일자 〈슈피겔〉지에 게재되었는데, 이 인터뷰의 독일어 제목이 "Nur noch ein Gott kann uns retten"이다. 하버마스는 이 제목에서 신이란 독일어 앞에 부정관사 'ein'이 쓰인 것에 주목한다. 독일어에서 신은 통상 관사 없이 혹은 정관사를 수반하여 유일신적인 기독교 신을 가리키는 것으로 쓰이기 때문이다. 하버마스가 지적하고자 하는 의도를 살리기 위해 'ein Gott'을 우리말로는 어색하지만 '한 신'으로 옮겼다.

니다.30) 이 장면은 신학자들이 하이데거로 하여금 유일신적 전통에 대한 그의 완강한 거부를 수정하도록 설득하고자 하는 것으로 설정되어 있습니다. 이 대화에서 유일신 전통의 대변자로 나서는 것은 기독교도들이지만 유대교도들과 회교도들도 언급됩니다. 신학자들의 요망사항은 이렇습니다. 존재신학의 대상화하는 사유에 대해 하이데거 자신이 행한 비판 속에서 하이데거가, 역사 속에서 스스로를 실현하고, 스스로의 본질을 현현하고 있는 활동태(*Aktualität*)로서의 신을 마주할 때 신심 깊은 이들이 처하게 되는 경험에 대한 최상의 해석을 좀 알아채고 이를 인식해달라는 것입니다. 데리다의 하이데거는 이 요구에 대해서 예상대로 방어적으로 답변합니다. 그는 형이상학과 종말론의 시원 이전까지 거슬러 올라가는 원천성의 추구라는 근본주의적 주장을 고수합니다. 물론 데리다는 신학자들이 하이데거가 혹 '새로운 이단'으로 빠지지는 않았나 하는 의혹을 품지 않도록 조심스러운 말들로 하이데거의 거부를 표현하고 있습니다. 실제론 전혀 있을 법하지 않은 이 대화 상대방들 간의 가상대화에서 사실상 주목할 만한 측면은 데리다가 최종 발언권을 하이데거가 아니라 그의 굽힐 줄 모르는 논적들에게 주고 있다는 점입니다. 데리다는 이들에게 다시 한 번 자신들의 조정안을 새롭게 정리하여 뻗대는 하이데거를 설득, 포용하는 전략을 통해 그를 자기들 편으로 끌어들일 수 있도록 해줍니다. 이 대화에서 하이데거는 의도하지는 않았지만 유대교도들과 기독교도들의 '역사 속의 신'에 대한 신앙이 의미하는 바를 정확히 짚어낸 사람으로 그려집니다. "네, 맞습니다. 우리도 당신과 똑같은 걸 말하고 있어요, 똑같은 교차로에 있는 겁니다, 라고 하이데거의 대화 상대방들은 응수할 것이다."31)

이 놀라운 결말은 데리다가 후기 하이데거를 수용하는 토대가 '소크

30) J. Derrida, *Vom Geist. Heidegger und die Frage*, Frankfurt am Main: Suhrkamp 1988, 127~132.
31) 앞의 책, 132.

76

라테스 이전 철학'(*vorsokratisch*)이라기보다는 신학적이며, 그리스적이라기보다는 유대적이라는 것을 보여줍니다. 데리다가 윤리적 근본물음에 대해 2인칭 인격의 입장에서 발언하는 타자에 대한 나의 자기성찰적 관계의 시각에서 답변하기를 좋아하는 것을 보면 그가 얼마나 레비나스(Lévinas)를 충실히 따르고 있는지 알 수 있습니다. 이런 저의 관점이 크게 틀리지 않는다면, 제가 자크 데리다에게 하고 싶은 질문은 이렇게도 표현할 수 있겠습니다. 데리다는 규정되지 않은 사건의 불확실한 도래가 갖는 규범적 함의들을 하이데거처럼 그렇게 정의하지 않은 채로 놔둘 수 있을까요? 그럴 수 없다면, 이 함의들이 특정한 종교적 전통에서 나온 건 결코 우연이 아닐 터인데, 이 함의들을 명시적으로 밝히고자 할 경우 그가 짊어져야 할 논증의 부담은 과연 어떤 것들일까요?

후기

파리에서의 학술행사에서 데리다는 나의 물음에 답하지 않았다. 그러나 2003년 가을에는 달랐다. 당시 나는 에두아르도 멘디에타(Eduardo Mendieta)와의 서면 인터뷰에서 이 문제와 관련한 그의 질문에 대해 준비한 답변을 데리다에게 보냈다. 혹시라도 있을 감정싸움을 예방하기 위해서였다. 데리다는 내 팩스를 받자마자 곧바로 나에게 전화를 걸어서, 내가 예상했던 것보다도 더 흔쾌하게 별로 망설이지도 않고서 나의 의견에 동의한다고 확언하였다. 그는 자신도 최근 하이데거에 대해 재고한 바가 있노라고 말하였다. 우리가 나눈 이 마지막 대화의 요지는 '전쟁과 평화'에 관한 나의 인터뷰[32]에 실린 다음과 같은 내용이다.

멘디에타 | 5월 31일 당신과 데리다는 〈2월 15일 혹은 유럽인들을 결속시키는 것. ─ 우선 핵심유럽에서의 ─ 공동의 외교정책을 위한 호소〉라는 제목의 성명을 발표하였습니다. 데리다는 서문에서 당신이 쓴 호소문에 서명한다고 밝혔습니다. 지난 20여 년 동안 라인 강을 사이에 두고 서로 미심쩍은 눈으로 바라보아왔던 두 사상의 거두가, 여러 사람들이 주장하듯이, 서로서로 다른 말만 해왔던 두 거두가 어떻게 갑자기 그렇게 중요한 문서를 공동으로 발표할 생각을 하게 됐습니까? 그건 단지 '정치적 행위'였는가요, 아니면 공동으로 서명한 문서는 '철학적 제스처'이기도 한가요? 사면인가요, 휴전인가요, 화해인가요, 혹은 철학적 선물인가요?

하버마스 | 이 질문에 데리다가 어떻게 답변했을지 저는 전혀 모르겠습니다. 제가 보기에 당신이 쓴 표현들은 사실을 너무 과장하고 있는 것 같습니다. 물론 일차적으로는 데리다와 제가 ─ 최근 몇 년

---

32) In: J. Habermas, *Der gespaltene Westen*, Frankfurt am Main: Suhrkamp 2004, 86~88.

간 자주 그랬듯이 ─ 의견을 같이하는 정치적 입장표명이었습니다. 이라크 전쟁이 형식적으로 종료된 후, '내켜하지 않던' 정부들이 부시 앞에 무릎 꿇을 것을 많은 이들이 걱정하던 때, 저는 편지를 통해 데리다에게 ─ 에코(Eco), 무슈(Muschg), 로티, 사바터(Savater) 그리고 바티모(Vattimo)에게도 그랬듯이 ─ 공동의 이니셔티브를 취할 것을 제안하였습니다(정치적인 고려 때문에 나서지 않은 사람은 폴 리쾨르(Paul Ricœur)가 유일했고, 에릭 홉스봄(Eric Hobsbawm)과 하리 물리슈(Harry Mulisch)는 개인사정 때문에 참여하지 못했습니다). 데리다 역시 그 당시 꽤 버거운 의료검사를 받아야 했기 때문에 직접 글을 쓸 수 없었습니다. 그러나 데리다는 함께하고 싶어 했습니다. 그래서 그는 제게 이후 우리가 그대로 진행시켰던 방식을 제안했던 것입니다. 이것 때문에 저는 기분이 좋았습니다. 우리가 마지막으로 만난 것은 9월 11일 이후 뉴욕에서였습니다. 그리고 철학적 대화는 이미 수년 전부터 ─ 에반스턴과 파리와 프랑크푸르트에서 ─ 다시 시작한 사이였습니다. 그래서 새삼 커다란 제스처를 할 필요는 없었습니다.

프랑크푸르트의 바오로 교회(Paulskirche)에서 아도르노 상을 수상하면서 데리다는 매우 재치 있는 강연을 하였는데, 이 강연은 둘 사이의 정신적 근친성을 아주 인상적으로 표명하였습니다. 이런 일에 누군들 감동받지 않겠습니까. 그런데 모든 정치적인 것을 넘어서, 저와 데리다를 함께 묶어주는 것은 칸트 같은 저자에 대한 철학적 근거설정입니다. 하지만 우리를, 나이는 거의 같지만 매우 상이한 삶의 이력을 배경으로 갖는 우리를 분리시키는 것은 후기 하이데거입니다. 데리다는 레비나스 같은 유대적 영감에서 나온 시각에서 하이데거의 사상을 흡수하였습니다. 제게 하이데거는 시민으로서 실패한 철학자로 다가옵니다. 1933년에도 그랬고 무엇보다 1945년 이후에도 그랬습니다. 그러나 제가 보기에 하이데거는 철학자로서도 수상쩍습니다. 왜냐하면 하이데거는 30년대에 니체를 바로 당시 유행하던 대로 새로운 이단자로 받아들였기 때문입니다. '회념'에 대해 유일신적 전통에 기반한 해석을 제시하는 데리다와는 달리 저는 하이데거의 망가진 '존재사유'를 야스퍼스가 축의 시대라고 불렀던 저 의식의 역사에서의 획기적인 경계점을 없었던 것으로 무화시키는 것이라고 생각합니다. 제가 보기에 하이데거는 시나이 산에서 받은 예언가적 각성의 말들을 통해서든 소크라테스 같은 사람의 철학적 계몽을 통해서든 여러 방식으로 그 존재가 드러난 저 역사적 전환기에 대해 배반을 행하고 있습니다.

데리다와 제가 서로의 〔학문하는〕 동기의 각기 상이한 배경을 이해하고 있다면, 해석의 차이가 반드시 실제 사실문제에서의 차이를 의미할 필요는 없을 것입니다. 어찌됐든 '휴전'이니 '화해'니 하는 말은 실로 우호적이고 개방적인 상호교류에 적절한 표현은 아닙니다.

5.
데리다의 명료화 효과

．
．
．

마지막 인사

    데리다는 한 세대 전체의 정신을 뒤흔들어 놓았다. 그런 영향력을 행사한 사람은 그 말고는 푸코뿐이었다. 그는 오늘날까지도 이 세대를 긴장시키고 있다. 그는 푸코처럼 정치적 사상가이기는 하지만 푸코와는 달리 자신의 제자들의 열정을 연습(*Exerzitium*)의 길로 이끌었다. 그에게 제일 중요한 것은 어떤 학설의 내용이 아니었고, 세계에 대한 새로운 시각을 열어주는 어휘는 더더욱 아니었다. 물론 이런 것도 중요하다. 그러나 미시논리적 독해방법의 습득과 시간을 견뎌낸 텍스트들 속에서 흔적을 찾아내는 일은 그 자체가 목적이다. 아도르노의 부정 변증법이 그런 것처럼 데리다의 해체도 본질적으로는 하나의 실천이다.

    많은 사람들이 데리다가 굳건하게 견뎌온 병에 대해 알고 있었다. 그의 죽음은 예상치 못했던 것이 아니었다. 그럼에도 그의 죽음은 갑작스럽고 때 이른 사건으로 우리에게 다가온다. 평범하고 평온한 일상으로부터 우리를 확 끄집어낸 것이다. 물론 자신의 지적 에너지 모두를 위대한 텍스트들의 절실한 독해에 쏟아붓고 음성언어의 현전보다

전승될 수 있는 문자언어의 우위성을 찬미하였던 사상가인 데리다는 그 자신의 텍스트들 속에서 계속 살아 있을 것이다. 그러나 우리는 이제 데리다의 목소리와 데리다의 모습을 그리워하게 될 것임을 안다.

독자들에게 데리다는 모든 텍스트를 그것이 갖는 전복적 의미를 끄집어낼 때까지 결을 거슬러 독해하는 저자로 다가온다. 그의 불굴의 시선 아래서 모든 연관관계는 파편들로 해체된다. 단단하리라고 믿었던 모든 지반이 동요하게 되고, 이중적 지반이었음이 드러난다. 익숙한 위계와 질서와 반체제들이 상반되는 의미를 우리에게 열어 보인다. 우리에게 집처럼 편안하게 보였던 세계는 거주할 수 없는 곳이다. 이 세계에 속하지 않은 우리는 이방인들 속의 이방인들이다. 마지막으로 종교적 메시지는 거의 해독되지 않은 상태였다.

〔데리다의 텍스트처럼〕 얼굴을 마주한 적 없는 독자들에게 저자의 얼굴까지도 그렇게 명료하게 드러내 주는 텍스트들은 드물다. 그러나 데리다는 실제로는 책으로만 보다가 저자를 처음 만나게 된 독자들에게 놀라움을 선사하는 저자들 가운데 한 사람이다. 그는 예상했던 것과는 다른 사람이었다. 그는 대단히 상냥하고 단아했으며, 물론 예민하기는 했으나 노련했고, 한번 신뢰를 갖게 되면 호감을 가지고 마음을 열었으며, 친절하고 친구 사귀기를 좋아했던 사람이었다. 나는 우리가 6년 전 내가 지금 이 마지막 인사를 보내고 있는 여기 시카고 근처의 에반스턴에서 재회했을 때 데리다가 다시 내게 신뢰를 갖게 된 것이 참 기쁘다.

데리다는 아도르노를 만난 적이 없다. 그러나 그가 프랑크푸르트 바오로 교회에서 아도르노 상을 수상하면서 행한 강연은 사유를 행하는 방식에 있어서 낭만주의적인 꿈의 모티프라는 비밀스런 속내에 이르기까지 바로 아도르노의 정신을 쏙 빼닮은 것이었다. 유대적 뿌리가 그들의 사유를 결속시켜주는 요소이다. 아도르노에게 숄렘이 여전히 하나의 도전이었다면, 데리다에게 레비나스는 스승이 되었다. 모세적 시

원에 대해 새로운 이단으로서 배반을 행하지 않으면서도 후기 하이데
거를 자기 것으로 만들고 있다는 이유 때문에라도 데리다의 저작은 독
일에서 명료화 효과를 발휘할 수 있을 것이다.

6.
로널드 드워킨 –
법학자들 세계에서의 독보적 존재*

때는 1983년 9월, 무트랑엔(Mutlangen) 등지에 미사일을 배치하겠다는 서독 정부의 결정에 대해 연좌데모를 벌이며 반대투쟁을 하던 시절이었습니다. 당시 사회민주당 사무총장이었던 페터 글로츠(Peter Glotz)는 본(Bonn)에서 시민불복종을 주제로 한 행사를 조직하여 사람들을 초청하였습니다. 열정적인 발표들이 끝난 뒤 하인리히 뵐(Heinrich Böll)은 제게로 다가와서, 우리의 일에 힘 있는 논리와 훌륭한 표현력 그리고 국제적 연대의 기운을 보태준, 런던에서 날아온 한 미국인 교수를 가리키면서 궁금한 듯 물었습니다. "저 사람 대체 누구요?" 조건부로라도 시민불복종을 옹호하는 법률가는 당시에는 아직 드문 존재였습니다. 그리고 로널드 드워킨은 여전히 하나의 예외적 존재로 남았습니다. 그는 법학자들의 세계에서도, 철학자들의 세계에서도 하나의 독보적 존재이며, 자기 나라 공론장의 지식인들 사이에서 대단한 명성을 누리고 있으며, 타고난 정치적 연설가입니다. 그가 조금만 덜 똑똑하고,

---

* 이 글은 2006년 12월 15일 로널드 드워킨(Ronald Dworkin)의 니클라스 루만 상(Niklas Luhmann-Preis) 수상식에서 행한 축하강연문(*Laudatio*)이다.

86

반항정신과 천재성을 조금만 덜 발휘하였더라면 그는 벌써 워싱턴의 연방최고법원 판사가 되었을 것입니다. 오늘 저녁 저는 하인리히 뷜이 했던 질문에 대해 답변해보고자 합니다.

* * *

가장 최근에 나온 로널드 드워킨의 책인 《법복 속의 정의》(*Justice in Robes*)를 펼치면 첫 부분에 미국의 유명한 판사들 가운데에서도 전설적인 인물인 올리버 웬델 홈스(Oliver Wendell Holmes)를 둘러싼 이야기 하나가 나옵니다. "당시 연방최고법원 판사였던 홈스는 법원으로 가는 길에 ─ 나중에 드워킨의 스승이 되는 ─ 젊은 러니드 핸드(Learned Hand)를 자기 차에 태워주었다. 자기 목적지에 도착한 핸드는 차에서 내려 손을 흔들면서 막 출발한 차를 향해 소리쳤다. '정의를 위해 잘 힘써주세요, 홈스 판사님.' 그러자 홈스는 운전사에게 차를 되돌리게 하여 깜짝 놀란 핸드에게로 돌아가 창문을 열고 다음과 같이 말하였다. '그건 내 일이 아닐세.' 그리고 차는 다시 방향을 바꾸어 홈스를 그의 일자리로 태우고 갔다. 바로 정의를 위해 힘쓰는 것이 아닌 일을 하는 일자리로 말이다." 드워킨은 이 이야기를 통해 그가 평생 붙들고 있는 문제를 설명하고자 합니다. 즉, 판사의 도덕적 신념들이 그의 판결에 끼쳐도 되는, 아니 끼쳐야 하는, 끼칠 수밖에 없는 영향은 어떤 것인가?

물론 법률가 드워킨은 법과 정의가 서로 다른 것이라는 것을 잘 알고 있습니다. 그러나 법복을 입은 판사가 법과 정의의 내적 연관관계를 무시해도 좋은가요? 아니, 그가 그러고자 한다고 해도 과연 그렇게 할 수 있는 건가요? 이 지점에서 하나의 방법적 구분을 하는 것이 중요한데요, 저는 이것을 한 위대한 사회이론가를 참고하면서 설명할 수 있을 것 같습니다. 그 이름은 바로 오늘 저녁 위대한 사회이론가로서 영예의 주인공이 된 로널드 드워킨입니다.

　니클라스 루만이 사회학적 관찰자의 시각에서 거리를 두고 법체계를 기술하고 법률가이자 법이론가로서의 자기관찰을 자기 자신의 거리를 둔 관찰 속에 포용하는 반면, 드워킨은 갈등사안들이 있을 때 옳음〔법〕을 추구하고 옳음을 말하는〔판결하는〕 참여자의 시각에서 자신의 법이론을 발전시키고 있습니다. 판사들의 일을 가까이서 지켜보는 드워킨은 판사들을 '헤라클레스'라는 이름으로 부릅니다. 왜냐하면 판결하는 사람도 올바른 답을 찾고 있는 사람이니까요. 모든 참여자들에 대한 루만의 교파초월적(ökumenisch) 포용에 반해서 드워킨은 사회학자도 객관화하는 관찰자의 위치로 돌아가기 전에 먼저 가상적 참여자의 시각에서 무엇이 판결행위에서의 핵심문제이고 본질인가를 이해해야만 한다는 주장을 고수할 수밖에 없습니다. 사회학자에게 이 선행적인 해석학적 시각이 없다면 무엇이 옳고 무엇이 옳지 않은가라는 법체계의 코드도 블랙박스로 남을 수밖에 없습니다. 여기서 묻고 싶습니다. 누가 누구를 포용할 수 있는 건가요?

　흥미롭게도 이 물음은 각 분과학문의 태도들 중 방법적으로 어떤 것을 택할 것인가 하는 선택문제 이상의 것을 묻고 있습니다. 여기서 문제가 되는 것은 법률가들이 법의 개념을 두고 자기들끼리 행하고 있는 논쟁, 즉 법은 도덕적으로 중립적인 것으로 개념화될 수 있는가에 대한 논쟁입니다. 이 문제에 대해 법률가 출신인 로널드 드워킨과 니클라스 루만이 바로 법률가로서 서로 상반된 답변을 제시하고 있기 때문에 그들은 출신 학문분야는 같지만 서로 반대되는 방향으로 가게 됩니다. 두 사람은 규모가 방대하고 영향력이 큰 법이론과 정치이론을 발전시키는데, 한 사람은 사회이론가로서, 그리고 다른 한 사람은 철학자로서 이 일을 하게 됩니다. 그러면서 그들은 서로에게서 더욱더 멀어지게 됩니다. 왜냐하면 그들의 길은 이 출발점에서부터 엇갈리고 있기 때문입니다.

* * *

문제는 법실증주의 전통에 대해 어떤 입장을 취하는가인데, 루만은
이를 받아들이는 반면 드워킨은 반대합니다. 드워킨은 나중에 그가 취
임하게 되는 옥스퍼드대학교 교수직의 선임자인 하트(H. L. A. Hart)에
대한 세상의 이목을 끈 비판과 함께 그의 경력을 시작합니다. 그는
1977년 자신의 첫 대규모 저작인 《권리존중론》(*Taking Rights Seriously*,
독일어 번역본 1987)에서1) 이 비판을 전개하였고, 하트의 유고(遺稿)에
들어있는 반론들에 대해 최근에 출간된 저작들에서 여전히 자신의 입장
을 옹호하고 있습니다. 법실증주의는 근대법의 개정 가능성과 법매체의
고유성을 잘 고려하고 있습니다. 그러나 법실증주의는 칸트가 이미 강
조한 바 있는 법규범의 형식적 특성들을 강조하지만 그러면서 법과 도
덕의 추상적 분리라는 대가를 치릅니다. 드워킨은 이 두 종류의 규범을
구분하는 데 대해서는 이의가 없습니다만, 법의 도덕적 중립화에 대해
서는 이의를 제기합니다.

하버드대 학생시절 드워킨은 존 롤즈(John Rawls)가 나중에 《정의
론》(1971, 독일어 번역본 1975)이란 이름으로 출판한 책에서 개진하였
던 생각들을 접하였습니다. 이 획기적인 책의 출간과 함께 분석철학에
서도 도덕판단의 가치판단적 내용과 도덕판단에 대한 이른바 가치중립
적인 메타윤리적 연구 간의 고고한 구분도 무너지게 되었습니다. 이후
주류 영미철학은 다시금 도덕판단이 비판과 논증이 가능한 인식내용을
갖는다는 입장으로부터 출발하게 되었습니다. 이와 마찬가지로 롤즈가
경험주의적 사유방식의 혁명을 불러일으킨 칸트적 구성주의 노선도 또
한 중요했습니다. 왜냐하면 이 노선상에서 드워킨은 실증주의와 자연

---

1) 옮긴이 주: 이 책의 우리말 번역본은 2010년 《법과 권리》(염수균 옮김, 한
   길사)라는 제목으로 출간되었다.

법 간의 소모적 논쟁에 빠지지 않고 법이론 내에서 혁명적 불꽃을 당길 수 있었기 때문입니다. 법의 적용과정 속에서 법의 도덕적 내용을 입증하기 위해서는 이제 우리가 모든 이에게 똑같은 존중과 배려를 해야 하는 근거가 되는 간명한 도덕적 입장을 취하는 것으로 족하게 되었습니다.

물론 판사는 정치적 입법자들에 의해 제정된 현행법의 사실성과 지금까지의 판결의 전통에 구속을 받습니다. 법적 안정성이 없다면, 즉 판결에 일정한 예측 가능성이 없다면 법은 행위를 조정하고 행태에 대한 기대를 안정화〔기대보호〕하는 기능을 충족할 수 없게 될 것입니다. 다른 한편 판사는 구속력을 갖는 과거만을 기준으로 따를 수는 없습니다. 그는 현재 (그리고 자기 자신에게) 설득력을 갖고 통용되는 기준들도 고려해야만 합니다. 현재 계류 중인 사건에 '올바른' 판결이 내려질 가능성이 높다는 간주관적으로 공유된 전제가 없다면 판결제도는 붕괴될 것입니다. 판사는 어떻게 이러한 현재의 도덕적 신념들에 대한 기준설정과 현행법 체계에 대한 과거지향적인 기준설정을 조화시킬 수 있을까요? 헤라클레스는 유일하게 올바른 해답을 찾는 과정 속에서 다른 것 때문에 동요되어서는 안 되며, 개별 사건의 견지에서 통합적이면서도 유동적인 하나의 통일체로서의 법질서를 원리와 규칙들로부터 이끌어낼 수 있다는 확신을 가져야만 합니다. 올바른 해답은 오로지 구성적 작업의 결과로서만 찾을 수 있습니다. 관련 원리와 규칙들은 맥락을 충분히 고려하고 해당 케이스와 연관된 논증을 통해서야 비로소 각기 적절한 위상을 부여받기 때문입니다.

1986년 출간된 저서 《법의 제국》에서 드워킨은 원리지향적 법해석이라는 이 명민한 발상을 이중적 의미를 갖는 '통합성'(integrity)이라는 키워드하에 개진합니다. 드워킨이 하고자 하는 것은 단지 그릇된 법적용 모델 대신에 해석학적 통찰을 관철시키려는 것만이 아닙니다. 그에게 중요한 것은 단지 판사가 개별 사건에서 구성해내야 하는 법질서의 일관성에 대한 전체론적 시각만이 아닙니다. 법질서의 '통합성'에 대해 말할 수 있으려면 법원리의 도덕적 내용들이, 각기 모든 판결의 합법성이 이 법질서라는 통일체로부터 도덕적 내용을 갖는 정당성이라는 프리미엄을 얻어내는 방식으로 서로 연관되어 있어야만 합니다.[2] 그리고 이에 해당하는 경우는 바로 '권리가 존중되는' 경우, 즉 인권이 기본권으로 실정법화되어 있는 민주주의 법치국가입니다. 왜냐하면 인권은 도덕적 내용들을 개인의 권리의 형태로 구현하기 때문입니다. 기본권이라는 형태로 도덕적 내용들은 실정법의 효력을 획득합니다. 그리고 그것들은 다시금 이 실정법이라는 수로를 통해서 법질서 전체를 관통하고 포화(飽和)하게 됩니다.

이러한 견해 때문에 드워킨은 이중의 전선에서 싸울 수밖에 없습니다. 법의 도덕적 내용을 중립화하려는 법실증주의자들만이 아니라 법을 정치에 동화시키면서 법을 미래 형성의 또 다른 도구로 사용하는 법현실주의자들도 그의 적수들인 것입니다. 드워킨은 법을 전적으로 국가권력의 조직수단으로만 국한해서 파악하려고 하는 시도에 대항하여 법매체의 고유한 규범적 의미를 옹호합니다. 권리를 존중하는 사람은 권리와 그로 인한 달갑지 않은 귀결들을 놓고 저울질해서는 안 되며, 루만 식으로 말하자면, 조건프로그램을 간단히 목표프로그램 밑에 종속시켜서는 안 됩니다. '권리재'(權利財, *Rechtsgüter*)라는 말이 남발

---

2) "통합성으로서의 법관념은 판사에게 가능한 한 법이 정의와 공정성 그리고 적정절차에 관한 일단의 정합적 원리에 의해서 조직화되어 있는 것으로 생각하라고 하며, 판사로 하여금 이를 자신이 맡은 새로운 사안에서 시행해서 각 인의 상황이 동일한 기준에 따라 공정하고 정의롭게 되게 하라고 한다. 이러한 방식의 사법(司法)은 통합성이 전제로 삼는 여망을 존중하는데, 이 여망이란 다름 아닌 원리의 공동체가 된다는 것이다." R. Dworkin, *Law's Empire*, Cambridge, Mass.: Harvard University Press 1986, 243〔옮긴이 주: 이 책의 우리말 번역과 앞의 인용문의 출처는 다음과 같다. 로널드 드워킨, 《법의 제국》, 장영민 옮김, 아카넷 2004, 344.〕.

되고 있는 상황 속에서 드워킨은 규범과 재화에 대한 범주적 구분을
고수합니다. 개인적 권리가 그것의 보호로 인해 초래될 귀결들에 대한
공리주의적 가치평가라는 소용돌이 속에 휩쓸려들지 않고 의무론적 의
미의 보호막 역할을 지켜낼 수 있으려면 규칙에 따라 집단적 목표설정
들보다 우위에 설 수 있는 힘을 보유해야 합니다.

* * *

그런데 드워킨의 이 특출한 법이론은 단지 윤리학에 뿌리를 내리고
서 정치철학으로까지 뻗어나가는, 인식론적 문제들로까지 가지를 쳐나
가는, 아주 포괄적인 저작을 위한 동기형성적 출발점에 불과합니다.
철학자 드워킨을 법이론가로만 보는 것은 사회이론가 루만을 법사회학
자로 혼동하는 우를 범하는 것과 같을 것입니다. 1978년 발표된 '자유
주의'에 대한 그의 초기 논문에서[3] 이미 우리는 보다 광범위한 철학적
연관관계를 읽을 수 있습니다. 드워킨은 처음부터 정치철학과 법철학
을 보다 광범위한 토대 위에 세우고자 하였습니다. 그는 민주주의 법
치국가의 기본개념과 절차들을 윤리적 자유주의의 본질과 투쟁정신으
로부터 이끌어냅니다. 이 윤리적 자유주의는 그가 선호하는, 올바른
삶과 특유한 생활형식에 대한 개념구상과 운명을 같이합니다.

아리스토텔레스주의자로서 로널드 드워킨은 정의로운 정치질서의
인간학적 논증을 회피하지 않습니다. 그가 말하는 올바른 인간상은 자
신의 삶에서 무언가 창조적인 것을 성취해야 한다는 의무감을 가진 창
조적 인격체의 심미적이고 표현적인 특징들을 갖습니다. 우리 자신의
삶의 형성에 책임을 지는 건 바로 우리라는 통찰이 이러한 생각의 출

---

3) In: S. Hamphire, T. M. Scanlon, B. Williams, T. Nagel, & R.
Dworkin, *Public and Private Morality*, Cambridge: Cambridge Univer-
sity Press 1978, 113~143.

발점입니다. 여기서 칸트는 최종발언권을 갖지 못합니다. 최후의 심판일에 우리가 우선적으로 석명해야만 하는 것은 우리가 남들에게 입힌 상처에 대해서가 아니라 자신에게 주어진 삶을 잘못 이용함으로써 놓쳐버린 가능성들에 대해서입니다. 4) 타인에 대한 존중은 이 자기 자신에 대한 의무의 일반화에 근거합니다. 우리는 단지 성공적 삶에 대한 소망만이 아니라 우리 삶에서 무언가를 성취해야 한다는 의무를 갖습니다. 그리고 자신의 삶 속에 들어있는 잠재력을 실현해야 한다는 이 도덕적 책임으로부터 드워킨은 다른 사람들이 그들 자신의 삶의 객관적 가치를 실현하기 위해 지게 되는, 나의 책무와 경쟁하고 있는 책무들을 배려해야 한다는 정치적 의무를 도출해냅니다.

공민(公民, Staatsbürger)의 도덕적-정치적 자유보다 개개의 사회적 시민(Gesellschaftsbürger)의 윤리적 자유가 우선한다는 이 입장은 분배정의에 대한 롤즈와 드워킨의 개념 사이에 존재하는 흥미로운 차이를 해명해줍니다. 사회민주주의적인 존 롤즈는 자본주의 사회에서 사회적 불평등의 척도는 나쁜 처지에 놓인 계급들도 자신들의 이해관계 때문에 수용하게 될 척도만이 정당하다고 봅니다. 이와 달리 드워킨은 자신의 야심찬 저서 《자유주의적 평등》(Sovereign Virtue, 2000)5)에서 사회자유주의적인(sozialliberal) 분배정의론을 전개하였습니다. 사적인 개인의 인격적 자유가 중심에 놓이기 때문에 각자는 그가 영위하고자 하

---

4) R. Dworkin, *Justice for Hedgehogs*: *Synopsis*, 미발표 논문, 2000, 1. "우리 각자는 잘 살아야 할, 마치 화가가 자신의 캔버스를 가지고 뭔가 가치 있는 것을 만들어내는 것처럼 우리 자신의 삶에서 뭔가 가치 있는 것을 만들어내야 할, 영구적이고 특별한 책임을 갖는다."〔옮긴이 주: 드워킨은 이 논문을 발전시켜 2011년 책으로 출판하였다. R. Dworkin, *Justice for Hedgehogs*, Belknap Press of Harvard University Press 2011.〕

5) 옮긴이 주: 드워킨의 저서 *Sovereign Virtue*의 우리말 번역본이 《자유주의적 평등》(염수균 옮김, 한길사 2005)이란 제목으로 출간되었기에 여기서도 그렇게 옮겼다.

는 삶의 선택에 따른 위험을 스스로 부담해야 합니다. 기회의 평등은, 처음에 모두가 평등한 자원을 가지고 출발하며 이후에 소요되는 비용의 크기가 상이한 삶의 기획들 간의 조정은 일종의 경매를 통해 이루어짐으로써 보장됩니다. 자원의 평등의 관점에서 볼 때 개인의 책임과는 무관하게 환경과 유전적 요인 때문에 그 개인의 삶에 부담 지워지는 결핍과 불이익들도 보상되어야 합니다. 이와 같이 극도로 세련된 실험적 이론구성은 전문가들 사이에서 많은 관심의 대상이 되었습니다.

* * *

드워킨에 대한 축사를 법률가이자 철학자로서의 업적에만 할애한다면 이 활기로 가득한 사람의 아주 중요한 면모를 놓치게 될 것입니다. 수십 년 전부터 《뉴욕서평》(New York Review of Books)지와 명망 높은 법학 학술지들에 자기 나라의 국가적 관심사로 떠오른 주제들에 대해 전문적 식견과 달변의 수사력을 가지고 입장을 표명해온 깨어있는 지식인의 면모 말입니다. 명민한 논증력과 우아한 수사력의 이 독특한 결합은 일찍이 법정에서 의뢰인의 사건을 변호하는 법을 배운 변호사 수업의 덕분이기도 합니다. 하지만 시민이자 지식인으로서 드워킨은 더 이상 어떠한 의뢰인도 대변하지 않습니다. 그는 자발적으로 ─ 비록 성공 가능성이 적은 경우라 할지라도 ─ 논쟁에 참여합니다.

드워킨은 60년대 이래 미국의 공론장에서 벌어진 거의 모든 정치적 논쟁에 참여하여 자신의 정치적 논적들을 심사숙고한 근거들을 가지고 논쟁하는 토론장으로 불러내었습니다. 그 논쟁의 주제는 적극적 우대 조치(affirmative action)나 임신중절, 포르노와 언론자유, 경멸적 언사(hate speech) 혹은 안락사 문제, 최고법원판사 후보자의 미심쩍은 자격 문제나 ─ 고어 대 부시(Gore vs. Bush) 사건의 경우처럼 ─ 연방최고법원이 헌법을 수호하는 게 아니라 혹사시키는 경우, 바로 연방최고법

원의 기이한 판결 자체에 대한 문제 등 다양합니다. 정치적 논쟁사안
이 법정에 회부되어 판결하기 어려운 사건들(*hard cases*)이 되는 미국이
란 나라의 문화도 이러한 논쟁에서 법률가 드워킨에게 도움이 되었습
니다.

그러나 법률가이자 철학자로서의 드워킨의 이론에 이미 참여하는 지
식인으로서의 실천행위와의 연관성이 내재되어 있습니다. 그의 이론은
현행법의 단편들로부터 실현을 재촉하는 권리의 체계를 해독해내고 있
지 않은가요? 현존 법현실의 슬픈 사실들은 이미 올바로 이해된 법치
(法治)에 대한 여망을 드러내주고 있습니다. 이런 의미에서 드워킨은
'여망적 법개념'(*aspirational concept of law*)을 말합니다. 이것은 매우 미
국적인 애국주의의 표현입니다. 이 애국주의의 자발적 원동력을 또 다
른 미국 철학자 리처드 로티는 '우리나라 이룩하기'(*achieving our coun-
try*)라는, 오해의 여지를 주지 않는 개념으로 표현한 바 있습니다. 로
널드 드워킨은 최근에 나온 자신의 저서 《여기서 민주주의가 가능한
가?》(*Is Democracy Possible Here?*)에서 자기 나라를 개선하겠다는 이
브레히트적 열망에 대해 감동적으로 증언하고 있습니다.[6]

이 작은 책은 다음과 같은 고백으로 시작됩니다. "미국 정치는 지금
참담한 상황에 처해 있다." 이렇게 시작하는 이유는 이 책이 종교적 우
파 진영과 주변화된 자유주의좌파 진영으로 나라가 양극화되어 있는
위협적인 정치상황에서 벗어날 길을 모색하려 하기 때문입니다. 드워
킨은 물론 자신이 자유주의적 대의의 옹호자라는 것을 부인하지 않습
니다. 그러나 그는 이 대의를 사회자의 역할을 하면서 옹호합니다. 그
는 우선 참을성 있게 양 진영의 의견을 개진한 후에 이들에게 자신들
이 토대로서 공유하고 있는 가치들을 상기시킵니다.

---

6) R. Dworkin, *Is Democracy Possible Here?*, Princeton: Princeton University
   Press 2006.

그는 어떤 사안도 다루기 힘들다고 해서 빼놓지 않습니다. 그는 의연하게 관타나모와 사법적 기본권의 거부, 테러 위험과 위압적 심문 (*coercive interrogation*)이란 말로 점잖게 표현되는 저 고문 관행에 대해 다룹니다. 그는 국가의 안보와 개별 시민의 자유에 대한 침해에 대해서, 사형과 형법의 공리주의적 형해화에 대해서 논의합니다. 그는 종교적 근본주의와 국가의 세계관적 중립성에 대해서, 동성결혼에 대해서, 과학의 권위와 성서적 신앙의 관계에 대해서 이야기합니다. 그는 신자유주의 경제정책과 사회정의의 문제에 대해 상론하고, 민주주의의 정당성 조건으로서 사회복지국가에 대해서 다루며, 사적 콘체른들이 소유하고 있는 매체권력에 의한 정치적 공론장의 파괴에 대해 논의합니다. 그러나 이 책에서 그가 논변하는 방식의 특징은 그가 애국자로서 〔양 진영에게〕 매우 깊게 파여 있는 골을 뛰어넘어 공유하고 있는 정치문화의 토대를 볼 것을 간원하고 있다는 것입니다. 여기서 그는 '우리 미국인들' 식의 어조로 상대편에게 미국적 가치들 중 보다 나은 부분을 망각하지 말 것을 호소합니다.

저는 제 경험을 통해서 그렇게 긴장된 상황에서의 격한 논쟁이 얼마나 사람을 자극하는지 잘 알고 있습니다. 그렇기 때문에 저는 극단적인 논적들과도 이성적 논의의 끈을 끊어버리지 않고 합의를 이끌어내기 위해 애쓰는 이러한 개입의 바탕이 되는 민주주의 정신에 대해 경탄을 금할 수 없습니다. 자신들의 정치문화의 견고함에 대한 맹목적 신뢰는 분명 위험한 요소가 있습니다. 그러나 그 근거가 확실한 경우, 그러한 신뢰는 보다 성숙한 민주주의 전통의 표현입니다.

7.
무엇이 중요한지를 알아채는
전위적 감지능력*

∙
∙
∙

지식인의 역할과 유럽문제

칼 레너 연구소(Karl-Renner-Institut) 소장께서 제가 올해의 브루노 크라이스키(Bruno Kreisky)상 수상자로 선정되었다는 기쁜 소식을 전했을 때, 저는 수십 년 동안 수많은 논쟁을 하고 논란의 여지가 더 많은 명성을 누린 후 이제 이렇게 많은 과분한 인정을 받게 된 행복한 상황의 흥분되는 측면에 대해 생각할 기회만을 갖게 된 것은 아니었습니다. 오스트리아 공화국의 파란만장한 운명과 영예롭게 연관되어 있는 저 두 분의 역사적 인물의 이름은 제게 처음으로 빈(Wien)의 사회민주주의자들과 저의 관계에 대해 깊이 생각해보는 계기도 제공했습니다. 물론 어떤 정치적 관계가 있었다는 것은 아닙니다. 그러나 칼 레너[1] 와 브루노 크라이스키[2] 라는 이름은 저에게 지적인 자극을 주었던 하나의

---

* 이 글은 2006년 3월 9일 빈(Wien) 대학교에서 거행된 〈브루노 크라이스키 상〉(Bruno-Kreisky-Preis) 수상식에서 행한 감사연설이다.
1) 옮긴이 주: 칼 레너(1870~1950)는 오스트리아의 사회민주주의 정치가이자 법학자이다. 제2차 세계대전 후 그는 재건된 오스트리아의 초대 연방대통령(1945~1950)을 지냈다.

100

위대한 이론적 전통을 떠올리게 합니다. 저는 이 기회를 빌려 오스트리아 맑시즘(*Austromarxismus*)에 대해 제게 두 가지의 결정적인 아이디어를 제공한 데 대한 감사를 표하고자 합니다.

오스트리아 맑시즘에 대한 감사

제가 1956년 통상적이라 할 대학에서의 철학 공부를 마치고 프랑크푸르트 사회연구소의 낯선 환경으로 오게 되었을 때 저는 경험적 연구조사를 준비하는 과정에서 법치국가와 민주주의에 관한 (당시엔 전적으로 법학분야에서만 나온) 문헌들을 공부해야만 하였습니다. 바이마르 공화국의 주요 국법학자들 간의 논쟁이 흥미롭기는 했지만, 저로서는 법학의 규범적 개념들이 제가 당시의 정치현실을 파악하기 위해 공부하였던 사회이론과 어떤 연관을 갖는지 쉽게 파악하기가 어려웠습니다. 이때 저는 정치경제학과 법학의 연관관계에 대해 제 눈을 뜨게 해 준 책 한 권을 읽게 되었습니다. 《사법(私法)의 법제와 그 사회적 기능》이라는 점잖은 제목을 가지고 1929년에 출간된 이 책은[3] 청년 칼 레너가 1900년 전후에 오스트리아 의회인 제국의회의 도서관에서 사서로 일하던 시절에 했던 연구를 바탕으로 저술된 것이었습니다. [4]

---

2) 옮긴이 주: 브루노 크라이스키(1911~1990)는 오스트리아 사회민주당 정치가로서 1970년부터 1983년까지 오스트리아 수상을 역임하였다.

3) K. Renner, *Die Rechtsinstitute des Privatrechts und ihre soziale Funktion. Ein Beitrag zur Kritik des Bürgerlichen Rechts*, 1929. 레너는 당시 '요제프 크라머'(Josef Kramer)라는 가명으로 이 책을 출판하였다.

4) 저는 《공론장의 구조변동》(*Strukturwandel der Öffentlichkeit*, Neuwied: Luchterhand 1962, 234 이하〔옮긴이 주: 이 책의 우리말 번역본은 하버마스, 《공론장의 구조변동》, 한승완 역, 나남출판 2001〕)에서 레너에 대해 다루고 있습니다.

이렇게 저는 오스트리아 맑스주의자들의 저작들을 접하게 되었는데, 당시 아도르노의 조수로 일하던 저는 프랑크푸르트에서는 찾아볼 수 없었던 세 가지 점을 이 저작들에서 발견하였습니다. 그것은 첫째 이론과 정치적 실천의 자연스런 결합입니다. 그리고 상아탑에서 나온 과학적 통찰에 대한 맑스주의 사회이론의 의연한 개방적 태도가 그 둘째입니다. (호르크하이머와 아도르노는《계몽의 변증법》(*Dialektik der Auf-klärung*) 이후 다시 이러한 태도와는 멀어지게 됩니다.) 그리고 무엇보다도 마지막 세 번째는 현 상태를 훨씬 넘어서는 급진개혁주의적 목표설정을 포기하지 않으면서도 어떠한 유보도 없이 민주주의 법치국가의 성과와 자신들을 일치시키는 태도입니다.

제가 1960년대 후반 헤겔적 맑스주의(*Hegelmarxismus*)에서 칸트적 실용주의로 이행해가는 과정에서 또 다른 오스트리아 맑스주의자의 책한 권이 제게 레너의 책이 주었던 것과 유사한 큰 영향을 주었습니다. 그것은 1936년《사회의 수수께끼》라는 제목으로 출간된 막스 아들러의 후기 저작이었습니다. [5] '사회적 아프리오리(*Apriori*)'라는 개념을 도입하면서 아들러는 우리의 자아의식과 세계에 대한 지식이 사회적으로 구성된다는 점뿐만 아니라, 반대로 사회적 생활관계도 지식행위의 실천을 통해 구축되어야 한다는 점을 상기시키고 있습니다. 그렇게 보면 사회 자체는 우리가 의사소통적 발언을 통해 제기하는 타당성 주장들의 사실성에 근거하게 됩니다. 이렇게 아들러는 후기 후설과 매우 유사하게 진술의 진리성과 규범의 올바름에 대한 연관설정이 사회 자체에 내재한다는 것을 논증하고 있습니다. [6]

---

[5] M. Adler, *Das Rätzel der Gesellschaft. Zur erkenntniskritischen Grundle-gung der Sozialwissenschaft*, 1936년 빈에서 출판된 책의 영인본, Aalen: Scientia 1975.

[6] 저는 아들러에 대해 〈크리스티안 가우스 강의(1970/71)〉에서 다룬 바 있습니다. "Christian Gauss Lectures(1970/71)" in: *Vorstudien und Ergän-*

오토 바우어(Otto Bauer)와 루돌프 힐퍼딩(Rudolf Hilferding), 칼 레너와 막스 아들러는 전적으로 과학성을 고수하면서도 필요할 경우에는 전술과 조직이 요구하는 규율에 복종해야 하는 당파적 지식인이라는 자기이해를 가지고 있었습니다. 하지만 그들은 민주주의자로서 당의 역할에 대해 《역사와 계급의식》의 저자인 레닌주의자 루카치와는 전혀 다른 견해를 가지고 있었습니다. 어찌됐든 당파적 지식인이라는 인물상은 역사 속의 존재가 된 세계관적 좌파정당들의 테두리에 속합니다. 1945년 이후 서구에는 이러한 유형의 인물은 더 이상 존재할 수 없게 됩니다. 빌리 브란트(Willy Brandt)처럼 브루노 크라이스키도 스칸디나비아에서 망명을 떠나기 전과는 다른 사람이 되어 돌아왔습니다. 계급사회가 사회복지국가의 형태로 화평을 이룩하여 시민사회로 탈바꿈할 수 있었던 것은 망명에서 돌아온 이 사회민주주의자들의 공헌 덕분입니다.

오늘날의 지식인 유형은 위와 같은 배경과는 확연히 차이가 납니다. 1945년 이후 등장한 — 카뮈와 싸르트르, 아도르노와 마르쿠제, 막스 프리슈(Max Frisch)와 하인리히 뵐 같은 — 지식인들은 당파적이긴 하지만 정당정치와는 연관되지 않은 작가와 교수들이라는 보다 더 오래된 지식인 유형에 가깝습니다. 이들은 어떤 계기가 주어지면 요청받지 않고서도, 즉 위탁이나 표결 없이도, 분연히 떨쳐 일어나 자신들의 전문영역을 넘어서서 자신들이 가진 전문지식을 공적으로 사용합니다. 엘리트라는 신분을 내세울 수 없는 그들은 민주시민으로서의 역할 말고는 내세울 수 있는 다른 정당성이 없습니다.

zungen zur Theorie des kommunikativen Handelns, Frankfurt am Main: Suhrkamp 1983, 34쪽 주석 15와 38쪽 주석 19.

지식인과 공론장

이러한 평등주의적 자기이해의 뿌리는 독일의 경우 괴테와 헤겔 직
후의 첫 세대로까지 거슬러 올라갑니다. 청년독일파(Junges Deutsch-
land)와 헤겔 좌파에 속하는 요란한 문필가들과 사(私)강사들은 붕 떠
있으면서 자발적으로 개입하고 종종 우는 소리를 하기도 하고 흥분해
서 논쟁하기를 좋아하며 제멋대로여서 믿을 수가 없는 사람이라는 지
식인상의 성립에 크게 일조하였습니다. 물론 여기에는 지식인에 대한
끊임없는 편견들도 똑같이 일조하였지만 말입니다. 포이어바흐와 하이
네 및 뵈르네(Börne), 브루노 바우어(Bruno Bauer)와 막스 슈티르너
(Max Stirner) 및 율리우스 프뢰벨(Julius Fröbel), 맑스와 엥겔스 및 키
르케고르의 세대가 초기 자유주의의 비호하에 의회주의와 대중언론이
형성되던 1848년 이전 연간에 등장한 것은 결코 우연이 아닙니다.

프랑스혁명의 바이러스가 유럽 전역으로 퍼지던 이 배란기에 이미
근대적 지식인 유형이 앞으로 그 속에 자리를 잡게 될 구도가 뚜렷이
드러나게 됩니다. 지식인들은 날카로운 수사를 동원한 논변을 통해 의
견형성에 영향력을 행사하고자 할 때 호응할 수 있고 깨어있으며 해당
사안에 대해 잘 알고 있는 공론장에 의지할 수밖에 없습니다. 그들은
어느 정도 자유주의적인 생각을 가진 공중(公衆)을 필요로 하며, 억압
된 진실이나 유보된 권리를 위한 투쟁을 할 때 바로 보편주의적 가치에
호소할 수밖에 없기 때문에 어느 정도 작동하고 있는 법치국가에 의지
해야만 합니다. 그들은 정치가 전적으로 국가활동으로 수렴되지 않는
세계에 속해 있습니다. 그들의 세계는 시민들의 의사소통적 자유가 억
압받지 않고 동원될 수 있는 정치적 이의제기의 문화로 구성됩니다.

공적 논쟁의 한심한 수준을 개선하기 위하여 중요한 주제들을 찾아
내고 내실 있는 테제들을 만들어 해당사안에 들어맞는 주장들의 스펙
트럼을 확장시키는 지식인의 이념형을 그려내는 것은 쉽습니다. 다른

한편 저는 지식인들이 제일 즐겨하는 일에 대해 모른 척 할 수가 없군
요. 바로 틈만 나면 지식인 '자체'가 몰락하고 있다고 의례적으로 개탄
해대는 것 말입니다. 저도 그런 점에서 전적으로 예외가 아니긴 하지
만요.

47 그룹(Gruppe 47)[7]의 거창한 등장과 선언들이, 알렉산더 미체를
리히(Alexander Mitscherlich)나 헬무트 골비처(Helmuth Gollwitzer)의
현실개입이, 미셸 푸코와 자크 데리다 그리고 피에르 부르디외의 정치
적 입장표명이, 에리히 프리트(Erich Fried)나 귄터 그라스의 현실참여
적 글들이 그립지 않습니까? 오늘날 그라스의 목소리에 대한 반향이
적은 것이 정말 그라스 탓일까요? 아니면 우리 매체사회에 고전적 형
태의 지식인에게는 불리한 쪽으로 또다시 공론장의 구조변동이 일어나
고 있는 것일까요?

의사소통의 중심이 출판과 언론에서 텔레비전과 인터넷으로 바뀌면
서 매체 공론장은 예상보다 훨씬 크게 확장되고 의사소통망도 유례가
없을 정도로 촘촘해지는 결과를 가져왔습니다. 지식인들이 마치 물 속
의 고기들처럼 움직였던 장인 공론장은 그 어느 때보다도 포괄적이 되
었고, 의사소통의 교환 수준도 훨씬 강화되었습니다. 그러나 지식인들
은 자신들의 생명수와도 같았던 요소가 넘쳐흐르게 되자 마치 약물을
과잉복용한 것과 같이 오히려 그것 때문에 질식해 죽을 지경이 된 것
처럼 보입니다. 축복이 저주로 돌변한 듯합니다. 저는 공론장의 탈 형

---

7) 옮긴이 주: 〈47 그룹〉은 독일작가 한스 베르너 리히터(Hans Werner Rich-
   ter)의 주도하에 1947년부터 1967년까지 일정한 주기로 주로 진보적 성향의
   주요 작가, 시인, 비평가, 저널리스트, 출판관계자들이 만나서 문학 텍스트
   를 중심으로 강독 및 비판 모임을 진행한 것을 지칭한다. 이 모임은 전후 독
   일 문학계 및 문화계에 지대한 영향을 미쳤으며 정치적으로도 상당한 영향
   력을 발휘하였다. 하인리히 뵐, 귄터 그라스, 잉에보르크 바흐만(Ingeborg
   Bachmann) 등이 〈47 그룹 상〉을 받으며 독일 문단의 주목을 받게 된 작가
   들이다.

식화와 공론장에서의 역할의 탈 차별성에 그렇게 된 원인이 있다고 봅니다.

인터넷의 이용은 의사소통관계들을 확장하는 동시에 파편화하였습니다. 그런 까닭에 인터넷은 권위주의적인 공론장 통치에 대해 반항하는 전복적(*subversive*) 영향을 미치기는 합니다. 하지만 의사소통망의 구성이 수평적이고 탈 형식화된 방식으로 진행되는 것은 동시에 전통적 공론장들의 성과를 약화시키고 있습니다. 전통적 공론장들은 정치적 공동체 내에서 익명적이고 분산된 공중의 관심을 선별된 메시지들에 집중하도록 결집시킴으로써 시민들이 같은 시기에 비판적으로 걸러진 동일한 주제들과 제안들을 접하고 다룰 수 있게 해줍니다. 그런데 인터넷이 우리에게 선물한 증진은 환영할 만한 것이지만 대신 우리는 걸러지지 않은 제안들을 여러 통로로 접하게 되는 정보통로의 탈 중심화를 그 대가로 치르게 되었습니다. 이 인터넷이라는 매체에서 지식인들의 제안은 초점을 형성하는 힘을 상실합니다.

그런데 전자혁명이 천박한 지식인들의 엘리트적 등장무대를 파괴하고 있다는 말은 성급한 주장인 듯합니다. 주로 국민국가적으로 제도화된 공론장 내에서 운영되고 있는 텔레비전은 언론, 잡지 및 서적으로 구성되어 있던 무대공간을 단지 확장했을 뿐이기 때문입니다. 동시에 텔레비전은 무대의 모습을 바꾸었습니다. 말하고자 하는 바를 그림으로 보여주어야 하는 텔레비전은 **도상(圖像)**적 전회(*iconic turn*)를— 말에서 그림으로의 전회를— 가속화하였습니다. 말에 대한 이러한 상대적 가치절하는 공론장의 두 가지 상이한 기능들 간의 비중변화를 가져왔습니다. 텔레비전은 무언가를 보게 해주는 매체이기 때문에 이를 통해 공개적으로 등장하는 사람들에게는 두루 알려지게 된다는 의미에서의 유명함을 가져다줍니다. 카메라 앞에 선 출연자들은 그들이 그 프로그램의 내용에 다른 어떤 기여를 하던 간에 자신을 드러내어 과시하게 됩니다. 그래서 시청자는 이들과 우연히 마주치게 되면 언제 어디선가 한번 그 얼굴을 본 적이 있다고 상기하게 됩니다. 텔레비전은 비록 그 프로그램 내용이 ─ 많은 토크쇼들처럼 ─ 논의적 성격을 갖는 것일지라도 출연자들에게 자기과시를 하도록 유도합니다. 출연자들의 자기과시라는 요소는 텔레비전 앞에서 일반적 관심사를 주제로 진행되는 논쟁에 참여하며 판단하는 공중을 시청하는 공중으로 바꿔놓습니다.

물론 이런 자기과시 요소는 지식인들의 병적인 허영심을 부추깁니다. 여러 지식인들이 매체가 제시하는 자기과시 유혹에 넘어가 타락함으로써 명성을 잃었습니다. 왜냐하면 지식인에게 좋은 명성이란 것이 있다고 한다면 그것은 일차적으로 유명함에 기반을 두는 것이 아니라 그가 작가가 됐든 물리학자가 됐든 자신이 속한 집단에서, 적어도 어떤 하나의 전문영역에서, 먼저 성취했어야만 하는 평판에 기반을 두는 것이기 때문입니다. 그 다음에 자신의 지식과 평판을 공적으로 사용하는 것이지요. 그가 논증적 주장을 가지고 토론에 참여할 때, 그는 시청자들로 이루어진 것이 아니라 서로 주장하고 질의하면서 자신의 입장을 옹호할 수 있는, 잠재적으로 화자이자 청자인 사람들로 구성된 공중을 상대해야 합니다. 이념형적으로 볼 때 여기서 중요한 것은 연출을 통한 시선들의 결집이 아니라 논거들의 교환입니다.

아마도 이런 점이 왜 저 대단한 여성진행자들 중 한 사람의 사회하에 정치가와 전문가 그리고 언론인들이 출연하는 프로그램에 지식인이 메워줘야 할 어떠한 틈도 없는지에 대한 해명이 될 것 같습니다. 다른 모든 사람들이 이미 그의 역할을 더 잘 해내고 있기 때문에 그를 찾지 않는 것입니다.

논의와 자기과시의 혼합은 이제는 구식이 된 지식인이 한때 구분하였던 역할들의 탈 차별화와 동화를 초래하였습니다. 지식인은 그가 말을 가지고 획득하였던 영향력을 권력을 획득하는 수단으로 이용해서는, 즉 '영향력'을 '권력'과 혼동해서는 안 되었습니다. 그러나 오늘날 무엇이 토크쇼에 참여하는 지식인을 오래전부터 이미 영향력이 큰 주제와 개념을 선점하기 위한 지적인 경쟁을 위해 텔레비전 무대를 이용해온 정치인과 구분해줄 수 있겠습니까? 또한 지식인은 전문가로서 필요했던 것도 아니었습니다. 그는 자신이 틀릴 수도 있다는 점을 항상 의식하면서도 규범적 입장을 표명할 수 있는 용기와 아이디어가 출중한 시각을 제시할 줄 아는 상상력을 가지고 있어야 하였습니다. 그러나 오늘날 무엇이 그를 오래전부터 이미 상반된 입장의 전문가들과의 논쟁에서 제시된 자료와 관련하여 여론의 지지를 가장 많이 받을 해석을 제시하는 법을 익힌 전문가와 구분해줄 수 있겠습니까?

끝으로, 똑똑한 언론인과 지식인을 구분해주는 것은 과시하는 형식보다는 공적 사안에 개입하는 일을 단지 부업으로서만 해도 된다는 특권이었다고 하겠습니다. 지식인은 일이 일상의 궤도를 벗어날 때에만, 하지만 ─ 선제경고체계로서 ─ 반드시 제때에 개입해야만 했습니다.

이로써 우리는 오늘날에도 여전히 지식인의 특징이랄 수 있는 유일한 능력을 언급하는 일만 남겨두었군요. 그것은 바로 무엇이 중요한지를 알아채는 전위적 감지능력입니다. 지식인은 다른 사람들이 아직도 일상의 업무에 몰두하고 있을 시점에 위기적 사건진행에 대해 흥분하고 분노할 수 있어야 합니다. 이 일에 필요한 덕목들은 전혀 영웅적인 성격의 것이 아닙니다. 그것은

- 공동체의 규범적 기반구조의 손상에 대해 항상 의심의 눈초리로 감시하는 예민한 촉각,
- 공동의 정치적 생활형식의 정신적 자산을 위협하는 위험들을 걱정하며 예견하는 것,
- 결여되어 있는 것과 '지금과는 다를 수 있는 것'에 대한 감각,
- 대안을 만들어낼 수 있는 약간의 상상력,
- 그리고 대립을 두려워하지 않고, 불편한 발언을 할 수 있고, 팸플릿을 쓸 수 있는 용기 조금입니다.

108

이것은 — 언제나 그러했지만 — 말로는 쉽습니다만 실천은 그리 녹
록하지 않습니다. 지식인은 분노할 줄 알아야 합니다만, 과잉반응하지
는 않는 정치적 판단력 정도는 가지고 있어야 합니다. 막스 베버와 슘
페터로부터 겔렌(Gehlen)과 쉘스키(Schelsky)에 이르는 지식인 비판자
들은 지식인에 대해 계속해서 '소모적인 분노'와 '과장된 경고'(*Alarmi-
smus*)를 잘한다고 비난해왔습니다. 지식인은 이런 비난에 주눅 들어서
는 안 됩니다. 싸르트르는 정치적 판단에 있어 아롱(Aron)보다 더 자
주 실수를 했지만 더 영향력 있는 지식인이었습니다. 물론 중요한 것
을 알아채는 감지능력도 소름이 끼칠 정도로 궤도를 이탈할 수 있습니
다. 예를 들어 1945년 이래 극복되었던 '정치적 죽음숭배'가 독일연방
공화국에서도 필요한 것이라고 주장하는 역사학자는 그저 웃음거리가
될 뿐입니다. 그 사람은 파시즘의 정신적 핵심요소가 뭔지 전혀 모르
고 있음이 분명하기 때문입니다.

유럽의 미래

요즘 제가 가장 많이 흥분하고 분노하는 주제인 유럽의 미래에 대해
서 다른 사람들은 추상적이고 지루하다고 생각합니다. 우리는 왜 그렇
게 맥빠진 주제에 대해 흥분해야 할까요? 제 답은 간단합니다. 2009년
유럽의회 선거 때까지 현재 첨예하게 대립하고 있는 문제인 유럽통합
의 **최종목적**(*finalité*)에 관한 문제를 유럽 전체의 국민투표(*Referendum*)
의 대상으로 만드는 데 성공하지 못하면 유럽연합의 미래는 신자유주
의 정통파의 뜻대로 결정되어버리게 될 것입니다.

우리가 게으른 평화를 지키기 위해 다루기 어려운 주제는 회피하고
계속해서 지금까지 해온 것처럼 통상적인 타협노선을 지켜나간다면,
고삐 풀린 시장의 역동성을 방임하고 심지어는 현존하는 유럽연합의

정치적 추진권력이 산만하게 확장된 유럽 자유무역권역에 유리한 쪽으로 청산되는 것을 그저 보고만 있게 될 것입니다. 우리는 유럽통합 과정에서 처음으로 이미 이룩한 통합의 수준보다 뒤로 추락할 위험에 직면해 있습니다. 제가 흥분하고 분노하는 것은 프랑스와 네덜란드 양국의 국민투표에서 헌법비준이 부결된 이후 나타난 경직과 무력감입니다. 이런 상황에서는 결정을 안 하고 있는 것 자체가 영향력이 큰 하나의 결정인 것입니다.

제가 요청받은 주제가 지식인의 역할에 대한 성찰만 아니었더라면 현재 유럽이사회 의장국인 이 나라에서 오늘 제가 말하고 싶었던 주제는 바로 유럽의 미래였을 것입니다. 하지만 결국에는 여러분이 보시다시피 지식인의 역할에 대한 성찰은 유럽의 미래라는 주제로 이어지는군요. 현재 우리에게 급박한 다음의 세 가지 문제는 유럽연합의 행위능력의 결여라는 단 하나의 문제로 집약됩니다.

(1) 세계화 과정에서 변화된 세계경제적 조건은 오늘날 국민국가가 이미 익숙해진 사회복지정책적 요구들을, 공동재(共同財)와 공공서비스에 대한 수요 일체를, 필요한 정도만큼 충족시키는 데 필수적인 조세자원을 이용하는 것을 막고 있습니다. 인구발전동향과 이민증가 같은 다른 도전들은 상황을 더 첨예화시키고 있는데, 이러한 상황으로부터 벗어날 수 있는 길은 오직 공세적 방법뿐입니다. 바로 초국가적 차원에서의 정치적 추진력을 다시 획득해내는 것이 그것입니다. 세율의 수렴을, 경제정책 및 사회복지정책의 중기적(中期的) 조화를 이루어내지 못한다면, 우리는 유럽적 사회모델의 운명을 타인들의 손에 맡기게 될 것입니다.

(2) 가차 없는 헤게모니적 강권정치로의 복귀, 서구와 이슬람 세계 간의 충돌, 세계의 다른 지역들에서의 국가적 구조의 붕괴, 식민역사

가 끼친 장기적인 사회적 영향들과 실패한 탈식민화에서 비롯된 직접적인 정치적 귀결들 — 이 모든 것들은 현재 세계가 처한 상황이 극히 위태롭다는 것을 알려주고 있습니다. 오직 외교정책적 행위능력을 갖고 미국, 중국, 인도, 일본과 나란히 세계정치적 역할을 수행하는 유럽연합만이 현존하는 세계경제제도 내에서 지금의 워싱턴 콘센서스를 대신할 대안을 촉진하고, 무엇보다도 유엔 내에서 한동안 미국이 막고 있었으나 미국의 지지 없이는 불가능한, 오래도록 지연된 개혁을 진척시킬 수 있을 것입니다.

(3) 이라크 전쟁 이래 가시화된 서구의 분열은 미국 국민 자체를 거의 동일한 세력의 두 진영으로 분열시킨 문화투쟁에도 그 원인이 있습니다. 이러한 정신적 변화는 지금까지 효력을 발휘하고 있던 정부정책의 규범적 척도들의 일탈을 초래하였습니다. 미국의 가장 가까운 동맹국들로서는 이것을 좌시만 하고 있을 수는 없습니다. 특히 공동행위의 위기적 상황을 맞이할 경우, 우리는 이 우월한 파트너에 대한 종속으로부터 벗어나야만 합니다. 그렇기 때문에도 유럽연합은 자체의 군대를 필요로 합니다. 지금까지 유럽인들은 나토(NATO)군을 투입할 때 미국 사령부의 지휘하에 그 지시와 규칙을 따랐습니다. 그러나 이제 우리는 공동보조를 취할 때에도 국제법과 고문금지 및 전시형법에 대한 우리 자신의 견해를 견지할 수 있는 위상을 확보해야 합니다.

그런 까닭에 저는 유럽이 유럽연합에 효율적인 결정의 절차들만이 아니라 자체 외무장관과 직접선거를 통해 선출한 대통령과 자체적인 재정기반을 만들어주는 개혁을 위해 떨쳐 일어나야만 한다고 생각합니다. 이 요구들은 차기 유럽의회 선거를 치를 때 함께 추진 가능한 국민투표의 대상이 될 수 있을 것입니다. 이 요구들을 담은 법안은 유럽연합 국가들의 과반수와 유럽연합 시민들의 투표수의 과반수인 '이중의 과반수'를 넘을 경우 채택되는 것으로 하면 될 것입니다. 동시에 이 국민투표는 각기 이 개혁에 찬성하는 국민이 과반수를 넘은 국가들에 대해서만 구속력을 갖는 것으로 하는 겁니다. 이로써 유럽은 가장 느린 국가가 템포를 결정하는 호송선단 모델과 결별하게 될 것입니다. 물론 핵심부와 주변부로 나뉜 유럽에서도 당분간 주변부에 머무는 것을 선택한 나라들 역시 언제든 중심부에 합류할 수 있는 선택권을 보유하게 될 것입니다.

제가 제시한 이 키워드들에서도 드러나듯이 저는 2006년 **유럽합중국**에 관한 선언을 출판했던 벨기에 수상 후이 베르호프스타트(Guy Ver-hofstadt)와 견해를 같이 합니다.[8] 이 예에서도 보실 수 있듯이 성공적인 정치가는 지식인을 앞서서 인도할 수 있습니다.

---

8) G. Verhofstadt, *Die Vereinigten Staaten von Europa*, Eupen: GEV 2006.

8.
유럽과 이민자들*

　오늘을 계기로 저는 생전 처음으로 한꺼번에 두 분의 아주 호의적인 축사를 듣는 특전을 누려봅니다. 〔오늘 축사를 해주신〕 뛰어난 동료인 볼프강 호그레베(Wolfgang Hogrebe)와 저는 무엇보다도 쉘링(Schelling)의 세계의 시대들(Weltalter)에 대한 철학적 관심을 공유할 뿐만 아니라 본(Bonn) 대학교 철학과와의 인연이라는 이력도 공유하고 있습니다. 그가 현재 맡고 있는 본 대학교 철학과 학과장 자리의 전임자들은 제 스승들이었습니다. 말이 나온 김에 저는 그의 철학적 연구작업과는 좀 동떨어진 볼프강 호그레베의 또 다른 업적을 언급하고 싶습니다. 그는 본 대학교 철학과의 역사에 대한 정치적 재정리 작업을 위해서도 애쓰고 있습니다. 그는 최근 이 작업의 결과물에서 제 아내와 제가 같이 보냈던 학창시절에 관한 친절한 회상을 언급하였습니다. 우리는 당시에는 단지 어렴풋하게만 알려져 있던, 우리 스승들의 나치 시절의

* 이 글은 2006년 11월 7일 본(Bonn) 근교의 산 페터스베르크(Petersberg)에서 열린 노르트라인-베스트팔렌 주(州) 공로대상(*Staatspreis*) 수여식에서 행한 강연문이다.

정치적 과거가 얼마나 끈질기게 당시 우리의 현실에까지 이어지고 있었는지를 알지 못했습니다. 1950년대 초 본에 대한 회상이 반세기가 넘은 지금에도 (호그레베의 이 연구조사를 통해서 알 수 있듯이) 여전히 뼈아픈 수정의 대상이 될 수 있다는 사실 역시 독일 연방공화국의 심성사(心性史)의 한 부분을 이룹니다.

저는 오래전부터 멀리서나마 〔오늘 축사를 해주신〕 한스-요헨 포겔 (Hans-Jochen Vogel)을 존경해왔습니다. 우리 세대에 속하는 유명정치인 중에서 제가 그렇게 자주 동의할 수 있는 입장을 취했던 정치인은 요한네스 라우(Johannes Rau) 말고는 한스-요헨 포겔이 거의 유일하지 않나 싶습니다. 제가 그에 대해 실망했던 유일한 경우는 제가 기억하는 바로는 1993년의 일이었는데요, 당시 그는 사회민주당 하원 원내대표로서 당시 제가 보기에는 잘못된 망명권 관련 타협안에 찬성하였습니다. 당시 저는 그에게 비판하는 글을 보냈었는데, 놀랍게도 포겔은 제게 글을 보내준 데 대한 감사의 뜻을 담은 친절한 답장을 보냈습니다. 이 답장에서 그는 자기가 찬성했던 이유들에 대해 상세히 열거하면서도 자신에게도 아직 그 안에 반대하는 생각들이 여전히 남아있다는 점을 솔직하게 고백하고 있었습니다. 제가 이 작은 예화를 말씀드리는 이유는 한스-요헨 포겔이라는 인물에는 민주주의 문화의 본질적 특징이 구현되어 있다는 점을 보여주기 위해서입니다. 그는 자신의 결정에 대해 공개적으로 그 정당성을 밝혀야 한다는 선출된 정치인의 의무를 진지하게 받아들이고 있습니다.

존경하는 주지사님, 주지사님과 공로대상 심사위원 여러분들께도 주(州) 창설 60주년이 되는 기념적인 해인 올해에 저에게 노르트라인-베스트팔렌 주 최고의 상을 주시는 데 대하여 깊이 감사드립니다. 남북독일에서 나오는 한 신문에서 저는 이 주가 창설된 지 60주년이 된 지금에도 이 주를 구성하는 두 지역의 통합에 대한 토론이 완전히 사그라지지 않고 있다는 기사를 읽었습니다. 비록 이 기사내용이 틀렸다

고 할지라도, 이 지적은 이 주를 창설하는 일이 얼마나 힘든 일이었는
가 하는 점과 창설 후 거둔 거대한 성공을 일깨워줍니다. 물론 1946년
당시 17세였던 저로서는 라인란트 주민과 베스트팔렌 주민의 통합 문
제에 대해 전혀 의식하지 못하고 있었습니다. 저희 교실에서는 진즉
〔방언경계선인〕 벤라트(Benrath) 선 양편에서 온 학생들이 함께 사이좋
게 공부하고 있었기 때문입니다. 구머스바하(Gummersbach) 김나지움
에는 마이네르츠하겐(Meinerzhagen)에서 온 통학생들의 구강음이 특
징인 베스트팔렌 사투리가 노래하는 듯한 우리 라인란트 사투리와 똑
똑 끊어지는 산골방언과 뒤섞여 즐겁게 울리고 있었습니다.

　대학시절 저는 종종 라인 강 저편에서 〔독일을 점령한 연합국들의〕 4
인 최고대표부가 있는 이곳을 바라다보았습니다. 하지만 직접 페터스
베르크에 오기는 오늘이 처음입니다. 이 역사적 주변환경은 통일 이전
의 독일 연방공화국이 라인 강과 루르 강이 흐르는 이 지역에 내린 깊
은 뿌리들을 상기시켜줍니다. 예의바른 태도와 라인프로이센적이라 할
베를린에 대한 일정한 거리두기, 서구를 향한 개방성과 공화주의적 프
랑스의 자유주의적 영향을 특징으로 하는 고향에 대해 저는 언제나 자
부심을 가지고 있었습니다. 이곳을 출발점으로 하여 독일연방공화국은
오로지 유럽의 정치적 통일과의 긴밀한 공동보조 속에서 자신들이 목표
하였던 주권을 획득하였습니다. 우리는 민족통일도 오로지 유럽의 틀
안에서 성취하였습니다. 그리하여 이곳을 수호하는 정령(*genius loci*)은
우리에게 이 축복으로 가득한 유럽적 동력이 지금은 마비상태에 빠져버
렸다는 짜증스러운 상황에 대해 심사숙고해볼 것을 권하고 있습니다.

* * *

　국민국가로의 회귀는 많은 나라에서 내향적 분위기를 조장하였습니
다. 유럽이란 주제는 평가절하되었고, 사람들은 이제 국민국가적 어젠

116

다에 몰두하고 있습니다. 우리나라의 경우 토크쇼에서 할아버지들과 손자들이 새로운 '만족감 애국주의'(*Wohlfühlpatriotismus*)에 감격한 나머지 서로 얼싸안고 있습니다. 온전한 민족적 뿌리의 확실성이 복지국가 탓에 유약해진 국민을 전 세계적 차원의 경쟁적 투쟁에 대비해 '미래생존능력'(*zukunftsfähig*)을 갖도록 만들어주어야 한다는 것입니다. 이러한 수사(修辭)는 사회다원주의가 판치는 현재의 세계정치상황과 잘 맞습니다.

　이제 유럽-경고주의자들(*Europa-Alarmisten*)은 유럽적 제도의 심화는 필요하지도 않고 가능하지도 않다고 우리에게 이의를 제기할 것입니다. 유럽통일의 동력은 유럽 국민들 간의 평화와 공동의 시장의 창설이라는 목적이 달성된 지금 소진된 것은 당연하다는 것입니다. 나아가 국민국가들 간의 경쟁관계가 여전히 존속되고 있다는 사실은 국민국가적 경계선을 넘어서는 정치적 공동체를 이루는 것이 불가능하다는 사실을 드러내주고 있다는 것입니다. 저는 이 두 반론이 잘못된 것이라고 생각합니다. 저는 먼저 우리가 정치적 행위능력을 갖고 민주적 헌정질서를 갖춘 유럽의 건설을 중도에 멈추게 될 경우 미해결로 남게 되는 절박하고 상당한 위험부담을 갖는 문제들을 말씀드리고자 합니다.

　오래전부터 잘 알려진 첫 번째 문제는 이렇게 중도에 그만두는 어중간한 태도에서 비롯된 것인 바, 바로 유럽연합 회원국들이 유럽통일 과정에서 실질적 민주주의를 상실했다는 것입니다. 더욱더 많은, 더욱더 중요한 정치적 결정들이 브뤼셀에서 내려지고 각 나라에서는 단지 그 결정들을 그 나라의 법으로 '이식'하고만 있습니다. 이 모든 과정은 유럽 시민들이 제 목소리를 낼 수 있는 유일한 장인 회원국들의 정치적 공론장을 우회해서 진행되고 있습니다. 유럽적 공론장은 존재하지 않습니다. 이러한 민주주의의 결핍은 유럽의 내적인 정치적 헌정질서의 결함들 때문이라고 생각합니다.

　다음 문제는 유럽인들이 대외적으로 단합된 모습으로 나설 능력이 없다는 점입니다. 워싱턴의 정부가 자신들의 잘못으로 도덕적 권위를 잃어버린 후 국제공동체는 유럽연합에 많은 기대를 걸고 있습니다만, 유럽연합은 공동의 외교정책이 없이는 이 기대를 충족시킬 수 없습니다. 물론 중동지역과 관련한 외교에서는 1948년 이래 처음으로 유엔의 강력한 위임을 받은 제3의 중재자에 기댈 수 있게 되었습니다. 하지만 유럽의 정부들은 공동의 어젠다를 가지고 그들의 외교수장인 솔라나 (Javier Solana)를 후원하지는 않고 서로 시기하면서 독자노선을 걷고 있습니다. 뉘른베르크 재판 60주년을 맞이한 올해에도 분열된 유럽은 무엇보다 이미 때늦은 유엔의 개혁에 손도 대지 못하고 있습니다. 미국인들이 그들 스스로가 발의한, 정당성을 지닌 유일한 세계질서구상, 즉 고전적 국제법을 정치적 헌정질서를 갖는 세계사회로 확대 발전시키자는 구상의 실현을 끊임없이 방해하는 일을 더 이상 하지 못하도록 할 수 있는 사람들이 있다고 한다면, 그건 바로 그들과 동맹을 맺고 있는 유럽인들일 것입니다.

세 번째 문제인 인간다운 사회적 생활수준의 지속적인 손상 문제 역시 더 이상 개별 국민국가 정부들이 독자적으로 해결할 수 있는 문제가 아닙니다. 신자유주의 정통파의 위선적 허위들에 대한 올바른 비판도 주가상승과 대량실업의 외설적인 결합이 불가항력적인 경영논리에서 나온 것이라는 사실을 없는 양 덮어버릴 수는 없습니다. 국민국가적 틀 안에서는 이러한 사실을 바꿀 여지가 거의 없습니다. 정치와 시장의 관계가 세계적 차원에서 이미 균형을 벗어난 상태이기 때문입니다. 외교정책적 행위능력을 갖는 유럽연합만이 세계경제정책의 향방에 영향력을 행사할 수 있을 것입니다. 그러한 유럽연합은 전 지구적 환경정책을 진척시키고 세계적 차원의 대내정책(Weltinnenpolitik)으로 가는 길에 첫발을 내디딜 수 있을 것입니다. 이로써 유럽연합은 다른 대륙에서도 국민국가들이 초국가적 세력으로 연합하는 데 하나의 모범이 될 수 있을 것입니다.

118

왜냐하면 이러한 새로운 형태의 전 지구적 행위주체들(*global players*)
이 없이는 보다 정의로운 세계경제체제의 주체들 간의 균형이 생겨날
수 없기 때문입니다. 우리가 직면하고 있는 급박한 문제인 네 번째 문
제는 우리 사회 내부에서 문화적 다원주의가 근본주의적 첨예화의 양
상을 띤다는 점입니다. 우리는 너무도 오랫동안 이 문제를 이민정책의
시각에서 다루어왔습니다. 하지만 테러의 시대가 된 지금 이 문제는
오로지 내적 안전의 카테고리로만 취급될 위험에 처해 있습니다. 그러
나 파리 근교의 불타는 자동차들과 영국의 이민자 거주지역 출신의 멀
쩡한 청소년들이 자행하는 국내테러와 뤼틀리 학교(Rütli-Schule)에서
의 폭력사건1)은 유럽이란 요새를 경찰력으로 보호하는 것이 다가 아니
라는 사실을 우리에게 일깨워주고 있습니다. 과거 이민자들의 자녀와
손자손녀들은 오래전에 이미 우리의 일부가 되었습니다. 하지만 실제
로는 그들이 여전히 우리의 일부가 되지 못했기 때문에 그들은 내무장
관이 아니라 바로 우리 시민사회에 하나의 도전이 되고 있습니다. 문
제는 낯선 문화와 종교공동체에 소속된 사람들에 대해서 그들의 다름
을 존중하는 동시에 국민적 연대성의 품 안에 포용하는 것입니다.

언뜻 보기에 통합문제는 유럽연합의 미래와는 상관없는 일처럼 보입
니다. 각각의 국민국가와 그 사회가 자신들의 방식대로 이 문제를 다
루어야만 하기 때문입니다. 그렇지만 여기에 전혀 다른 난제를 해결할
수 있는 열쇠 또한 들어있을지도 모릅니다. 유럽통합에 대한 회의주의
자들의 두 번째 반론은, 유럽합중국은 유럽 인민이라는 토대가 결여되
어있기 때문에 결코 성립할 수 없다는 것입니다. 하지만 이와 관련하

---

1) 옮긴이 주: 뤼틀리 학교는 독일 베를린 소재 종합고등학교이다. 2006년 3월
   이 학교 교사들은 아랍계와 터키계 및 독일계 학생들이 함께 다니던 이 학
   교에서의 폭력 문제를 폭로하면서 학교 폐쇄를 요구하는 청원서를 주 정부
   문화장관에게 제출하였다. 이 청원서는 독일의 교육제도와 학교폭력 및 이
   민자녀 통합문제에 대한 열띤 토론을 촉발하였다.

여 진정한 문제는 국민적 연대성을 유럽 전체 차원에서 초국가적으로 확장시킬 수 있는가 하는 것입니다. 그러나 공동의 유럽적 정체성은 개별국가 안에서 각각의 민족문화의 조밀한 틀을 다른 민족적 혹은 종교적 출신배경을 가진 시민들을 포용하기 위해 개방하면 할수록 더 빨리 형성될 것입니다. 통합은 일방통행길이 아닙니다. 통합이 성공한다면 그것은 강한 민족문화들을 뒤흔들어서 이 민족문화들은 내부와 외부 모두를 향해 보다 포용적이고, 보다 수용능력도 많고, 보다 다정다감하게 될 것입니다. 예를 들어 독일연방공화국에서 터키계 시민들과 공존 공생하는 것이 당연한 일이 되면 될수록 우리는 다른 유럽 시민들의 처지를—포르투갈 출신 포도재배 농민이나 폴란드 출신 배관공의 낯선 세계를—더 잘 이해할 수 있게 될 것입니다. 폐쇄된 문화들의 내적 개방은 이 문화들이 서로에 대해서도 개방하도록 해줍니다.

통합문제는 바로 유럽 국민국가들의 아픈 곳을 건드리고 있습니다. 이 나라들은 낭만주의적 감격을 동원하여 과거의 여러 소속감들을 다 빨아들인 민족의식의 강제적 창출을 통해서 민주주의 법치국가로 발전하였기 때문입니다. 민족주의적 추진력이 없었더라면 바이에른 사람들과 라인란트 사람들이, 브르타뉴 사람들과 오씨타냐 사람들이, 스코틀랜드 사람들과 웨일즈 사람들이, 시칠리아 사람들과 칼라브리아 사람들이, 카탈루냐 사람들과 안달루시아 사람들이 한 민주주의적 민족국가(Nation)의 시민들로 융합될 수 없었을 것입니다. 이 촘촘하고 불붙기 쉬운 천과 같은 민족주의 때문에 오래된 국민국가들은 통합문제에 대해서 미국이나 오스트레일리아 같은 이민사회들보다 훨씬 더 민감하게 반응합니다만, 우리는 이 이민사회들로부터 많은 것을 배울 수 있을 것입니다.

외국인노동자 가족의 통합문제이건 과거 식민지 출신 시민들의 통합문제이건 간에 교훈은 한 가지입니다. 자신의 시각지평의 확장 없이는, 보다 넓은 스펙트럼의 소문과 생각들을, 또한 아픈 인식상의 불협화음들을 기꺼이 인내하겠다는 태도 없이는 어떠한 통합도 가능하지 않습니다. 종교적 세속화가 정착된 서유럽과 북유럽 사회에서는 낯선 종교들의 활발한 활동과의 만남이라는 문제가 추가됩니다. 이것은 토착 교파들에게도 새로운 반향을 창출해줍니다. 다른 종교를 신봉하는 이민자들은 비신자들에게만이 아니라 기존의 신자들에게도 자극제가 됩니다.

요즘의 예를 들어 말하자면, 바로 옆에 있는 이슬람교도는 기독교신자인 시민들에게는 경쟁하는 신앙의 진리와의 만남을 강요합니다. 또한 종교를 갖지 않은 시민들에게는 공개적으로 모습을 드러내는 종교라는 현상에 대해 의식하게 해줍니다. 이 두 그룹의 사람들이 이에 대해 신중하게 반응한다면, 기독교신자들은 20세기에 들어서도 한참이나 민주주의와 인권과 잘 맞지 않았던 전통주의적 관념과 행위방식과 신조들이 기독교사회에도 있었다는 점을 떠올리게 될 것입니다. 종교를 갖지 않은 시민들은 자신들이 종교를 믿는 동시대인들을 사라져가는 종족의 아직도 남은 종자들처럼 생각하고 종교의 자유에 대한 기본권을 일종의 종족보호처럼 바라보았던 것이 너무 경솔한 짓이었음을 깨닫게 될 것입니다.

성공적 통합은 양쪽 모두에게 학습하는 과정입니다. 우리 사회에서 이슬람교도들은 막대한 시대적 압박과 적응의 압박을 받고 있습니다. 자유주의 국가는 모든 종교공동체들에 대해 예외 없이 종교적 다원주의와, 세속적 지식은 제도화된 학문의 담당영역이라는 것과, 근대법의 보편주의적 토대를 인정할 것을 요구합니다. 자유주의 국가의 기본권 보장은 가족 내에도 해당됩니다. 자유주의 국가는, 일정 집단의 자기네 구성원들에 대한 양심의 강요라는 형태로 행해질지라도, 폭력에 대해서는 징벌합니다. 그러나 이러한 규범들을 자기 안에 받아들이는 것을 비로소 가능하게 해주는 의식의 변화는 동시에 우리의 민족적 생활형식의 자기성찰적 개방을 요구합니다.

　이러한 주장을 '서구의 항복'이라고 중상하는 사람은 자유주의 매파들의 멍청한 호전적 구호에 말려드는 것입니다. 상상 속의 '이슬람 파시즘'(Islamofaschismus)은 테러와의 전쟁이 '전쟁'이 아닌 것처럼 눈앞에 실재하는 적수가 아닙니다. 우리 유럽의 경우 헌법규범의 관철은 공동생활의 너무도 당연한 전제이기에 우리의 '가치'를 수호하자는 히스테리성 외침은 불특정한 내부의 적을 겨냥한 의미론적 군비확장처럼 보입니다. 폭력에 대한 징벌과 증오에 대한 반대투쟁에 요구되는 것은 침착한 자기의식이지 선동이 아닙니다.

　오르한 파묵(Orhan Pamuk)에게 노벨상을 수여한 것을 잘 알지도 못하면서 불가피한 문명의 충돌에 대한 긍정이라고 떠들어대는 사람은 바로 그 자신이 문명 간의 투쟁을 부추기는 사람입니다. 우리는 조지 부시(George W. Bush)를 추종하다 못해 서구 정신마저 군사화하는 정도로까지 추종해서는 안 될 것입니다.

　2001년 이래 기독교와 이슬람 간의 문화적 긴장이 증대하자 최근 독일에서는 교파들 간에 높은 수준에서 치러진 격앙된 논쟁이 불거졌습니다. 다툼의 대상은 신앙과 지식의 양립성에 대한 것이었습니다. 교황은 신앙의 합리성의 근원이 기독교의 헬레니즘화에 있다고 주장하고, 〔개신교 주교인〕 후버(Huber) 주교는 이 근원이 종교개혁 이후 복음이 칸트와 키르케고르의 탈 형이상학적 사상과 만나게 된 데 있다고 주장합니다. 싸움에 열중하다보니 그랬겠지만 양측 모두 이성에 대한 자부심을 다소 과하게 표출하고 있습니다. 어찌됐든 자유주의 국가는 신앙과 이성의 양립성은 모든 종교와 교파에 요구된다는 점을 확고히 하여야 합니다.[2] 이러한 특질이 서구 전통 속의 특정 종교의 배타적 특성이라고 주장되어서는 안 됩니다.

---

2) 이 주제에 대해서는 다음의 책에 실린 논문들을 참조. "Ein Bewußtsein von dem, was fehlt", *Eine Diskussion mit Jürgen Habermas*, M. Reder, & J. Schmidt 편, Frankfurt am Main: Suhrkamp 2008.

9.
막다른 골목에 처한 유럽정책

·
·
·

차등적 통합정책을 위한 호소

　　오늘 오후 나는 사회과학적 관찰을 바탕으로 현실정치인에게 조언하는 전문가로서가 아니라,[1] 눈앞의 문제들과 관련된 실용적 조언보다는 보다 더 원대한 시각과 관련된 규범적 전망을 주요 과제로 삼는 한 사람의 지식인으로서 이 자리에 섰다. 매일매일 결정을 해야 하고 자신의 정치적 성과로 평가 받는 한 사람의 장관이 맡은 역할과는 달리 성인으로서 살아온 정치적 연륜이 시간적으로 이 독일 연방공화국의 역사와 같은, 별 영향력도 없이 떠들어대는 한 사람의 공민(公民)인 나의 역할은 내게 보다 넓은 공간적, 시간적 지평에서 내 생각을 펼칠 자유를 준다.[2]

---

1) 이 글은 독일사회민주당 문화포럼의 초청으로 2007년 11월 23일 베를린 소재〔독일사민당 중앙당 당사인〕빌리 브란트 하우스(Willy Brandt-Haus)에서 개최된 프랑크-발터 슈타인마이어(Frank-Walter Steinmeier) 외무장관과의 대담 모임에서 발표한 발제문이다.〔옮긴이 주: 이 글은 발제문이지만 논문적 성격이 두드러지기 때문에 경어체로 옮기지 않았다.〕

2) 프랑크-발터 슈타인마이어도 한 인터뷰에서 "'유토피아'의 의미가 그 목표가 내일 성취될 수 없다는 것을 알면서도 그 목표를 만들고 추구하는 일을 뜻

나는 먼저 리스본 조약으로도 해소되지 못한 유럽의 막다른 상황에 대해 이야기한 후(1), 유럽의 내부 문제들(2) 외에 유럽연합이 해답을 찾아야만 하는 외부적 도전들에 대해 다루고자 한다(3). 그런 다음 미래의 세계질서에 대한 세 가지 각본을 소개함으로써 우리의 시각을 넓히고 나서(4), 이를 바탕으로 차등적 통합정책을 펼쳐야 하는 이유들을 제시하고자 한다(5).

1. 리스본 조약이 진정한 문제들을 해결하지 못하는 이유

독일 연방정부와 그 외무장관은 독일이 유럽이사회 의장국을 맡았을 때 리스본 조약〔개혁조약〕의 기본 틀과 방향이 정해진 데 대해 자부심을 가질 만하다. 그 결과 오늘날 실패한 유럽헌법 초안의 (이른바) '실체'는 적어도 일반 유럽법으로 옮겨서 실현할 수 있다는 희망이 생겼다. 프랑스와 네덜란드의 국민투표 결과를 보고 어찌할 바를 모르던 정부들의 제 살 뜯기 식 반응 때문에 유럽정책이 처했던 곤경에 비하면 개혁조약을 성공시켜 비준절차를 밟게 만든 것은 이론의 여지없이 하나의 외교적 성과이다. 하지만 그렇다고 해서 자기만족 하는 것은

한다면" 그런 유토피아의 역할을 믿고 지지한다고 말하고 있다(2007년 10월 26일자 *Süddeutsche Zeitung*, 6면). 그런데 자신들이 설정하고 약속한 모레의 목표들은 공짜로 성취되는 게 아니다. 그러한 목표들은 현재의 행위에 한계를 부과한다. 예를 들어, 그런 목표들을 위해 오늘 바로 그만두어야 하는 관행들이 있는 것이다. 독일 연방공화국은 인도주의적 국제법을 위반하는 CIA의 관행들의 공범이 됨으로써 불법행위를 은폐했을 뿐만 아니라 스스로 내세운 가장 중요한 정치적 목표의 신뢰성에 대한 의심도, 즉 국가이익보다 현행 국제법을 우선하는 원칙의 관철에 대한 의심도 불러일으킨 바 있다. Perry Anderson, "Depicting Europe", *London Review of Books*, 2007년 9월 20일자 참조.

전적으로 부적절한 일이다.

리스본 조약은 2009년에 비준이 완료되면 투표권 관련 세부사항들을 포함해서 2017년까지 완성될 바람직한 제도개혁을 가져오게 된다. 이로써 조약체결 정부들은 EU 15개국이 니스 정상회의에서 이뤄내지 못했던 저 조직개혁 목표를 늦게나마 달성하게 될 것이다. 이제 27개국의 EU는 과거의 틀 안에서 한때 획득했었으나 12개국이 새로 회원국으로 가입하면서 흔들리게 되었던 최소한의 행위능력을 적어도 유럽연합 내부에서나마 다시 획득할 수 있다는 희망을 가지게 되었다. 적합한 조직과 절차들은 참여하는 정치엘리트들의 타협적 태도를 장려하고 전체적으로 EU의 효율성을 높일 것이라는 것이다.

그러나 개혁조약이 건드리지 않은 채 그냥 둔 것은 주민들의 심성과 참여이다. 왜냐하면 이 조약은, '연방주의자' 진영이 헌법조약의 문안보다는 그 잠재력과 결부시켰던 저 시각들에 대해서는 아예 말하지 않는다고 하더라도,[3] ─ 기구의 효율성 증대 말고도 ─ 헌법의 지반 위에서 무엇보다 해결되어야 했을 두 가지 문제 중 어느 것도 해결하지 못했기 때문이다. 결코 영국만이 아니라 유럽통합 회의주의자들이 헌법이란 개념 자체에 대해 바로 감정적인 거부감을 가졌던 데는 이유가 있었던 것이다. 원래 헌법은 (a) 기존의 정치방식의 변경과 (b) 유럽연합의 최종형태에 대한 결정을 위한 전제조건들을 창출해야 했다.[4]

---

3) 법학적 견지에서 유럽헌법 초안과 결부시켰던 기대들과 관련해서는 A. von Bogdandy, "Konstitutionalisierung des europäischen öffentlichen Rechts in der europäischen Republik", *Juristenzeitung* 60/11, 2005, 529~540 참조.

4) 헌법제정회의에 관한 토론을 불러일으킨 요슈카 피셔(Joschka Fischer)의 훔볼트 대학교 강연은 이 점을 분명히 하고 있다.

(a) 창설멤버들이 본래 유럽합중국이라는 거창한 프로젝트를 염두에 두었다 할지라도 실제 유럽통합은 (부분적으로 이루어진 공동통화와 함께) 공동의 경제공간을 점증적으로 창출해가는 냉철한 궤도를 따라 진행되었다. 모든 참여국들에게 유리한 이 동학(動學)의 경제자유주의적 추진력은 필요한 제도들을 '위로부터', 즉 회원국들의 정치엘리트 간의 합의에 의한 방식을 통해 추진할 만큼 강력한 것이었다. 정치연합은 주민들의 의사는 아랑곳하지 않은 채 하나의 엘리트 프로젝트로서 이루어지게 되었고, 오늘날까지도 입법이 주로 정부 간 결정 및 관료주의적 성격을 갖는 데서 비롯된 민주주의의 결핍하에서 작동하고 있다. 유럽연합의 동부확대(Osterweiterung, 동구권 회원국들의 가입)는 복지수준의 보다 현격한 격차 및 이해관계 다양성의 증대와 함께 이에 따른 통합수요의 증가를 초래하였지만, 이것은 재분배를 기꺼이 감수하려는 태도의 한계가 어디까지인가를 뚜렷하게 부각하였다. 지금까지의 방식으로는 더 이상 대처할 수 없는 갈등과 긴장들이 발생한 것이다.

그런 까닭에 와인색 여권의 소지자들을 유럽시민으로 만들어줄 정치적 헌법이 요구되었고, 헌법제정과정 속에서 이루어지는 시민들의 동원 자체가 통합에 기여할 수 있어야 했다. 아무튼 국민국가의 국경을 초월한 헌법은 보다 더 가시화된 스트라스부르와 브뤼셀에서의 정치적 의사형성에 시민들이 더욱더 활발하게 참여하는 것을 장려했을 것이다. 하지만 이제 내용이 약화된 개혁조약은 주민들과는 유리된 정치행위의 엘리트적 성격을 아예 못 박은 셈이 되었다. 협상의 양식, 국민투표가 꼭 필요했던 곳에서조차도 국민투표를 포기한 것, (깃발과 찬가 같은) 이미 수용된 공동체의 상징들에 대한 기괴한 포기, 개별국가 차원의 예외규정들과 몇몇 정부가 리스본 정상회의의 결과를 자국 내에서 홍보할 때 취했던 의미축소적 홍보전략들 — 이 모든 것은 지금까지의 정치방식을 강화하였고 근심스럽게도 유럽 프로젝트를 시민들의 의견 및 의사형성과 결정적으로 분리되게 만들었다.

유럽통합 과정에 전환점이 여러 번 있었지만 이번처럼 그렇게 드러내놓고 엘리트적이고 관료주의적으로 유럽정책을 추진했던 적은 결코 없었다. 이런 방식으로 정치계급은 유럽의 운명을 계속 밀실에서 결정할 수 있는 정부들의 특권을 강조한 것이다. 물론 유럽의회의 권한은 확대된다. 그러나 시민들은 과거에 그와 유사한 권한확대를 실제로 행사한 적이 없었고, 또 행사할 수도 없었다. 왜냐하면 각 국민국가의 공론장의 틀 안에서 의견형성의 통상적인 스펙트럼에 〔유럽정책〕 관련 주제들이 추가되지 않는 한, 그리고 각 국민국가의 공론장 자체가 상호 개방되지 않는 한, 시민들은 형식상 강화된 의회의 위상을 이용할 수 없기 때문이다.

(b) 유럽헌법으로 의도했던 두 번째 정치적 목적도 실패하였다. 원래는 엘리트 프로젝트를 시민들의 참여가 강화된 정치방식으로 변경함으로써 통합과정의 최종목적이 무엇이냐는 핵심문제를 결정할 수 있는 전제조건이 창출되었어야 했다. 정부들이 감정이 상하여 유럽의 미래에 대해 침묵하는 것은 현재 유럽연합이 처한 마비상태의 이유인, 최종목적을 둘러싼 깊은 갈등을 은폐하고 있다. '조약을 체결한 높은 분들'은 연합의 최종경계선에 관한 문제나 공동의 정책들과 관련하여 EU에 어떤 권한들이 양도되어야 하느냐는 문제에 대해서 더 이상 진척을 보지 못할 것을 분명히 알고 있다. 공동의 정책들을 선호하고 연합의 심화를 우선시하는 이른바 통합주의자들과 유럽통합 회의주의자들은 서로가 서로의 발목을 잡고 있다. 하지만 전략적 측면에서 보자면 영국의 선도하에 확대파가 우위를 점하고 있다. 결정하지 않은 채로 내버려두는 결정유보정책이 그들의 뜻대로 작용하고 있는 것이다.[5] 통

---

5) 영국에서 이 사안은 '진보적 외교정책'을 강력하게 옹호하는, 블레어(Blair)에 비판적인 좌파들조차도 당연시하고 있다. 예를 들어 C. Grant, "Europe's Global Role", *Progressive Foreign Policy*, D. Held, & D. Mepham

합주의자들은 다시 이니셔티브를 쥐거나 아니면 이 포고되지 않은 싸움에서 패배하거나 둘 중 하나를 선택해야 하는 궁색한 처지에 놓여 있다.

물론 양쪽 진영의 생각들을 희화해서는 안 될 것이다. 독일연방공화국 같은 연방구조의 국민국가가 각기 다른 언어의식과 역사의식을 가지고 있는 회원국이 27개국이나 되고, 곧 28개, 아니 그 이상으로 늘어날 연합에 모델이 될 수는 없다. 통합주의자들에게 중요한 관심사는 연방국가가 아니라, 민주적 토대 위에서 공동의 외교 및 안보정책, 조세 및 경제정책의 차등적 조화 그리고 이에 상응하는 사회복지정책 체제의 동화를 가능하게 해줄 제도와 절차들이다. 대내적으로 유럽의 방향조정능력의 증대는 자유로워진 생산요소 이동과 잠정적으로 유럽중앙은행에 위임한 공동통화를 다른 유사규모의 경제지역들에도 이미 존재하고 있는 정치적 틀 안으로 가져오고, 대외적으로 다수결에 의한 외교 및 안보정책은 현존하는 경제적 비중과 세계정치적 비중 간의 불균형을 축소시킬 것이라는 것이다. 다른 한편 유럽통합 회의주의자들도 현존하는 EU가 이미 단순한 경제공동체의 틀을 넘어섰다는 것을 알고 있다. 이들은 〔유럽연합의〕 활발한 확대의 지속에 대한 자신들의

편, Cambridge: Polity 2007, 134 참조. "〔유럽연합의〕 확대는 거의 모든 측면에서 영국에 좋은 소식이다. 회원국이 27개국이나 되는 연합에서는 불독동맹(佛獨同盟)이 아무리 원상회복능력이 좋다고 하더라도 모든 걸 좌지우지할 수는 없다. 이제 영국이 혼자 고립된다는 것은 거의 불가능하다. 조세문제나 조약변경, 노동시장 조정이나 지구상의 어떤 구석진 지역에 대한 외교정책에 대해서든 이제 영국은 거의 항상 동맹상대를 찾을 수 있을 것이다. 집행위원회는 행정부가 되어 유럽의회와 ('상원'으로 바뀌게 되는) 각료이사회, 이 두 기관에 대해 책임을 지는 '정치연합'을 만들어야 한다는 낡은 연방주의 이데올로기는 벨기에와 독일, 이탈리아와 다른 몇 국가에 여전히 추종자들이 있다. 하지만 신입회원국 중 어느 나라도 이 이데올로기를 지지하지 않는다."

선택을 남부확대와 동부확대를 통해 이익을 얻었고 이젠 자기들이 인접국들에게 모방할 만한 모델이 된 나라들에서 나타난 정치적 문명화와 복지증대라는 성과를 들어 정당화한다.

그런데 유럽의 미래를 둘러싸고 부글부글 끓고 있는 이 갈등은 각 나라의 크기와 위치는 말할 나위도 없고 각 국민국가들이 걸어온 다양한 발전노선과 각 민족이 가지고 있는 다채로운 역사적 기억들에서 비롯되는 보다 심층적인 이해관계의 대립들로부터 폭발력을 획득한다. 이 점은 영국이 — 미국과 손잡고 추진해온 — 전 세계적 자유무역정책을 두드러지게 선호하는 것을 보면 더 이상의 설명이 필요하지 않다. 한편 폴란드는 획득한 지 얼마 안 되는 자기 나라의 주권을 잃게 될까 봐 의심하면서 지켜보고 있는 신규가입국가들의 특징적인 경향성을 보여주는 하나의 예이다.[6] 역사적인 이유에서 비롯된 이러한 차이들은 너무도 당연한 것들이며 이를 비판할 어떤 이유도 없다. 그러나 EU 내의 양 진영은 자신들의 의견차이를 어떻게 다루어나갈지 자문해야 한다.

---

6) 클라우스 오페(C. Offe, *Die Dynamik der Nachbarschaft*, 미발표 원고, 2007년 6월)는 폴란드가 가입한 이유들의 비대칭성과 그로 인한 현재의 영향들을 잘 분석한 바 있다. 폴란드 측이 가입에 찬성한 이유는 경제적 기대에 있었던 반면, '기존' EU 국가들이 폴란드의 가입을 찬성한 이유는 규범적 이유 외에 안보와 신뢰할 수 있는 인접국가에 대한 이해관계에 있었다. 그러나 반대로〔새 회원국들의〕가입 이후 EU 확대에 대한 비판은 서구에서는 점차 경제적 동기에서 나오고 있는 반면, 동구에서는 점차 정치적, 문화적, 역사적 이유에서 나오고 있다. 이곳에서는 방종과 세속주의에 대한 거부가 민족수난사에 대한 기억과 결합하여 '브뤼셀'에 의한 국가주권의 축소에 대한 항의로 나타나고 있다.

2. 반론들

'계속 이렇게 가자'는 입장을 옹호하는 이들은 정치적 헌법을 통해 해결되어야 했을 가장 중요한 두 가지 문제가 개혁조약의 비준 이후에도 우리를 가만히 내버려두지 않을 것이라는 분석과 추론에 이의를 제기한다. 오히려 그들은 이른바 민주주의 결핍이란 것도 잘못된 규범적 척도를 들이댄 가공의 산물일 뿐이라고 주장한다. 그리고 활발한 [EU] 확대의 움직임은 중간유럽(Zwischeneuropa)[7]과 중동지역 및 지중해 지역 전체의 바람직한 화평과 발전의 성취라는 시각에서 고찰되어야 한다는 것이다.

첫 번째 반론의 성패는 강력한 정당성 확보가 필요 없는 '기술적' 소재들과 민중들의 이해관계와 직접적 관련을 갖기 때문에 민주적으로 결정되어야 하는 본래 '정치적인' 문제들을 구분한 것이 설득력이 있느냐 없느냐에 달려 있다. 이들의 주장에 따르면, 집행위원회와 유럽법원 및 유럽중앙은행은 일차적으로 자유경쟁의 제도화와 감시 및 통화 안정성의 확보라는 기술적 문제들을 다루기 때문에 이런 일은 안심하고 전문가들에게 맡겨도 된다는 것이다. EU의 제도들이 전체적으로 문제없이 잘 돌아가는 한, 그 자체 민주적 정당성을 확보하고 있는 회원국들의 역할과 결합한 **출력 측 정당성**(output-Legitimation)이 민주주의 원칙에 의해 제기될 수 있는 모든 타당성 주장들을 충족시킨다는 것이다. 시민들은 어차피 세금, 일자리, 연금, 건강보험제도 같은 정치영역들에 더 관심을 가진다는 것이다. 그런데 이것들은 어차피 **입력 측 정당성**을 배려할 수 있는 회원국들의 권한영역 안에 남아 있기 때문에 이사회 구성원들의 간접적 정당성과 입법에 선별적으로 관여하는

---

7) 옮긴이 주: 폴란드, 체코, 슬로바키아, 에스토니아, 리투아니아, 라트비아 등 확대 이전의 유럽연합과 러시아의 '중간'에 위치한 나라들을 총칭하는 말이다.

의회의 직접적이긴 하나 그 정도가 약한 정당성 간에 어떠한 틈도 생기지 않는다는 것이다.[8]

이 주장은 유럽 차원과 개별국가 차원 간의 권한배분 자체가 철저히 정치적인 결정을 나타낸다는 사실을 간과하고 있다. 바로 이 결정에 대한 처분권을 관련 행위자들에게서 박탈함으로써 비로소 '기술적으로' 처리해야 할 과제들이라는 외관이 생겨난다. 유럽 차원에서의 이른바 '기술적'이라는 결정들은 분명 정치적 성격을 갖는다. 왜냐하면 이 결정들은 개별 국민국가와 그 시민들이 개별국가 차원으로 전가되는 자유로운 시장교환의 외적 비용이 발생하는 조건들을 구성할 수 있는 접근권한을 제한하기 때문이다. 따라서 국민국가들은 오직 조세 및 경제정책을 서로 조화시키고 사회복지정책 체제를 동화시키며 유럽중앙은행을 일정하게 견제할 것을 결정할 때에만 유럽연합의 회원국으로서 상실한 저 구성권한을 되찾을 수 있을 것이다.

두 번째 주장 역시 보다 자세히 고찰해보면 그 매력을 상실한다. 지금 뒤돌아보건대, EU의 남부확대(그리스, 스페인, 포르투갈의 가입)와 그 이후의 동부확대는 핵심부와 주변부 양측의 이해관계에 따라 이루어진 것이라는 주장은 옳다. 이러한 확대는 전체적으로 보아 새 회원국들에게 안정과 자유 및 번영의 증대를 수출하였고, 기존 회원국들에게는 새로운 판매시장을 가져다주었다. 이 논리를 따르자면 확대과정이 그치지 않고 지속적으로 활력을 발휘한 것은 거의 자동적인 현상이었다. 매번 확대된 핵심부와 새로운 주변부 간의 격차는 또다시 그 사이 전진된 EU의 경계선 너머에 있는 지역을 다시금 안정지대이자 완충지대로 발전시키고자 하는 소망을 불러일으킨다(이러한 소망은 무엇보다 우크라이나의 가입에 대한 폴란드의 관심에서 드러난 바 있고, 지금은 EU가 세르비아의 가입의사를 수용할 지 여부에 대한 슬로베니아의 관

8) A. Moravcsik, *The Choice for Europe*, Ithaca, New York: Cornell University Press 1998.

132

심에서 또다시 드러나고 있다). 9)

그러나 이 반론은 이러한 발전의 동학이 지금까지는 이를 보완하는 확대와 심화의 행보들을 함께 포함하고 있었다는 사실에 대해서는 말하지 않고 있다. 서로 배치되는 차이점들이 늘어날 때마다, 사회적, 경제적 이해관계와 각 민족의 언어 및 민족문화들과 역사적으로 형성된 정체성들이 더 다양해질 때마다 첨예화된 갈등에 대한 위험부담도 커지게 된다. 그런 까닭에 과거 EU 확대의 진척은 언제나 이를 뒤따라 잡는, 통합을 심화시키기 위한 행보들에 의해 보완되었다. 그러나 통합이 심화되면 될수록 그리고 핵심부가 주변부에 더욱더 의존적이 되면 될수록 확대와 통합의 상반된 경향성을 서로 조화롭게 보완하는 일은 더 어렵게 된다. 통합비용은 확대되는 정도보다 훨씬 더 큰 비율로 증가한다.

> 확대와 심화 간의 모순은 지금보다 훨씬 더 큰 규모의 재정지출을 통해서만 해소될 수 있을 터인데, 이 모순은 EU를 다음과 같은 트릴레마(*Trilemma*)에 빠뜨린다. EU는 재분배를 더욱더 많이 추진하거나 … 보다 낮은 통합수준에 만족하거나 통일적 통합이라는 이념을 포기하고 차등적 통합을 추진하거나 하는 세 가지 선택지 중 하나를 선택해야 한다. 10)

그래서 개혁조약이 어떠한 해결책도 제시하지 못한 두 가지 문제, 즉 민주주의의 결핍과 미해결로 남아있는 **최종목적** 문제는 여전히 심각하게 받아들여야 한다. 개혁조약이 정치엘리트와 시민 간의 현존 격차를 오히려 더 공고히 하고 유럽의 장래 형태에 대한 정치적 결정을

9) 게오르그 포브루바(Georg Vobruba)는 그의 저서 《유럽의 동학》(*Die Dynamik Europas*, Wiesbaden: VS Verlag 2005)에서 이러한 주장을 펴고 있다.
10) 앞의 책, 95.

이끌어낼 어떠한 방도도 제시하지 못하기 때문에 저 미해결 문제들은 암묵적으로 지금까지 이룩한 통합수준을 다시 이전 상태로 되돌리는 방향으로 작용하거나, 아니면 고통스런 대안을 인식하게 만들 것이다. 유럽의 정부들은

- 자신들의 결정유보정책을 지속하면서 더욱더 드러내놓고 국민국가적 권력게임이라는 잘 알려진 선례로 되돌아가거나,
- 자신들이 행한 봉쇄에 직면하여 시민들 스스로 결정하도록 투표를 하자고 할 수밖에 없게 될 것이다.

역시 유럽의 통합과정의 속행을 요구하는 세계정치적 이유들에 대해 논하기 전에 나는 간략히 세 번째 반론을 다루고자 한다. 이 반론이 옳다면 심화의 지속이라는 대안은 쓸 데 없는 것이 될 것이다. 민족보수주의적 입장에서 볼 때 유럽연합은 주로 국제조약에 근거한 잡종적 산물로밖에는 유지될 수 없다. 역사적으로 형성된 민족들의 다양성은 유럽연합의 독자적인 정체성을 만들어내는 것을 방해할 것이기 때문이다. 11) 하지만 이 완고한 반론은 아무리 반복해서 떠들어댄다 할지라도 진실이 될 수는 없다.

독일에서 이 반론은 '유럽민족'이란 없다는 형태의 주장으로 등장한다. 이것은 독일역사학파의 낭만주의적 배경철학이 끈질기게 살아남아 있다는 징후이다. 12) 아이러니하게도 민족정신이라는 이념 자체는 19세기에 자랑스러운 민족사를 가지고 새로운 집단적 정체성을 구성하는 데 기여하였던 저 역사서술의 중요한 구성요소이었다. 역사가들이 만들어내고 근대적 대중매체를 통해 널리 전파되었던 민족의식이 갖는 부차적인 자연발생성은 이 의식이 갖는 인위적 산물의 성격을 보지 못

---

11) H. Lübbe, *Abschied vom Superstaat*, Berlin: Siedler 1994.
12) E. Rothacker, "Die deutsche Historische Schule", in: 같은 이, *Mensch und Geschichte*, Bonn: Bouvier 1950, 9~20.

하게 만든다. 당시 새로 생긴 이 집단적 정체성은 실제로 국민적 연대성이라는 법적, 추상적 개념을 비로소 직관과 감정과 신념으로 채워주었다. 그런 까닭에 정치적인 공동귀속감의 형성이 국민국가의 경계선 앞에서 멈춰서야 한다고 생각해야 할 어떠한 근거도 없다. 왜 이미 도입된 유럽시민권이라는 껍데기를 유사한 방식으로 모든 유럽 시민이 이제는 같은 정치적 운명을 공유한다는 의식으로 채워 넣을 수 없다는 말인가?13)

아무리 약한 수준이라 할지라도 이러한 유럽적 정체성의 형성을 위해서는 유럽 전체를 포괄하는 정치적 공론장의 생성이, 즉 관련된 문제들을 전문적으로 다루는, 국민국가의 경계를 뛰어넘는 의사소통관계의 생성이 매우 중요하다.14) 공동의 정책들이 브뤼셀과 스트라스부르에 제도화되어 존재하고 유럽시민들이 자체적 교섭단체들로 구성된 의회의 선거를 통해 이 정책들에 영향을 미칠 수 있을 것이라는 것만으로는 충분하지 않다. 시민들이 자신들의 선거권을 실제로 사용하고 이를 실천하는 과정 속에서 공동귀속성에 대한 의식을 형성할 수 있으려면, 유럽 차원의 결정과정이 현존하는 국민국가적 공론장 내에서 가시화되고 접근이 가능해져야 한다. 유럽적 공론장은 국민국가적 공론장들이 서로서로 개방됨으로써만 생성될 수 있다. 이와 함께 언어의 다

---

13) J. Habermas, "Braucht Europa eine Verfassung?", in: 같은 이, *Zeit der Übergänge*, Frankfurt am Main: Suhrkamp 2001, 104~129, 위와 관련된 내용은 116 이하.

14) "유럽민족이란 존재하지 않는다"는 말을 보다 설득력이 있는, "유럽공론장이 존재하지 않는다"는 말로 바꾼 디터 그림(Dieter Grimm)과 나의 토론에 대해서는 D. Grimm, *Braucht Europa eine Verfassung?*, München: Siemens Stiftung 1995; J. Habermas, "Eine Bemerkung zu Dieter Grimm", in: 같은 이, *Die Einbeziehung des Anderen*, Frankfurt am Main 1996, 185~191.〔옮긴이 주: 이 글의 우리말 번역은 하버마스, 《이질성의 포용》, 황태연 역, 나남출판 2000, 187~193.〕참조.

양성이란 방해물도 근거가 없어지게 된다. 베른하르트 페터스(Bern-hard Peters)는 의사소통을 통해 참여를 가능하게 하는 과정을 다음과 같이 3단계로 분류하고 있다.

- 통치는 국민국가적 대중매체가 반복적인 기사와 논평을 통해 해당 정책과 대안적인 결정에 대한 관심을 일깨울 때에야 비로소 공공의 관찰하에 행해질 수 있다.
- 시민들은 매체를 통해 각기 다른 국민국가들의 공론장에서 나온 입장들과 토론과정에 대해서도 알게 될 때에만 비로소 유럽시민으로서 이 정책에 접근할 수 있다.
- 유럽 전체에 걸친 의사소통관계망 내에서의 토의를 통한 의사형성은 상호 의사소통하는 공론장들 안에서 국민국가적 경계를 넘어선 논의를 통한 주장과 의견의 교환이 행해질 수 있을 때에야 비로소 발전될 수 있다.[15)]

시민사회들이 상호 결합발전하게 되는 이 세 번째 단계는, 이 차원에서 생존이 걸린 중요한 외교, 사회복지 및 조세정책의 문제들이 결정되면 유럽적 공동성에 대한 의식을 장려할 것이다. 이를 위해서는 새로운 행위자들이, 즉 유럽 차원에서 조직된 이익단체와 정당들, 그리고 의견형성에 영향력을 행사하는 동시에 유럽 전체에 알려진 다른 조직들, 변호인들, 지식인들이 등장해야만 한다. 이를 위해서도 개별국가들의 공론장이 서로서로 침투하면서 개방되는 것으로 충분하다. 개별국가들의 공론장 위에 자체 매체들을, 대개 영어를 사용하는 매체들을 가진 포괄적인 유럽적 공론장이 중첩한다는 식의 위계질서적 관념은 잘못된 것이다. 그런 까닭에 페터스는 '공론장들의 국가 가로지르

15) B. Peters, "Nationale und Transnationale Öffentlichkeit", in: 같은이, *Der Sinn von Öffentlichkeit*, Frankfurt am Main: Suhrkamp 2007, 283~297.

기(*Transnationalisierung*)'에 대해 이야기한다. 그가 이 분석도구를 가지고 행한 경험적 연구는16) 냉정을 회복케 하는 결과들에도 불구하고 올바른 방향을 가리키면서 유럽적 정체성의 형성에 대한 전망을 열어주는 경향들을 보여주고 있다.

3. 외적 도전들

통합과정의 내적 동학 때문에 첨예화되는 문제들만이 미해결인 채로 남아있는, 목적을 둘러싼 갈등의 딜레마를 공격적으로 다룰 것을 요구하는 것은 아니다. 유럽이 세계 속에서 직면하고 있는 도전들도 슬그머니 행해지는 통합수준의 저하를 감수하는 대안을 택할 것인가 아니면 결연히 통합의 진척을 추진할 것인가에 대한 결정을 요구하고 있다. 그런 까닭에 우리는 유럽이 지금까지는 그 단초만 볼 수 있는 세계정치무대 위에서의 역할을 떠맡아야 할 것인지 아닌지에 대한 물음에 관심을 기울여야 한다.

미국이 공개적으로 추구하는 일극주의는, 2002년 가을 부시 독트린의 천명과 의도적인 유엔의 주변화 추진 이래로, 국제법을 위반한 이라크 침략과 인도주의적 국제법의 지속적 침해 그리고 드러내놓고 추진하는 이중기준(*double standards*)정책(인도에 대한 핵보유국 인정) 이래로 서방의 정책의 규범적 토대에 대한 신뢰를 파괴하였다. 이 정책은 새로운 세계적 무질서의 촉매가 되어 모든 나라와 지역들에서 잠재적 폭력의 사회다원주의적 표출과 국가이익의 무분별한 추구를 불러일으켰다. 그러자 다른 대륙들은 20세기 중반에 이르기까지 다툼이 끊이지 않았던 낡은 유럽의 새로운 얼굴에 더욱 자주 그들의 기대를 걸고 있

---

16) B. Peters, "Segmentierte Europäisierung. Trends und Muster der Transnationalisierung von Öffentlichkeiten in Europa", 앞의 책, 298~321.

다. 하지만 지금까지 그 기대는 헛된 기대에 머무르고 있다.

최근 이스라엘과 레바논 간에 갈등이 불거졌을 때 독일과 프랑스, 이탈리아와 스페인 정부는 영국이 지원하는 유엔의 지연전술을 적시에 좌절시키기 위해 함께 자신들의 유럽 외교대표의 노력에 힘을 실어주기는커녕 제각기 경쟁적으로 자신을 부각시키기 위한 노력들을 하느라 정신이 없었다. 이스라엘의 국가건설 이래 최초로 분쟁지역에 중립적 군대가 주둔하고 제3자들의 협상권이 강화되는 기회를 맞이하고도 유럽은 또 한 번 실패를 거듭하였다. 이스라엘에 효과가 없었던 로드맵을 제시하였던 이른바 '중동평화 4자 중재단'(Quartet)은 비교적 유리한 틀을 제공하기까지 하였다. 유엔과 미국 및 러시아와 함께 유럽연합은 유럽 전체를 대표하여 이 중재단에 참여하기 때문이다. 하지만 메르켈과 사르코지 그리고 브라운 정부는, 이들이 경쟁적으로 워싱턴의 백악관을 방문한 데서 확연히 드러나듯이, 옛날 방식의 국민국가적 정책들을 선호하는 것 같다.

적녹(赤綠)연정의 독일 연방정부가 코피 아난이 추진한 (그러나 좌절된) 유엔개혁 과정에서 — 인도와 브라질 및 일본과 함께 — 유럽 국가로는 세 번째로 안전보장이사회 상임이사국 진출을 시도하기로 결정한 것은 요슈카 피셔가 아직 외무장관으로 재직하고 있을 때 이미 유럽정책의 노선변경을 추진했다는 것을 알려주는 신호탄이었던 셈이다. 독일 연방정부는 분명코 그때 이미 유럽 공동의 외교 및 안보정책에 대한 희망을 포기한 것이다. 그래서 오늘날 공동의 외교 및 안보 정책을 담당하는 EU 대표직의 제도적 강화에 대해 거는 기대도 그만큼 줄어들 수밖에 없을 것이다. 공동의 외교 및 안보정책은 27개 회원국 전체의 만장일치로 결정되기 때문에 부의장 한 사람의 투표권만으로도 세계 정치무대에서 외교대표에게 추가적 권한을 부여하는 것을 좌절시킬 수 있다. '유럽연합 외무장관'이라는 관직명의 상징적 포기는 이 사실을 오해의 여지없이 분명히 드러내 주고 있다. 17)

왜 세계에서 차지하는 경제적 비중이 큰 이 지역이 정치적으로도
〔그에 걸맞은〕 발언권을 확보해야 하는가를 뒷받침하는 두 논리는 명료
하다. (a) 먼저, 개별 국민국가들이 제각기 홀로 세계정치적 사안에 영
향력을 행사할 수 있는 가망성은 극히 적다. 이들은 오직 함께 힘을
합칠 때에만 자신들의 이익을 적절하게 취할 수 있다. (b) 둘째로, 다
문화적으로 분할되어 있으나 체계상으로는 상호 분화되어 있는 국제사
회에서 중소규모의 국민국가들이 EU와 같은, 전 세계적 차원에서 행
위능력과 협상능력을 가진 지역적 정치체제를 결성하지 못한다면 세계
적 차원의 대내정책(Weltinnenpolitik)을 바람직한 형태의 초국가적 제
도로 만들어낼 수 있는 가능성은 전무하다.

(a) 국제사회가 갈수록 복잡해지면서 상호조정의 필요성이 증가하자
이에 대응하여 생겨난 국제조직들의 관계망은 조망이 불가능할 정도로
넓게 가지를 치고 더욱더 촘촘하게 결속되었는데, 지난 15년 동안 출
간된 관련문헌들은 이를 연구하고 분석하고 있다. 이 문헌들의 저자들
은 규모가 큰 국민국가들이 세계적 차원에서 여전히 가장 중요한 행위
주체들이라는 데 대해 대체로 의견을 같이한다. 경제적으로 영향력이

---

17) 물론 헌법초안도 유럽의 외교 및 안보정책 문제와 관련하여 어떠한 형태든
(어떠한 제한조건을 두든 간에) 다수결에 의한 결정을 규정하고 있지 않았
다. 그러나 이 점에 있어서도 단지 '상징적인 것'에 불과한 것이 아닌, '헌법'
과 '조약' 간의 차이에 주목해야 한다. 정치적 헌법에는 앞으로 생겨날 유럽
적 정체성의 약속어음 같은 것이 결부되어 있었고, 이로부터 우리는 다음과
같은 선순환 과정에 대한 희망을 가질 수 있었다. 즉, 유럽 시민들의 공동
귀속감을 강화할, 외교정책 문제에 있어서의 의견일치를 촉진하고, 또 이러
한 통합의 진척이 다시금 공동의 외교정책적 행보에 도움이 되는 방향으로
작용하는 것 말이다. 외교정책적 결정은 실존적인 안보요구와 심층에 놓여
있는 심성과 관련되기 때문에 해당 주민들에게는 항상 높은 상징적 가치를
갖기 때문이다.

큰 다국적 기업들에 대해서도 각 국가들은 정당성 있는 정책추진 수단 과 제재 수단을 독점하는 정치권력으로서의 특권을 향유한다. 집단적 구속력을 갖는 갈등 해결책이나 조정이 필요한 소재들의 건설적 처리 에 있어서도 '법'과 '정치권력'을 가진 국가의 권한을 기능적으로 비등 하게 대체할 수 있는 어떠한 것도 존재하지 않는다. 하지만 국가는 〔국제체제가〕국민국가 구도에서 탈 국민국가 구도로 이행하는 과정에 서 자율적 행위능력을 많이 상실하였다. 18)

국제법적 주체들의 주권은 국제공동체의 틀 안에서 형식적으로만, 예를 들어 전쟁과 평화에 대해 결정할 수 있는 기초적인 권리와 관련하 여서만, 제한을 받은 것이 아니다. 국민국가들은 최후의 거대한 세계 화의 물결이 몰아닥치기 전까지 대체로 독자적으로 결정할 수 있었던 기능영역들에 있어서도 사실상 통제 및 조정능력의 상당 부분을 상실 하였다. 이 점은 모든 고전적인 국가기능들에, 평화와 신체적 안전의 보장만이 아니라, 자유와 법안정성과 민주적 정당성의 보장에도 해당 된다. 〔국민국가에〕내삽(內揷)된 자본주의(embedded capitalism)의 종말 과 이에 상응하여 정치와 시장의 관계가 세계화된 시장에 유리하게 중 심이 이동된 이래 국가는 정당성 확보를 위해서라도 자기 나라 시민의 사회적 안전을 위해 책임을 져야만 하는 개입국가로서의 역할에 있어 서도 타격을 받았는데, 아마도 이것이 가장 혹독한 타격일 것이다. 19)

국경을 넘어서는 거대 기술체계(Großtechnologie)의 위험이나 전염병 의 전 지구적 전파, 세계적 차원의 조직범죄나 탈 중심적 연계망을 갖 는 새로운 테러에 대항하여 각기 자기 나라 영토에서 신체적 안전을

---

18) J. Habermas, *Die postnationale Konstellation*, Frankfurt am Main 1998.
19) *Transformationen des Staates?*, S. Leibfried, & M. Zürn 편, Frankfurt am Main: Suhrkamp 2006; A. Hurrelmann, S. Leibfried, K. Martens, & P. Mayer, *Transforming the Golden-Age Nation State*, Houndmills /Basingstoke: Palgrave 2007.

지키는 일도 국제적 협력 없이는 더 이상 가능하지 않다. 문턱이 낮아진 국경은 강력한 이민 물결의 압력을 막아내는 힘을 점점 더 상실해가고 있다. 개별국가의 법체계는 국제법적 규정들의 제한을 받고 국제적 사법기관들의 판결에 의해 구멍이 숭숭 뚫린 지 오래다. 개별국가의 민주적 의사결정 및 통제절차는 국제적 규제가 국가나 지역에 미치는 영향 때문에 생겨나는 정당성 확보의 요구를 충족시키기에는 너무 취약하다. 시장, 특히 세계적 금융시장에 대한 규제철폐는 개별국가의 정부들의 개입여지를 제한하고 자기 나라의 가장 성공적인 기업들의 조세자원에 대한 접근권을 박탈한다.

　이러한 새로운 종속관계들에 대처하기 위하여 개별 국민국가들은 현재 가용한 수단들을 동원하여 〔국제체제의〕 탈 국민국가 구도에 어느 정도 유연하게 적응하려고 노력할 수 있다. 독일 연방공화국은 이러한 방식으로 경제적 세계화 때문에 생겨난 사회복지정책의 비용을 떨쳐버리려고 발버둥치고 있다. 하지만 개별 국민국가들이 전 지구적 차원의 행위주체를 형성하여 현존하는 국제적 관계망 속으로 엮여 들어간다면 상실한 기능들을 보다 효과적으로 보완할 수 있다. 이로써 개별 국민국가들은 개별국가의 영역을 이탈하고 있는 시장과 체계의 전 세계적인 상호연관 때문에 생겨난 조정의 필요성에 대응하기 위하여 초국가적 차원에서 '나중에 생겨난' 정치적 행위역량을 이용하게 된다.

　'탈 경계공간에서의 통치'를 위하여 두 종류의 전형적인 형태가 나타났다. 개별 국민국가들은 제각기 자기 대표를 다자간 조직에 파견하여 동맹을 결성하고—G8이니 G22 혹은 G77이니 하는 용어는 바로 여기에 해당한다—의제선정과 협상진행에 전략적으로 영향력을 행사함으로써 자신들의 목적을 추구하거나, 아니면 주변국들과 함께 지역적 연합체를 결성하여 항구적인 형태로 자신들의 힘을 모으고 동원한다. 유럽연합은 (아세안이나 아프리카연합과 같은) 유사한 사례들과 비교해볼 때 그러한 집단적 형태의 초국가적 협치(協治, *governance*)를 보여주는 가장 좋은 사례이며, 이런 측면에서 라틴아메리카와 아시아 및 아프리카에서의 유사한 노력들에 하나의 모범사례가 된다.

(b) 오늘날 이 두 번째 형태의 초국가적 통치 없이는 해결 가능성이 거의 없다고 할 전 지구적 문제들이 끈질기게 부각되고 있다는 사실에 대한 관찰은 우리의 논의 맥락과 관련하여 중요하다. 무엇보다 가장 우선적으로 다루어야 할 문제들은 다음의 다섯 가지이다.

- 국제 안보
- 인류의 생존이 걸린 생태학적 균형의 파괴에 대한 전 지구적 차원의 예방(기후변화, 식수확보 등등)
- 부족한 에너지 자원의 분배
- 기초적 인권의 전 세계적 관철
- (단발적인 빈곤지역 재해지원을 넘어서) 극단적인 복지격차와 전 지구적인 생존 및 생활기회의 불평등한 분배를 극복하는 공정한 세계경제질서(유엔의 밀레니엄 개발목표〔Millennium Development Goals〕 참조)

이 문제들의 규모와 심각성을 고려해볼 때 이 문제들을 다룰 수 있을 적합한 제도적 틀은 과연 무엇일까라는 물음이 제기된다. 나의 소견으로는 오직 기후변화 문제만이 국민국가들 간의 합의의 토대 위에서, 즉 국제 협약이라는 고전적 방식을 통해서 해결될 가망성이 있는 것 같다. 그 이유는 첫째, 적어도 상반된 해석의 여지를 제한하는 이 문제의 물리적 성격에 있고, 둘째, 생래적인 세계강국이든 개별 국민국가든 지역정부든 간에 그 어느 누구도 회피할 수 없는 기후변화의 결과들이 갖는 불가피성과 포괄성에 있다. 이에 반해 나는 유엔의 근본적 개혁과 세계적 차원의 대내정책(Weltinnenpolitik)의 제도화 없이 어떻게 다른 문제들을 해결해나갈 수 있을지 상상이 안 된다.

　요란한 G8 정상회담의 공회전과 — 매체 공론장과 길거리 반대데모 양자 모두에서 볼 수 있는, 이 속은 텅 비고 상징에 불과한 정치행사에 거는 기대 — 거의 열광적이라 할 만하며 기괴한 정도로까지 고양된 이 회담에 대한 기대 사이의 웃기는 불균형은 무엇이 현재 결여되어 있는지에 대한 확산된 의식을 드러내주는 증후적 현상이다. 현재 결여되어 있는 것은 전 지구적 문제들을 해결하기 위한 타협안을 공정하게 협상해내고 각각 자기 지역에서 관철할 수 있을 정도로 충분한 대표성을 가지고 구성된 초국가적 협상기구이다. WTO와 세계은행 그리고 IMF 같은 다수의 국가들이 참여하고 있는 주요한 조직들도 그렇고, 안전보장이사회도 그렇고, 모두 그 구성이 선별적인 성격을 가지며 현존 권력관계의 비대칭성을 반영하고 있다. 나아가 이 조직들은 각기 그 기능영역들이 조망할 수 없을 정도로 서로 겹치면서도, 그중 어느 한 조직이 한 분야에서 전 지구적 차원의 정책을 추진할 때 다른 정책 분야들에서 내려진 결정과 어떻게 서로 간섭하고 충돌하는지를 시야에서 놓치지 않거나 한 걸음 더 나아가 그 결정들 간의 조정안을 이끌어낼 수 있기에는 이미 너무나 많이 전문화되어 있는 수많은 전문조직들 가운데 하나이다. 이러한 틈새가 채워지게 될 때에야 비로소 국민국가를 넘어선 '통치'에 대해 운위할 수 있을 것이다.

　물론 개별 국민국가들은 자기네 이해관계를 관철시키기 위하여 점증적으로 우후죽순 생겨나는 국제적 조직과 네트워크의 틀 안으로 어느 정도는 성공적으로 진입할 수 있다. 그러나 앞에 제시한 전 지구적 문제들을 다루기 위한 국제질서의 창의적 조성이라는 과제에 비추어볼 때 개별국가가 갖는 협상력과 위협할 수 있는 잠재력은 불충분하다. 그런데 외교정책적 행위 및 협상능력을 가진 유럽연합의 정치적 무게는 새로운 세계질서의 **구축**이라는 지난한 길을 위해서만 필요한 것이 아니다. 이러한 연합은 무엇보다 그러한 세계질서 구축과정의 결과로 생겨나게 될, 정치적 헌정질서를 가진 세계사회의 성공적인 작동을 위해서도 기능적으로 요구되는 것이다. 이로써 우리는 칸트가 '세계시민적 상태'에 관한 자신의 테제들을 제시하면서 개시한 바 있는 저 넓은 토론영역으로 진입하게 된다. 20) 다국적이고 다문화적인 세계사회의 정치적 헌법〔헌정질서〕에 관한 이러한 구상들은 곧 '당위의 무능력'이라는 헤겔의 반박을 불러들이게 된다. 이 구상들은 미래의 세계질서에 대한 다른 생각들, 이른바 보다 현실주의적이라는 생각들에 맞서 그 타당성을 입증해야 한다.

4. 미래의 세계질서에 대한 각본들

법학계는 이미 오래전부터 전문적 토론을 통해 이 철학적 제안들을 받아들였고, 보다 세밀하게 '국제법의 헌법화'라는 개념으로 발전시켰다. 이에 대해 나는 여기서 상론할 수는 없다. 21) 나는 다만 '이상주의'라는 비난에 대해서만 반박하고자 한다. 나는 오늘날 세계가 처한 상황의 위험들을 출발점으로 삼아 신보수주의와 이른바 현실주의의 정치적 답변들을 세계정부 없이 정치적 헌법을 가진 세계사회라는 일반적

---

20) H. Brunkhorst, "Demokratie in der globalen Rechtsgenossenschaft", *Zeitschrift für Soziologie*, Sonderheft Weltgesellschaft 2005, 330~348; H. Brunkhorst, "Die Legitimationskrise der Weltgesellschaft. Global Rule of Law, Global Constitutionalism und Weltstaatlichkeit", *Weltstaat und Weltstaatlichkeit*, M. Albert, & R. Stichweh 편, Wiesbaden: VS 2007, 63~109.

21) 여기에 관해서는 A. Emmerich-Fritsche, *Vom Völkerrecht zum Weltrecht*, Berlin: Dunker & Humblot 2007; A. Peters, "Die Zukunft der Völkerrechtswissenschaft: Wider den epistemischen Nationalismus", *Zeitschrift für ausländisches öffentliches Recht und Völkerrecht*, 67(2007), 721~776 참조.

관념과 비교하고자 한다.

지금 우리 눈앞에서는 다문화적 세계사회가 생성중이다. 이 세계사회에는 정도의 차이는 있으나 모두 근대적인 사회들만이 있을 뿐이다. 다른 문명들은 그들 사회의 근대화를 추동하는 서구적 동인들을 도전으로 받아들이면서, 자기들 고유의 문화적 자원들을 동원하여 이에 대한 답을 찾고 있다. 과거 서양적 형태의 근대를 생성하였던 전통과 근대 간의 변증법적 긴장이 이제 똑같이 다른 문명권들에서도 작동하고 있기 때문이다. 특히 동아시아의 문화들에서 이 점이 잘 드러난다. '근대'는 더 이상 서양의 전유물이 아니다. 오늘날 근대는 상이한 문명들이 공동의 사회적 기반구조를 정도의 차이는 있으나 각기 자기 문화에 고유한 방식으로 형성하면서 마주하는 싸움터 같은 것이다.[22] 이로부터 문화적 긴장관계들이 생기는데, 가령 유대교-기독교적 세계와 이슬람 세계 간의 긴장관계나 서양문화들과 극동문화들 간의 긴장관계가 그것이다. 그러나 이슬람의 테러와 일반적으로 잠재되어 있던 세계종교들의 정치적 폭력성의 분출은 문화적 긴장관계가 종종 종교적으로 포장된 보다 심층적인 이해관계 갈등들에 기인한다는 사실을 은폐하고 있다. 오늘날의 불안정한 세계상황은 무엇보다 다음과 같은 특징들을 갖는다.

- 초강대국과 그 동맹들(유럽, 일본)로 구성된 한 축과 러시아, 인도, 중국 또는 브라질 같이 거대세력 내지 떠오르는 세력들이라는 세력 축들 간의 비대칭적 세력배분
- 신자유주의적 구상에 따라 주로 선진사회의 이해관계에 맞게 조직되는, 더 이상 다른 대안이 없게 된 자본주의 세계경제의 '외부비용들'

---

22) J. P. Arnason, *Civilizations in Dispute*, Leiden: Brill 2003.

- 경제발전이 가속화되고 세계적으로 에너지 소비가 상승하고 있는 상황에서 전 지구적 에너지 보유량의 부족
- 대량살상무기의 탈 중심적 유포와 핵보유국 수의 증가와 이에 대한 핵에너지기구의 통제 약화

이 불안정화 요소들에는 그만큼의 위험들이 따르게 되는데, 이에 대해 신보수주의는 '좋은 영도자(헤게몬, *Hegemon*)' 정치로 대응하고자 한다. 이러한 위험처리방식은 부시 행정부의 정책을 각인하였고, 다자간 결정전략보다는 일극적 결정전략을 선호하고, 외교적 갈등해결 수단보다는 군사적 수단을 선호하고, 이해관계 계산에서 중장기적 시각보다는 단기적 시각을 선호하는 특징을 갖는 정치방식을 규정하였다. 정당화를 위해 앞세운 민주주의 수출이니 인권의 관철이니 하는 규범적 관점들은 이제는 뻔히 속이 들여다보이는 이데올로기로 전락하였다. 그런데 오늘날 부시 행정부의 정책은 이미 '현실주의적' 강권정치 쪽으로 이동하고 있다.

미국의 네오콘들이 날조해낸 '이슬람 파시즘'은 공산주의라는 적의 대용품으로서 여전히 역할을 하지만, 전략적인 대(對)러시아 입장설정(미사일방어망)과 중동에서 이란과 시리아에 대립하는 이스라엘-남부 아라비아 전선을 꾸며내고 극동에서 일본과 인도를 중국과 대립하는 구도로 만들려고 하는 시도들에서 이미 우리는 규범적 수식어들마저 내던져버린 채 여전히 자국 중심적이며 힘을 앞세우는 앞으로의 미국 외교정책의 윤곽을 볼 수 있다.

냉전기간 동안 워싱턴에서 큰 영향력을 행사하였고 부시 이후 다시 영향력을 획득하게 될 '현실주의적' 국제관계학파와 신보수주의의 차이는 헤게모니적 세력 확보라는 목표에 있다기보다는 합리적 수단 선택에 있다. 나아가 이 학파는 갈등약화와 안정화라는 목표를 추구한다(비록 그 목표를 위해 — 과거 키신저가 그랬던 것처럼 — 상당한 규범적 손

146

실을 기꺼이 감수하더라도 말이다). 냉전기간 동안 비록 불안정한 것이기
는 했지만 어찌됐든 이들이 목표로 추구했던 상태는 경쟁하는 사회체
제들 간의 핵 균형이라는 모습으로 집약되었다. 그러나 이러한 현실주
의적 입장은, 오늘날과 같은 다문화적 세계사회에서 그러한 정책이 추
구해야 할 균형상태란 도대체 어떤 모습일 것인가라는 물음을 던지면
그 약점을 드러낸다. 오늘날 세계가 처한 상황은 냉전시대에나 적절했
던 그런 구상이 설 자리를 허용하지 않는다.

미국의 후견적 지배하에서 평화를 유지하는 세계에 대한 헤게모니적
자유주의의 꿈은 이라크에서 산산이 부서지고 말았다. 일극적 세계질
서에 대한 어떠한 구상도 세계사회의 복잡성 앞에서 실패할 수밖에 없
다. 국가들 간의 정의는 원칙적으로 불가능하며, 유일하게 가능한 균
형은 오직 군사력을 동원한 감시하에서의 강권정치적 이해관계 조정을
통해서만 성취될 수 있다는 '현실주의'의 기본가정들하에서 볼 때 현재
바람직한 세계질서의 각본에 가장 잘 근접한 이론으로서 여전히 칼 슈
미트(Carl Schmitt)의 광역(廣域) 이론이 부각되고 있는 것 같다. 그러
나 이것은 단지 첫눈에 보기에만 그럴 뿐이다. 현실주의의 기본가정들
이 오늘날의 현실을 제대로 보지 못하기 때문이다.[23]

슈미트는 '광역'을 더 이상 국가영토가 아니라 제국(帝國) 세력들과
이들의 '강력한 이념들'의 지배하에 있는 '영향권'으로 개념화하였다.
역사적 업적을 통해 특출한 위상을 갖게 된 생래적 중심세력은 상호

---

23) 국제연맹과 전쟁의 저주에 반대하면서 국제법과 국제법적 주체들의 주권을
    옹호하였던 초기 슈미트는 이미 '현실주의' 학파의 창립자들에게 하나의 영
    감의 원천이었다. M. Koskenniemi, "Carl Schmitt, Hans Morgenthau,
    and the Image of Law in International Relations", *The Role of Law in
    International Politics*, M. Byers 편, Oxford: Oxford University Press
    2000, 17~34 참조. 이에 대한 반론으로는 W. E. Scheuerman, "Revi-
    siting Scientific Man vs. Power Politics", *Constellations* 14/4, 2007, 50
    6~530 참조.

비교가 불가능한 각기 자신들만의 정의개념을 잣대로 삼아 종속된 민족들과 종족집단들로 구성된 주변부에 대한 우위를 확보, 유지해야 한다는 것이다. 이 구상에 따르자면 과거 제국의 근대적 후예들은 자신들의 광역과 문화와 생활형식을 주권자로서 그리고 필요한 경우에는 군사력을 동원하여 서로 방어할 것이다. 하지만 불안정한 균형은 불개입 원칙을 고전적 국제법상의 국가들로부터 새로운 종류의 국제법적 주체들에게로 이양하는 광역질서를 통해 안정화되어야 한다.

　힘으로 대륙차원의 광역들 간의 균형을 유지한다는 이러한 이론이 비대칭적 전쟁수행의 위험을 간과하고 있다는 점은 전적으로 도외시한다 할지라도,[24] 이 이론은 이미 낡은 것이 된, 국제법적 주체들의 상대적 독립성이라는 관념에 여전히 사로잡혀 있다. 균형에 대한 이러한 구상들의 이른바 현실주의는 확고하게 모든 경계선을 초월하여 분화되어 가는 세계사회의 고도의 상호의존성에서 기인하는 글로벌한 문제들 앞에서는 연기가 되어 사라져버린다. 이러한 문제들은 불안정하면서도 폭발적인 균형이 서로 경쟁하는 세계적 강대세력들에게 강요하게 될 부작위(不作爲)행위와는 다른 것을 요구한다. 이 문제들이 요구하는 것은 다름 아닌 확보된 제도적 틀 안에서의 협력이다. 기후변화가 초래한 결과들, 부족한 에너지자원에 대한 접근을 둘러싼 투쟁, 전쟁과 내전, 와해되어가는 국가들, 대량학살과 반인도적 범죄, 빈곤지역과 참화지역의 재해적 상황, 생산적 세계경제 시스템의 원치 않은 위험과 부작용들 — 이 모든 것들은 세계의 모든 지역과 사회를 다 함께 고통 속에 빠뜨리기 때문이다. 이 문제들은 오로지 국제공동체가 하나로 힘을 합쳐 노력해야만 해결될 수 있다. 배분적 정의에 대한 통절한 자각조차도 — 즉, 고도로 계층화된 세계사회에 존재하는 현격한 사회적,

---

24) 아무리 강력한 적수라 할지라도 대량살상무기와 테러행위를 가지고 협박할 수 있다.

148

경제적 격차들이 갖는 순전히 도덕적인 무게조차도 — 복지사회들에게
는 자본주의적 부의 생산과 격증하는 격차들, 즉 빈곤 및 참상 간의
시스템적 연관관계에 대한 의식이 널리 퍼지면 퍼질수록 견뎌내기가
매우 어려운 빚이 된다.

　세 가지 구상들을 비교해본 결과, '현실주의'는 신보수주의와 마찬가
지로 협력을 통해 글로벌한 도전들을 해결할 수밖에 없다는 급박한 상
황에 맞는 설득력 있는 해답을 제시하지 못한다는 결론만이 도출된다.
하나의 해답을 약속해주는 것은 오로지 과거 한 미국 대통령의 발의로
유엔 창설을 이끌어낸 저 정치적 프로그램을 다시 수용, 발전시키는
것뿐이다. 25) 지난 60년간의 경험을 통해 현존 제도들의 결점은 너무도
뚜렷하게 드러났다. 이미 만기가 된 개혁의 세부사항들에 대해서는 아
닐지라도, 적어도 개혁이 필요하다는 데 대해서는 거의 이론이 없다.
세계기구 자체가 국제적 평화확보와 기본적 인권의 전 세계적 보장이
라는 과제를 지금보다 더 효과적이고 덜 선별적으로 수행할 수 있도록
정비되어야 한다. 그 성격상 세계적 차원의 대내정책을 요구하기 때문
에 유엔이 수행할 수 없는 과제들은 유엔에 맡기지 말아야 한다는 보
다 한 걸음 더 나아간 시각은 논란이 많기는 하지만 그런 만큼 또 중요
하다. 나는 분배와 관련된 전 세계적 에너지, 환경, 재정 및 경제정책
의 문제들이 저 세계적 차원의 대내정책에 속하는 것들이라고 본다. 26)

<hr>

25) 이하의 내용에 대해서는 J. Habermas, "Hat die Konstitutionalisierung
　　des Völkerrechts noch eine Chance?", in: 같은 이, *Der gespaltene*
　　Westen, Frankfurt am Main: Suhrkamp 2004, 113~193; 같은 이, "Eine
　　politische Verfassung für die pluralistische Weltgesellschaft?", in: 같은
　　이, *Zwischen Naturalismus und Religion*, Frankfurt am Main: Suhrkamp
　　2005, 324~365; 같은 이, "Kommunikative Rationalität und grenzüber-
　　schreitende Politik: eine Replik", *Anarchie der kommunikativen Freiheit*,
　　P. Niesen, & B. Herborth, Frankfurt am Main: Suhrkamp 2007, 40
　　6~459, 이 주제와 관련하여서는 452쪽 이하 참조.

이런 문제들과 관련하여 일을 추진하고 조정해야 할 필요성이 존재하는데, 현재로선 이를 위한 제도적 틀도 행위주체도 존재하지 않는다. 현존하는 정치적 네트워크들은 일면적으로만 전문화되어 있고, 예를 들어 WTO와 세계은행처럼 강대국의 대표들이 쥐락펴락하는 다자적 기구들을 형성한다. 충분할 정도로 전반적인 관할권을 갖는, 즉 전체를 볼 수 있는, 비례대표로 구성된 초국가적 협상체제는 존재하지 않는다. 그러나 지역적 차원에서 대표권을 가지면서 뜻을 관철할 수 있는 정치체제(Regime)들만이 그러한 제도가 행위능력을 갖도록 만들 수 있을 것이다. 초국가적 세계조직의 틀 안에서, 즉 국제공동체의 구성원으로서 국민국가들은 초국가적 차원에서 조망 가능한 숫자의 그러한 글로벌 주체들로 통합되어야만 한다. '생래적' 강대세력들 외에 바로 외교정책적 행위능력을 가진 EU와 같은 종류의 정치체제들로 말이다.

물론 현재로선 실현 가능성이 거의 없는 이 각본은 초강대국이 이 개혁운동의 선두에 설 때에만 실현 가능성을 갖는다. 이것은 이 나라가 다른 나라들을 동참시킬 수 있는 초강대국이기 때문만은 아니다. 그것은 미국이 역사적 견지에서 볼 때 거의 있을 법하지 않은 초강대국이기 때문이다. 즉, 이상주의 전통을 먹고 살며 다른 어떤 나라보다도 18세기의 정신을 따라 보편주의를 수용한 지상의 가장 오래된 민주주의 국가이기 때문이다. 비록 현 정부의 정책이 이 정신을 파렴치하게 배반하고 있기는 하지만, 부시의 대국민 연설에는 여전히 진정 미국적인 자기이해의 핵심이 일그러진 채나마 반영되어 있다. 이 규범적 핵심이, 당연히 큰 충격을 받은 [미국] 국민이 노이로제 상태에 빠진 순간에, 무책임한 목적들을 위해 도구화된 것이다. 어찌됐든 미국 정부가 자신들의 초강대국 지위가 영원하진 않을 것이란 점을 인식하게

---

26) N. Woods, "Global economic governance: a programme for reform", Held/Mepham 2007, 213~230.

된다면 왜 그러한 과제를 받아들이는 것이 현명한지의 이유들도 또한 깨닫게 될 것이다. 2030년의 변화된 세계를 내다보는 미국 정부라면 내일의 중국이 부시가 이끄는 오늘의 미국처럼 처신하기를 원할 수는 없을 것이다. 그보다는 오늘 바로 내일의 세계적 강대세력들을 더 이상 어떤 초강대국도 필요로 하지 않는 국제질서 속에 묶어두려는 노력을 하는 것이 미국 정부의 이해관계에 맞는다.

헌데 현 상황을 진정한 의미에서 현실주의적으로 평가해본다면 미국이 자신들에게 충실하면서도 당당한 동맹상대의 우호적인 자주적 의사표현 없이 그러한 노선변경을 취할 것인가라는 물음 또한 당연히 제기된다(오로지 외교정책적 행위능력을 가지며 독자적으로 행위하는 EU만이 이러한 동맹상대가 될 수 있을 것이다). 이런 이유에서 서방은 현재의 정신적 분열을 극복하여 지금부터는 이미 힘을 많이 잃은 자신들의 규범적 신용이 더 이상 악화되지 않도록 노력하는 서방의 '양극적' 동맹체제 (bipolare Gemeinsamkeit) 쪽으로 나아가야 한다. 서방의 이러한 '양극적' 동맹체제는 유럽으로 하여금 미국에 대해 공평무사하고도 당당한 시각을 가지는 동시에 아무리 미미한 반미주의적 움직임일지라도 이를 용납하지 않을 확고한 자기비판적 시각을 가질 것을 요구한다.

5. 차등적 통합정책

정치적 연합을 더 확대해야 할 이유들이 아무리 설득력이 있다고 하더라도 어떻게 하면 유럽정책이 현재 처한 막다른 골목에서 벗어날 수 있을지에 대해서는 어떠한 방도도 제시하지 못한다. 그래서 먼저 이 곤경의 원인들이 무엇인지 올바로 진단하는 것이 중요하다.

지금까지 정치엘리트들이 통합과정을 주도해왔기 때문에 두 나라의 〔프랑스와 네덜란드〕 국민투표에서 〔EU헌법이〕 부결된 이래 유럽헌법

의 기획이 각국 국민들의 저항 때문에 좌절된 것 같은 인상이 굳어지
게 되었다. 물론 헌법초안은 그런 문서에는 어울리지 않는 경제체제
관련 내용들을 규정하고 있다는 정당한 비판의 대상이 되기는 하였
다.27) 그러나 두 나라의 국민투표는 전적으로 본래 사안과는 무관한
국내정치적 싸움과 감정들에 지배됨으로써 유럽에 관한 견해들을 있는
그대로 제대로 표출할 수 없었다. 비준과정은 예견된 취약지점이었던
영국까지는 가보지도 못한 채 종료되었다. 1992년 이래 유럽 전체를
대상으로 행해진 정기적 여론조사는 전혀 다른 모습을 보여준다.

이 기간 동안의 〔유럽 집행위원회 주관 여론조사인〕 유로바로미터
(Eurobarometer)는 유럽인들이 자기 나라의 EU 가입에 대해 확고한
찬성을 표명하고 있을 뿐만 아니라 뚜렷하게 반수 이상이 유럽 공동의
외교 및 안보정책에 찬성하고 있다는 것을 입증한다. 이러한 모습은
동부확대 이후에도 크게 변하지 않았다. 이에 상응하는 결과가 바로
헌법과정에 대한 찬성이다. 2007년 봄에도 여론조사 참가자 중 66퍼센
트가 유럽헌법에 찬성하였다(이것은 심지어 전년도에 비해 찬성의견이 5
퍼센트나 증가했다는 것을 뜻한다). 이 평균치를 국가별로 분석해보면,
영국과 스칸디나비아 반도의 두 나라 그리고 아마도 덴마크 정도가 비
교적 낮은 찬성률을 보인 것으로 나타난다.

분명 여론조사는 한계가 있다. 특히 여론조사 대상자들이 해당 주제
에 대해 잘 모를 경우, 즉 그 사안에 대해 거의 생각해보지 않았을 경
우 조사결과는 불확실한 것으로 판명된다. 그리고 이것은 일반 시민들
이 자기와는 먼 사안이라고 느껴 참여가 저조했던 유럽의 결정과정들
대부분에 해당된다. 그런 만큼 처음으로 EU 전체를 대상으로 유럽연
합의 27개 회원국 모두에서 인구비례에 따라 〔무작위로〕 선발한 3,500

---

27) 프랑스 수상의 이의제기에도 불구하고 리스본 조약에서도 이러한 방향설정
에는 큰 변화가 없었다.

152

명 중 362명을 뽑아서 행한 실험의 결과는 더욱더 흥미롭다. 이 실험
은 2007년 가을 제임스 피쉬킨(James Fishkin)의 소규모 토론그룹을
통한 이전과 이후 조사모델(*before and after design*)에 따라 진행되었
다.[28] 이 방식은 논의를 통한 의견형성을 고무하며, 선거전에서 유권
자들의 관심을 집중시키는 찬반 논쟁과 유사한 상황을 만들어낸다. 이
러한 실험들에서 통상 나타나듯이 이 경우에도 참가자들의 정보수준은
극적으로 개선되었다. 그 가운데 토의과정을 거치면서 참가자들 중
EU가 보다 강력한 외교정책적 위상을 가졌으면 좋겠다는 의견이 55%
에서 63%로 늘어났다. 그리고 모든 문항들에 있어서 기존회원국 출신
과 신입회원국 출신 참가자들의 의견이 수렴되는 결과를 낳았다.

이 조사결과와 이와 유사한 다른 자료들은 영국과 스칸디나비아 국
가들을 제외한 모든 회원국의 국민들 사이에 잠재적이긴 하나 유럽통
합에 보다 우호적인 분위기가 지배적이라는 사실을 드러내준다. 장애
물은 정부들이지 국민들이 아니다. 유럽의 정부들은 유럽의 미래에 대
한 공세적 논쟁을 회피하고 있다. 여기에는 가늠하기 어려운 리스크들
을 두려워하는 정당들의 공통된 성향 외에도 권력유지에 대한 이기적
이해관계도 한몫을 했을 것이다. 예를 들어 정부 인사들이 ─ 특히 외
무장관들이 ─ 아주 작은 나라의 군주와 같이 힘없는 상태로 떨어질 것
을 두려워하는 것 말이다. 그런 까닭에 헌법적 통일을 이룬 유럽에서도
여전히 강력할, 아니 결정적 권한을 쥘 (각료이사회를 포함한) 이사회가
지금까지 자기과시자들에게 활동무대가 되었던 각 국민국가 차원의 무
대를 대신할 매개체로 작동하기 위해서는 훨씬 더 각광을 받아야만 할
것이다. 집행위원회의 사령탑에는 여전히 앉을 자리가 너무 적다.

이 분석이 전적으로 틀린 게 아니라면 장애물을 극복할 수 있는 방
도는 단 한 가지뿐이다. 각국의 정부가 지금까지와는 달리 혼신의 힘

---

28) 이 프로젝트에 대한 자세한 내용은 www. tomorrowseurope. eu를 참조.

을 기울여 자기 국민들에게 동일한 선거법에 따라 유럽 전체에서 동시에 실시되는 국민투표에서 자신들이 직선 대통령과 독자적인 외무장관과 조세정책의 보다 강력한 조율과 사회복지정책 체제의 동화를 규정하는 정치적 헌법을 갖는 유럽을 원하는지 아닌지에 대해 결정할 수 있는 기회를 주어야 한다. 이 헌법안은 유럽연합 국가들의 과반수와 유럽연합 시민들의 투표수의 과반수인 '이중의 과반수'를 넘을 경우 채택되는 것으로 하면 될 것이다. 그리고 이 국민투표가 통과될 경우에도 각기 이 개혁에 찬성하는 국민이 과반수를 넘은 국가들에 대해서만 구속력을 갖는 것으로 한다. 내가 판단하기에는 동유럽의 신입국가들도 그와 같은 분명 괴로운 선택 앞에 서게 되면 중심부에 합류하는 쪽을 원할 것이다. 그런 까닭에 차등적 통합정책이 지향하는 방향은 이 나라들의 이익에 반하는 것이 아니다. 물론 핵심부와 주변부로 나뉜 유럽에서도 당분간 주변부에 머무는 것을 선택한 다른 나라들 역시 언제든 중심부에 합류할 수 있는 선택권을 보유하게 될 것이다.

이러한 국민투표가 통과될 것이라는 데 대한 나의 낙관주의는 무엇보다 현재 정권을 담당하고 있거나 앞으로 정권에 참여할 것을 염두에 두고서 신중하게 움직이고 있는 바로 그 정당들이 유럽의 미래에 관한 물음이 더 이상 내각 안에서 결정되지 않고 광장에서 결정되면 그 즉시 자신들의 입장을 드러내놓고 선거전에 임할 수밖에 없으리라는 사실에 근거하고 있다. 지금까지 모든 유럽의회 선거는 대체로 개별국가의 문제들이 쟁점이 된 상황에서 결정되었다. 이제는 유럽 차원에서도 단지 인민을 위한〔대신한, *für*〕통치만 존재하는 상황이 더 이상 지속되지 않도록 해야 할 때이다.

물론 국민투표 결정은 유럽 이사회 내에서조차도 커다란 저항을 물리쳐야만 관철될 수 있을 것이다. 관철을 위한 압박수단은 여러 조약들에 이미 개별 분야들에서 '보다 긴밀히 협조'할 것을 규정하고 있다는 것이다. 하지만 남서부 유럽의 강대한 세 라틴유럽 회원국들과 함께 외교 및 안보정책 분야에서 보다 긴밀히 협조하자는 이니셔티브를 쥐고 나오는 나라가 하필 독일이라면 의구심이 매우 클 것이다. 독일의 규모와 지리적 위치 그리고 무엇보다 역사적 부채를 고려해볼 때 이 방향으로의 어떠한 움직임도 민감한 문제가 된다. 역사적으로 볼 때 수긍이 가는 이웃나라들의 의심을 살 것이기 때문이다. 하지만 어쨌든 겐셔(H. D. Genscher)가 세운 독일 외교정책의 전통은 (성급한 크로아티아 독립 인정이라는 죄악만 빼고는) 일정한 신뢰를 획득하였다.

* * *

나는 왜 이곳 빌리 브란트 하우스에서 이러한 생각들을 발표하고 있는가? 외무장관은 내 생각들을 그저 사변적인 운지(運指)연습 정도로 생각하고 무시해버릴 수도 있다. 하지만 사회민주당 부당수이기도 한 그는 아마도 다음과 같은 문제에 대해 깊이 숙고해야 할 것이다.

사회민주당은 현재 어려운 상황에 처해 있으며 여론조사 결과도 계속 최악인 상황에 빠졌다. 익숙한 개별 국민국가적 사고방식에 너무도 사로잡혀 있기 때문에 그렇다. 사실 바로 이 측면에서 사회민주당은 좌파당(Die Linke)보다 더 유리한 면모를 보일 수 있을 텐데도 말이다.[29] 사회민주당은 새로운 당 강령과 보다 강력한 국제금융시장 규제의 필요성에 대한 여러 언급들에서 천명된 유럽정책적 입장에도 불구하고 — 영국 및 다른 서유럽 국가의 자매당들처럼 — 경제 세계화로 노동시장과 사회보장제도가 직면한 위험들을 개별 국민국가의 틀 안에서 막아내려고 하고 있다. 하지만 해당 정책들을 거대한 유럽의 경제공간 내에서, 아니면 적어도 유로통화권 내에서 서로 조정한다면 이 목표를

---

29) 물론 좌파당 내에도 주목할 만한 목소리들이 있다. 가령 A. Brie, "Die Linke und Europa", *Blätter für deutsche und internationale Politik*, 8/2007, 985~994 참조.

보다 잘 이룰 수 있지 않을까?

  다른 이유 때문에도 시각을 개별 국민국가의 틀을 넘어서 확장해야
할 필요가 있다. 사회민주당은 언제나 강령을 가지고 이를 추구하는
정당이었는데 이제 그 지지자들을 잃고 있다. 이들에게 더 이상 — 연
금수령 연령이나 탁아소 그리고 건강보험 개혁과 관련한 세세한 사안
들을 넘어서는 — 포괄적이고 진취적이며 전통적인 정의에 대한 요구를
충족시키는 어떠한 시각도 제시하지 못하고 있기 때문이다. 물론 내가
돈을 더 잘 버는 자의 입장에서 저 아래에서의 사회복지정책적 노력들
을 무시하려는 것은 결코 아니다. 가장 찬란한 복지환경국가 중 하나
인 이곳에서 나는 아동빈곤이 증가하고, 소득과 재산에서 분배의 불균
형이 늘어나고, 불안정한 고용환경을 가진 저임금 부문이 증대하고,
스스로를 필요 없는 존재라고 느끼는 사람들이 많아지고 있는 것을 본
다. 나는 이 모든 것이 정말 수치스러운 일이라고 생각한다. 그러나
이 수치스러운 일은, 우리가 시장이 점점 더 정치적 통제 가능성으로
부터 벗어나고 있는 세계적 추세를 역전시킬 때에만 해결할 수 있는
문제들 중 한 부분으로 파악되어야만 할 것이다. 30)

---

30) 이 '시스템 문제'는 프랑크푸르터 알게마이네 차이퉁(*Frankfurter Allgemei-
    ner Zeitung*) 논설기자의 눈에도 들어왔다(2008년 1월 2일자). "공산주의와
    의 경쟁이 존속했던 동안에 이 경쟁이 얼마나 자본주의 또한 제어하는 역할
    을 했었는지를 이제야 비로소 깨닫는 이가 적지 않다. 그냥 내버려두면 민주
    주의와 시장경제는 전체주의 체제와 마찬가지로 스스로를 파괴하는 위험에
    빠지게 된다. 물론 민주주의와 시장경제는 전체주의 체제와는 달리 제동기
    능을 내장하고 있다. 하지만 이 제동기능도 지속적인 검사와 유지보수를 필
    요로 한다." 하지만 이 논설의 저자인 슈테판 디트리히(Stefan Dietrich)는
    자신이 생각하는 '유지보수'가 무엇인지를 밝히지 않고 있다. 아마도 민주적
    이기보다는 테크노크라트적일 것이다. 그는 자신의 논설을 용의주도하게도
    다음과 같은 경고로 끝맺고 있다. "다른 사람들이 이 시스템 문제를 제기하
    기 전에 엘리트들이 먼저 이 문제를 제기해야 할 것이다."

10.*

매체, 시장 그리고 소비자 –
정치적 공론장의 지주로서의 정론지

올해 4월 〈차이트〉(*Die Zeit*)지 경제면 편집자는 "제4의 권력이 경매 처분되는가?"라는 제목으로 독자들을 깜짝 놀라게 하였다.[1] 〈쥐트도이체 차이퉁〉(*Süddeutsche Zeitung*)이 불확실한 경제적 운명을 맞이하고 있다는 놀랍고도 걱정스러운 소식 때문이었다. 지분소유주 다수가 이 신문에서 손을 떼려고 한다. 만약 경매에 부칠 경우 독일의 가장 훌륭한 두 전국신문 중 하나가 금융투자가나 상장된 콘체른 혹은 거대 미디어기업들의 손에 떨어지게 될 것이다. 다른 사람들은 그건 일상다반사(*Business as usual*)라고 말할 것이다. 그 동기가 무엇이든 간에 소유주들이 자신의 회사지분을 매각할 당당한 권리를 행사하는데 무엇이 그렇게 놀랍고 걱정스럽다는 말인가?

2002년 초 광고시장의 붕괴로 촉발되었던 신문의 위기를 〈쥐트도이

---

* 옮긴이 주: 이 책의 독일어 원본은 실수로 이 글과 다음 글의 번호를 11과 12로 매겨놓아 이를 바로 잡았다.

1) G. Hamann, "Kommt die Vierte Gewalt unter den Hammer?", *Die Zeit*, 2007년 4월 19일자.

체 차이퉁〉을 위시한 유사한 언론기관들은 그 사이 이미 극복하였다. 〈쥐트도이체 차이퉁〉을 매각하려고 하는 소유주 가족들은 62%의 지분을 갖고 있는데, 이들은 유리한 시점을 고르고 있다. 디지털과의 경쟁과 변화된 독서습관에도 불구하고 〔신문의〕 이윤은 늘고 있다. 하지만 이 이윤증가는 주로 경영합리화 조치들 덕분인데, 이 조치들은 편집진의 역량수준과 재량권에 다시 영향을 미친다. 미국의 신문업계에서 들려오는 관련 소식들은 이러한 경향을 확인시켜준다.

그래서 미국의 얼마 안 되는 자유주의좌파(*linksliberal*) 신문 중 하나인 〈보스턴 글로브〉(*Boston Globe*)는 예산절감을 위해 모든 해외특파원 자리를 없애야 했던 반면, ―〈워싱턴 포스트〉나 〈뉴욕 타임즈〉 또는 〈로스앤젤레스 타임즈〉와 같은― 초지역적인 대형언론들은 부적절한 수익성 계산을 하면서 고품격 매체들을 '구조조정'하려고 하는 콘체른이나 펀드들에 의해 인수될 것을 두려워하고 있다. 지난주에 〈차이트〉지는 다시 한 번 이 문제를 다루면서 '월가의 금융매니저들과 미국 언론과의 투쟁'에 대해 언급하고 있다. 2) 이러한 대문짝만한 표제어들이 나오게 된 배경은 무엇인가? 그것은 분명 오늘날 각국의 신문기업들의 생존경쟁무대인 시장이, 고품질 언론들이 지금까지 충족시켜왔던 이중적 기능을, 즉 이윤을 내면서도 정보와 교양에 대한 수요를 충족시키는 이중적 기능을 제대로 뒷받침하지 못하고 있다는 우려이다.

---

2) E. C. Schweitzer, "Erbschleicher von der Wall Street", *Die Zeit*, 2007년 4월 26일자.

후견주의 반론

하지만 보다 높은 수익률은 '건강하게 감축된' 신문기업들이 소비자들의 욕구를 만족시키고 있다는 확증이 아닌가? '전문성'이니 '고품격'이니 '정론지'니 하는 모호한 개념들은 단지 자기들이 원하는 것이 무엇인지 잘 알고 있는 성인 소비자들에 대한 후견적 태도를 은폐하고 있는 것은 아닌가? 언론은 '고품질'이라는 구실 아래 독자의 선택의 자유를 축소시켜도 되는가? 언론은 독자에게 인포테인먼트(*infortainment*) 대신 어려운 보도를 들이대도 되는가? 사건이나 인물들을 재미있게 연출해 주는 대신 전문적 논평과 장황한 논리를 강요해도 되는가?

이 질문들에 깔려 있는 반론은 오직 첫눈에 보기에만 그럴 듯하다. 이 반론은 고객들이 자신의 선호도를 기준으로 독자적으로 결정한다는 이미 논란의 여지가 많은 가정에 근거하고 있다. 이 교과서적 지혜는 '문화적 그리고 정치적 의사소통'이라는 상품이 갖는 특별한 성격을 고려해볼 때 확실히 잘못된 것이다. 왜냐하면 이 상품은 구매자의 선호도 자체를 검토대상으로 만드는 동시에 그것을 변화시키기 때문이다. 물론 독자와 청취자와 시청자는 매체를 이용할 때 상이한 선호사항들에 따른다. 그들이 원하는 것이 여흥이나 기분전환 혹은 여러 주제와 사건들에 대한 정보이거나 공공의 토론에 참여하는 것일 수 있다. 그러나 그들이 문화적 혹은 정치적 프로그램에 관여하는 즉시, 예를 들어 헤겔이 칭송한 바와 같이 매일 신문을 읽는 '현실주의적인 아침의 축복'을 받는 즉시, 그들은 자동적 후견주의(*auto-paternalistisch*)라 할 만큼 곧바로 그 결과가 불확실한 학습과정에 들어가게 된다. 다년간 신문을 읽는 과정 속에서 새로운 선호도와 신념과 가치지향들이 비로소 형성된다. 그렇게 되면 이러한 신문 읽기를 이끌어가는 메타 차원의 선호도는 독립 저널리즘의 프로의식으로 나타나고 고품질 언론이 명망을 누리게 되는 이유인 저 장점들을 향하게 된다.

텔레비전의 예

미국에서 텔레비전이 도입될 당시 널리 퍼졌던 다음과 같은 슬로건은 교양과 정보라는 상품의 특별한 성격에 대한 저 논쟁을 상기시킨다. 그 슬로건은 텔레비전이라는 매체가 단지 '영상이 있는 토스터'에 불과하다는 것이었다. 이 말은 텔레비전 프로그램의 제작과 소비는 안심하고 시장에만 맡겨두어도 된다는 뜻이었다. 그 후 매체기업들은 시청자들을 위해 프로그램을 만들고 그 프로그램을 시청하는 공중의 주의집중이라는 자원을 광고주들에게 팔고 있다. 이 조직원칙은 그것이 전면적으로 도입된 곳이라면 어느 곳에서든지 정치-문화적 폐해를 낳았는데, 독일의 경우 '이중적' 텔레비전 시스템을 통해 이러한 폐해를 제한하였다.[3] 독일 각 주의 언론매체법과 연방헌법재판소의 관련 판결들 그리고 공영방송국들의 방송원칙에는 어찌됐든 전자공학적 대중매체는 쉽게 상업화가 가능한 소비자들의 오락 및 기분전환 욕구만을 충족시켜서는 안 된다는 견해가 반영되어 있다.

청취자와 시청자는 소비자, 즉 시장참여자일 뿐만 아니라 동시에 문화적 참여와 정치적 사건의 관찰 및 정치적 의견형성에의 참여에 대한 권리를 가진 시민이기도 하다. 이 권리주장 때문에 앞의 권리내용과 관련하여 국민들에게 기본적으로 공급해야 할 것들을 제공해주는 프로그램들은 광고효과와 스폰서들의 지원에 종속되어서는 안 된다. 하지만 이곳 독일의 경우 기본공급의 재원이 되는, 정치적으로 확정되는 수신료 또한 마찬가지로 각 주의 재정상황에, 즉 경기의 변동에 종속되어서는 안 된다. 방송국들은 연방헌법재판소에 계류 중인 소송에서

---

3) 옮긴이 주: '이중적' 텔레비전 시스템은 공영방송과 민영방송의 이중 체제를 가리킨다. 이 제도는 민영방송은 공영방송에 의해 방송이 국민들에게 제공해야 할 기본적인 내용의 공급이 확실하게 보장되는 한도 내에서만 허용된다는 공익보호 원칙에 따라 성립되었다.

주 정부들을 상대로 정당하게도 바로 이 주장을 내세우고 있다. 4)

선도매체의 역할은 …

전자공학적 매체들의 역할을 위해 공영방송이라는 예비수단을 두는 것은 좋은 일일 것이다. 그러나 이와 같은 것이 비상시에 〈쥐트도이체 차이퉁〉이나 〈프랑크푸르터 알게마이네 차이퉁〉이나 〈차이트〉 혹은 〈슈피겔〉지와 같은 '정론'적 신문과 잡지들의 조직형태의 모델이 될 수 있을까? 이와 관련하여 한 언론학적 연구결과가 흥미를 끈다. 고품질 언론은 적어도 정치적 의사소통의 영역에서는, 즉 공민(公民)으로서의 독자들을 위해서는, '선도매체'의 역할을 한다는 것이다. 방송과 텔레비전 및 여타 언론들은 정치관련 보도 및 논평을 할 때 '이성적으로 사유하는' 저널리즘('räsonierende' Publizistik)이 먼저 제시하는 주제와 보도내용에 광범위하게 의존한다.

이들 언론사 편집진들 중 일부가 단기적 이윤을 목표로 하면서 시간적으로 부적절하게 짧은 시각을 가지고 계획을 세우는 금융투자가들의 압박을 받게 되었다고 가정해보자. 그럴 경우 이 핵심부에서의 조직개편과 예산절감은 통상적인 저널리즘적 기준들을 위협하게 될 것이고, 이렇게 되면 정치적 공론장의 핵심이 타격을 받게 된다. 왜냐하면 공공의 의사소통은 상당한 비용이 드는 조사를 통해 얻어지는 정보의 유입이 없다면, 그리고 결코 공짜로 주어지지 않는 전문적 소견에 근거한 논리적 주장들을 통해 활기를 공급받지 못한다면, 그 논의적(dis-kursiv) 생명력을 상실하게 되기 때문이다. 그렇게 되면 공론장은 포퓰리즘적 경향들에 더 이상 어떠한 저항도 하지 못하게 되고 민주주의

---

4) 그 후 연방헌법재판소는 12번째 방송판결에서 각 주의 손을 들어주는 판결을 내렸다.

164

법치국가의 틀 안에서 반드시 수행해야만 할 기능을 더 이상 수행하지 못하게 될 것이다.

우리는 다원주의 사회에서 살고 있다. 민주적 결정절차는 다음과 같은 두 가지 요구사항의 조합을 충족시키는 한에서만 심각한 세계관적 대립들을 뛰어넘어서 정당성을 확보해주는, 모든 시민들에게 설득력을 지니는 구속력을 가질 수 있다. 민주적 결정절차는 포용, 즉 모든 시민의 동등한 참여와 대체로 논의를 통해 해결의 실마리를 찾는 논쟁의 조건을 결합하여야 한다. 왜냐하면 토의적 논쟁만이 비로소 장기적 시각에서 볼 때 정도의 차이는 있으나 어쨌든 이성적인 결론에 도달할 것이라는 추정에 근거를 부여하기 때문이다. 민주적 의견 및 의사형성은 인식적 차원을 갖는다. 잘못된 주장과 가치평가에 대한 비판도 이루어지기 때문이다. 여기에는 논의를 통해 활기로 가득한 공론장이 한몫을 한다. 우리는 이 점을 서로 경쟁하는 공론들과 여론조사방식을 통해 파악한 의견분포상황의 발표 사이의 차이를 떠올리면 직관적으로 알 수 있다. 토론과 논쟁을 통해 생산된 공론은 모든 불협화음에도 불구하고 관련된 해당 정보와 근거들이라는 필터를 통해 걸러진 것인 반면, 여론조사는 말하자면 날것 그대로 정지되어 있는 잠재적 의견을 그저 불러낸 것에 불과하다.

… 민주적 의견 및 의사형성이다.

물론 대중매체의 지배를 받는 공론장의 거친 의사소통의 흐름들은 법정이나 의회의 위원회 같은 곳에서 벌어지는 규칙에 따른 토론이나 심의와 같은 것을 허용하지 않는다. 그리고 이와 같은 것은 필요하지도 않다. 왜냐하면 정치적 공론장은 단지 하나의 연결고리 같은 것이기 때문이다. 정치적 공론장은 국가적 싸움터에서의 제도화된 논의 및 협상과 잠재적 선거권자들의 부차적이고 비공식적인 일상대화들 사이를 매개한다. 공론장은 정치적으로 결정되어야 할 사안들을 골라내어 이를 문제제기라는 형태로 구체화시키고 정도의 차이는 있으나 어쨌든 정보와 논지를 갖춘 입장표명들과 함께 서로 경쟁하는 공론들로 묶어냄으로써 국가적 행위의 민주적 정당성 확보에 일조한다.

이러한 방식으로 공공의 의사소통은 시민들의 의견 및 의사형성을 위하여 동기를 부여하는 동시에 방향성을 제공해주는 힘을 발휘하는 반면, 동시에 정치 시스템에게는 투명성과 적응을 강제한다. 공론장은 신뢰할 만한 정보와 세심한 논평을 제공하면서 의견형성을 이끄는 언론의 자극 없이는 이러한 에너지를 더 이상 공급할 수 없다. 가스나 전기 혹은 물과 관련하여 국가는 국민들에게 에너지를 안정적으로 공급할 책임을 갖는다. 그렇다면 국가는 공급에 장애가 발생할 경우 민주주의 국가 자체에 손상을 입히게 될 저 '에너지'와 관련하여서도 마찬가지로 책임을 져야 하지 않겠는가? 국가가 고품질 언론이라는 공공재를 개별적으로 보호하려고 시도한다고 해서 그것이 곧 '시스템 오류'는 아니다. 그것은 단지 국가가 어떻게 하면 그것을 가장 잘 성취하는가 하는 실천적 문제일 뿐이다.

어떠한 실험도 하지 않는다?

헤쎈 주 주정부는 과거 〈프랑크푸르터 룬트샤우〉(*Frankfurter Rund-schau*)지에 신용을 제공함으로써 지원해준 적이 있다. 하지만 성공을 거두지는 못했다. 일회적 보조금은 단지 하나의 수단일 뿐이다. 다른 방법으로는 공적 자금이 투입되는 재단모델이나 이 분야의 가족소유에 대한 세금혜택이 있다. 이미 다른 곳에서 시도되고 있는 이 실험들 중 어느 것도 현재로썬 후속문제가 없는 것이 없다. 그러나 신문과 잡지의 보조금 지원이라는 생각에 일단 익숙해질 필요가 있다. 역사적 견지에서 볼 때 언론시장에 재갈을 물린다는 생각에는 반직관적인 면이 존재한다. 시장은 한때 반역적 사상들이 국가의 억압으로부터 해방을 쟁취하는 것을 가능하게 했던 무대를 형성했었다. 그러나 시장은 오직 경제적 법칙들이 시장을 통해 전파되는 문화적, 정치적 내용들의 숨구멍 안으로까지 침투해 들어가지 않는 한에서만 이 기능을 충족시킬 수 있다. 이 점은 여전히 아도르노의 문화산업 비판이 담고 있는 올바른 핵심이다. 어떠한 민주주의도 이 영역에서의 시장실패를 감당해낼 수 없기 때문에 항상 의심의 눈초리로 관찰해야만 한다.

11.
민주주의는 아직도 인식적 차원을 갖는가?

경험적 연구와 규범적 이론*

베른하르트 페터스를 추념하며

아리스토텔레스의 《정치학》에는 규범적 생각과 경험적 생각이 긴밀히 연관되어 있다. 오늘날에는 이성법 전통에서 나온 정치이론들이 추상적 당위를 내세우지만, 더욱더 복잡해져가는 우리 사회에서 이 추상적 당위는 냉정한 사실들의 도전에 직면해 있다. 이 점은 민주적 절차가 정당성을 창출하는 힘을 갖는다는 것을 의견 및 의사형성의 이성적 성격을 가지고 설명하는 토의민주주의 모델(*das deliberative Modell der Demokratie*)에 특히 잘 들어맞는 듯하다. 이 모델은 정치학에서 규범적 입장과 경험적 입장 간의 간극이 더욱더 깊이 벌어지고 있는 현상을 특히 노골적으로 드러내 주는 한 예인 듯하다. 파울 라자르스펠트 (Paul Lazarsfeld)가 라디오 연구를 하던 초창기에는 아직도 커뮤니케이션 연구, 즉 당시 지배적 패러다임이라고 불렸던 것과 대중사회에서의 토대민주주의의 뿌리에 대한 탐구 간에 연관 관계가 존재한다는 것이

---

* 나는 이 글의 축약본을 2006년 6월 드레스덴에서 열린 국제 커뮤니케이션 학회(International Communication Association) 세계대회의 개막식 강연으로 발표한 바 있다.

당연시되었다. 1) 그러나 '토의정치'와 같이 규범성을 갖는 개념이 우리가 가진 이른바 현실주의적인 미디어사회관과 어떻게 들어맞는가?2)

나는 먼저 토의민주주의 모델을 자유주의적 민주주의 모델 및 공화주의적 민주주의 모델과 비교하면서 경험적 연구와 어떤 연관들을 가질 수 있는지를 확정하고자 한다(1). 그런 다음 나는 정치적 논의(Diskurs)3)가 원칙적으로 합리적으로 결정 가능한 문제들을 지향하고 그

---

1) E. Katz, "Communications Research since Lazarsfeld", *Public Opinion Quarterly* 51/1989, 25~45: "라자르스펠트와 그의 동료들은 사람들이 미디어의 영향력으로부터 스스로를 방어할 수 있다면 그것은 민주주의를 위해 좋은 것이라고 결론지었고, 대중은 대중사회 이론가들이 우리로 하여금 그러리라 믿게 하였던 것보다는 덜 고독하고 덜 취약할지도 모른다고 암시하였다." 지배적 패러다임에 대한 비판과 메타비판에 대해서는 T. Gitlin, "Media Sociology", *Theory and Society* 6/1978, 205~235; G. Tuchman, "Mass Media Institutions", in: N. J. Smelser 편, *Handbook of Sociology*, Den Haag: Sage 1988, 601~626 참조.

2) 예를 들어 다음의 비판 참조: A. McGann, *The Logic of Democracy*, Ann Arbor: University of Michigan Press 2006.

3) 옮긴이 주: Diskurs(*discourse*)는 우리말로 '담론', '담화', '언술', '논술' 혹은 '논변' 등 다양하게 번역되고 있으나, 여기서는 황태연 교수(하버마스, 《도덕의식과 소통적 행위》, 나남 1997, 33 참조)의 제안에 따라 '논의'(論議)로 옮긴다. 그의 말대로 위의 역어들은 우리의 일상언어에 뿌리를 두지 않은 생경한 조어들인데다가, Diskurs 개념이 갖는 대화논증적 상호성과 이론 및 실천 간의 공용성을 공히 담아내지 못하고 있는 반면, '논의'는 위의 조건들을 충족시키고 있다. 그리하여 비록 '논의'라는 역어가 현대사상의 논의구도에서 강력한 영향력을 행사하고 있는 푸코(M. Foucault)의 discourse 개념이 담고 있는 또 다른 의미, 즉 일정한 사회적 영향력과 사건적 물질성을 띠고서 말해지고 사용되는 논리적 사유(체계)단위라는 의미를 표현하기에는 어색하지만, 하버마스의 의사소통이론적 Diskurs 개념을 표현하는 데는 적절하다고 생각된다. 이 책의 앞에 실린 다른 글들에도 논의 개념이 산발적으로 등장하지만 이러한 전문적 이해 없이도 이해가 가능한 수준에서 사용되고 있어 의사소통이론 관련 본격 학술논문인 이 글에 이 옮긴이 주를 붙인다.

자체로 진리를 발견해낼 수 있는 잠재력을 갖는다는 가정을 뒷받침하는 경험적 증거들이 존재하는지를 검토하고자 한다(2). 다음에 이어지는 핵심적인 세 절(節)은 토의 모델의 경험적 내용과 응용 가능성에 대한 초견(初見)적 의심을 해소하려는 목적에서 씌어졌다. 분명코 매스 커뮤니케이션, 즉 대중적 의사소통은 '토의'에 모델 역할을 했음직한 자연스러운 면대면(面對面) 의사소통과 같은 모습은 아니다(3). 그러나 정당성 창출과정 전체를 시야에 넣고서 정치적 체계와 사회 전체 간의 교환관계를 고찰하면, 대중매체를 통해 이루어지는 의사소통의 구조 및 힘의 동학 모두는 합리적으로 여과된, 그리고 그런 의미에서 '성찰된' 공론의 형성을 방해하지 않는다(4, 5). 그런데 내가 토의정치를 위해 기안한 의사소통 디자인은 두 가지 비판적 조건을 충족시켜야 한다. 매체에 의존한 정치적 의사소통은 오직 첫째, 자율적인 매체 시스템이 그것을 둘러싼 사회적 환경으로부터 독립을 이루어내고, 둘째, 모호한 대규모 공중, 즉 대중매체의 독자와 청취자와 시청자들이 관련 사안에 관해 잘 알고 있는 엘리트 논의들과 이를 수용하고 이에 반응할 태세를 갖춘 시민사회 간의 피드백 관계를 만들어내는 정도만큼만 고도로 복잡한 사회의 공론장에서의 정당성 창출과정을 촉진할 수 있다(6). 끝으로 나는 국민국가의 경계를 넘어선 새로운 형태의 통치와 관련하여 초국가적 공론장의 생성에 관한 후기를 덧붙이면서 이 글을 맺고자 한다(7).

1. 규범적 민주주의 이론들의 경험적 연관들

근대 민주주의의 제도적 틀은 다음의 세 가지 요소를 결합하고 있다. 첫째, 자주적 삶을 영위할 권리를 갖는 시민들의 사적 자율성, 둘째, 민주적 공민권, 즉 자유롭고 평등한 시민들을 정치적 공동체 안에 동등하게 포용하는 것, 그리고 셋째, 자유로운 의견 및 의사형성의 영역으로서 국가와 시민사회를 상호 결합해주는 독립적인 정치적 공론장이 그것이다. 행정국가와 자본주의 경제의 기능적 분리는 왜 민주적 헌정질서를 갖는 근대사회가 시민들의 자발적인 기여와 입장표명이 공명(共鳴)을 얻을 수 있는 공공의 공간이라는 매개요소에 의존하고 있는지를 밝혀준다.

다종다양한 헌법문헌과 법제들, 정치적 제도와 관행들이 있지만 어디서든 이 세 가지 요소가 민주주의 법치국가의 규범적 핵심을 이룬다. 아래에서 나는 이 세 가지에 국한하여 논의하고자 한다.

헌법의 기본설계도(Verfassungsdesign)는
- 모든 시민에게 단지 타인의 자유권에 의해서만 제한을 받는 동등한 기본적 자유들을 보장하는 시스템을 통해서(칸트의 권리원칙),
- 모든 이에게 동등한 법적 보호를 제공하는 독립적인 재판을 받을 수 있는 가능성을 통해서, 그리고
- 법과 법률의 구속을 받는 공적 행정을 보장하는 입법, 사법 및 행정의 삼권분립을 통해서 사적 영역의 법치국가적 보호를 도모한다(1).

이 기본설계도는
- 모든 이들에게 동등하게 보장되는 결사, 참여 및 의사소통의 권리를 통해서,
- 포용적이고 평등한 선거법을 토대로 행해지는 주기적인 선거와,

필요할 경우, 국민투표를 통해서,

- 상이한 정당과 정강(政綱)과 정책프로그램들의 경쟁을 통해서, 그리고
- 대표성을 갖도록 구성된 조직체들에서의 다수결 원칙을 통해서 관심을 가진 가능한 한 많은 시민들의 정치적 참여를 도모한다(2).

이 기본설계도는

- 조세국가와 경제사회의 분리를 통해서(이 경우, 개개인의 경제적 자유들이 원칙적으로 보장된다고 해서 그 자체로 이미 신자유주의적 경제체제가 전제되는 것은 아니다),
- 언론자유와 매체다양성과 정보의 자유를 통해서, 그리고
- 대중적 공중과 시민사회가 정치적 공론장에 참여할 통로를 보장하고, 공공의 의사소통의 싸움터가 정치적, 사회적 혹은 경제적으로 장악되는 것을 예방하는 조치들을 통해서 풀뿌리 정치적 공론장의 적절한 작동을 도모한다(3).

이 세 가지 요소는 — 동등한 자유권과 민주적 참여와 공론을 통한 통치는 — 모든 헌정국가들에서 원칙적으로 하나의 유일한 기본설계도로 융합되었지만, 그 배합은 상이한 전통에 따라 각기 다른 방식으로 이행되었다. 자유주의적 전통은 사회적 시민의 자유를 우선시하는 반면, 공화주의적 전통과 토의적 전통은 각기 적극적인 공민의 민주적 의사형성에 대한 참여나 가장 합리적인 공론의 형성을 강조한다.[4]

주로 존 로크로부터 연원하며 미국의 헌법설계자들에게 큰 영감을 준 자유주의적 전통은 첫 번째 요소에, 즉 인권의, 특히 — '근대인의

---

4) J. Habermas, "Drei normative Modelle der Demokratie", in: 같은 이, *Die Einbeziehung des Anderen*, Frankfurt am Main: Suhrkamp 1996, 277~292. 〔옮긴이 주: 이 글의 우리말 번역은 하버마스, 《이질성의 포용》, 황태연 역, 나남출판 2000, 279~293.〕

172

자유'로 칭송된 — 소극적 자유권의 법치국가적 제도화에 집중한다. 오늘날에도 지배적 영향력을 행사하고 있는 이 정치사상 노선을 규정하는 직관은 자연발생적인 사회적 환경 속의 사적 개인들을 후견적인 국가권력의 개입으로부터 방어하는 것을 목적으로 한다. 헌정국가는 본질적으로 자기 자신의 아주 사적인 삶의 계획들을 추구하는 개인들의 보호에 복무한다. 공적 폭력의 법치국가적 순치가 주된 목적이고, 민주적 과정은 부차적 기능을 갖는다. 자유주의적 견해에 따르자면 정치적 권리는 시민들에게 자신들의 사적 이익을, 투표와 의회적 조직체의 구성과 정부 선출을 통해 자신들의 사적 이익이 종국에는 행정에 영향을 미치는 정치적 요인으로 결집될 수 있는 방식으로, 실현할 가능성을 제공한다.

이 도구주의적 민주주의관은 국민적 자치에 대한 열정이 표출되어 있는 공화주의적 공민정신과는 전적으로 상반된다. 르네상스 휴머니즘이 수용하였고, 제임스 해링턴(James Harrington)을 통해 미국 독립혁명에도 영향을 미쳤으나 무엇보다도 루쏘를 통해 프랑스 혁명에 큰 영향을 미친 공화주의적 전통은 두 번째 요소에, 즉 기능적으로 분화된 근대사회의 생활조건하에서 보편화된 '고대인들[로마인들]의' 정치적 '자유'를 쇄신하는 것에 집중한다. 이러한 사상을 이끄는 직관은 인민주권 원칙으로 표출된다. 통치권력은 단지 법제화되는 것만으로는 부족하며, 정치가 개입되기 이전에 이미 구성된 사회의 시민들의 이해관계에 좌우되어서는 안 된다. 공화주의적 견해에 따르면 인민으로부터 기원하며 민주적 과정을 통해 지속적으로 정당성을 확보하고 재생산하는 국가권력은 사회적 생활관계 전체에 구성적 영향을 미친다. 여기서 민주적 헌정국가의 구축은 결합한 시민들이 공동으로 행사하는 자치의 실천을 가능하게 한다는 최종목적의 견지에서 구상된 것이지, 자유주의적 전통에서처럼 각각의 개별적 인간의 자주적 삶의 영위를 가능하게 한다는 시각에서 구상된 것이 아니다. 공민은 자신들의 정치적 권리를 그들이 사적인 개인의 자격에서 주장하는 소극적 권리와 혼동해서는 안 된다. 공동복지를 지향하는 공민의 위상은 오직 자신의 이익만을 추구하는 소비자나 고객의 위상과 동화되어서는 안 된다.

세 번째 요소, 즉 시민사회와 제도화된 국가의 심의 및 결정과정 사이를 이어주는 변환장치 역할을 하는 토의 공론장에서의 의사표현의 자유는 특히 19세기 의회주의 운동에 하나의 영감의 원천이었다. 이 전통에는 칸트와 1815년에서 1848년 3월 혁명 이전까지의(*Vormärz*) 독일과 스위스의 자유주의자들(벨커와 로텍 및 율리우스 프뢰벨)만이[5] 아니라 존 스튜어트 밀도 기여하였고, 여기에는 또한, 비록 다른 논증을 요하지만, 존 듀이도 기여하였다. 이 전통은 고전적 자유주의와 공화주의보다는 정치적 이념의 역사에 깊은 족적을 남기지는 않았다. 그러나 전자공학적 의사소통 혁명을 맞이하여 토의 패러다임은 강한 규범적 이념들을, 그것들이 처음부터 적용을 거부하는 사실들에 부딪혀 좌절하지 않는 방식으로, 오늘날의 사회적 복잡성에 맞게 적용하기 위한 대안으로 떠오르고 있다(어쨌든 이것이 내가 ─《사실성과 타당성》에서[6] ─ 논의이론적 법이론과 법치국가적 민주주의론에 대한 글들을 쓰면서 추구했던 의도였다).[7]

---

5) 옮긴이 주: 포어매르츠(Vormärz)는 통상 프랑스 혁명에 대한 유럽의 반동 체제가 확정된 1815년의 빈(Wien) 회의로부터 1848년 프랑스의 2월 혁명을 시발로 중부유럽 전역에서 이 반동체제에 대한 봉기가 일어난 때까지의 시기를 가리킨다. 독일의 경우 3월에 혁명이 시발했기 때문에 이 시기를 '3월 (März) 이전'이라고 칭한다. 이 시기는 독일과 스위스에서 자유주의 운동이 싹튼 시기로서, 칼 테오도르 벨커(Carl Theodor Welcker)와 칼 폰 로텍 (Karl von Rotteck) 그리고 율리우스 프뢰벨(Julius Fröbel)이 이 운동을 대표하는 인물이다.

6) J. Habermas, *Faktizität und Geltung*, Frankfurt am Main: Suhrkamp 1992.〔옮긴이 주: 이 책의 우리말 번역은 하버마스, 《사실성과 타당성》, 한상진·박영도 옮김, 나남 2000.〕

7) A. Gutman, & D. Thompson, *Democracy and Disagreement*, Cambrid-

174

토의 모델은 정치적 공론장을 사회 전체적 문제들을 발견하기 위한
공명판이자 동시에 제멋대로 진행되는 의견형성과정들로부터 관련 주
제들에 대한, 이해관계를 일반화하고 정보를 제공하는 논지들을 걸러
내고 이 '공론들'을 산재해 있는 공민 공중에게 다시 전파하면서 해당
조직체의 공식 어젠다에 포함되도록 연결시켜주기도 하는 논의적 정화
(淨化)시설로 파악한다. 공화주의 모델에서 민주적 과정은 자기표출적
의사표현의 가치를 갖고, 자유주의 모델에서는 무엇보다 정부정책을
사회시민들의 계몽된 자기이익에 맞게 구속한다는 의미를 갖는 반면,
토의 모델은 선거권자들의 의사와 공식적인 심의 및 결정절차를 가능
한 한 외부의 조종이 없는 생생한 공론의 순환 속에 집어넣음으로써,
이로부터 결정들의 **품질**을 개선하는 합리화의 압박이 생겨나올 것을
기대한다.

이렇게 토의 모델은 성과지향적으로 결정하는 개개인들의 동기의 공
정한 결집이나 한 민족 혹은 국민의 공동의사의 진정성보다는 논의와
협상의 합리성을 신뢰한다. 토의 모델에서는 공동의 문제해결책에 대
한 협력적 탐구가 사회시민들의 결집된 이익이나 공민의 집단적 에토
스(*Ethos*)의 자리를 대신한다. 민주적 의견 및 의사형성의 절차와 의사
소통 전제조건들이 정부와 행정기관들의 결정의 논의적 합리화를 위한
가장 중요한 수문(水門)으로 기능한다. 이때 **합리화**란 단순한 정당성
창출(*Legitimierung*) 이상의 의미를 갖지만, 동시에 권력의 창출적 구성
(*Konstituierung der Macht*)보다는 한 차원 낮은 의미를 갖는다. 행정

ge, Mass. : Harvard University Press 1996; J. Bohman, *Public Delibera-tion*, Cambridge, Mass. : MIT Press 1996; S. Benhabib, "Towards a Deliberative Model of Legitimacy", in: 같은 이(편), *Democracy and Difference*, Princeton: Princeton University Press 1996, 67~94; J. Bohman, & W. Rehg 편, *Deliberative Democracy*, Cambridge, Mass. : MIT Press 1997.

권력은 논의적 의견 및 의사형성에 구속되어 피드백을 받는 동안은 자신의 응집상태를 계속 변화시킨다.[8] 하지만 민주적 절차에 따른 공론들의 경쟁의 결과 만들어지는 의사소통적 권력은 스스로 '지배'할 수는 없고, 기껏해야 행정권력의 사용방향을 조종할 수 있을 뿐이다.

정치이념의 역사를 살펴보면 우리는 하나의 **동일한** 제도적 복합체를 오늘날까지 서로 상이한 방식으로 지각하는 세 가지 시각이 있다는 것을 알게 된다. 이 세 가지 지각 및 해석방식은 시민과 정치가와 관료들의 자기이해를 각인하고, 그와 함께 자유주의적 헌정질서를 갖는 정치적 공동체 내에서 지배적 영향력을 가지면서 한 나라의 국민들의 정치적 정체성과 한 나라의 정치적 문화를 규정하는 법의 제정 및 적용의 관행들을 각인한다.[9] 아리스토텔레스는 정치이론이 직접 겨냥하는 수신자가 바로 한 공동체의 시민들이라는 점을 잘 알고 있었다. 그리고 존 롤즈는 자신의 **중첩적 합의** 개념을 가지고 이론과 실천 간의 이 직접적 관계를 하나의 자기지시적 요소로서 이론 자체 내에 통합시키기까지 하였다.[10] 현실과 규범적 이론 사이의 연결을 만들어내는 간접

---

8) 옮긴이 주: '응집상태'는 Aggregatzustand의 번역이다. 이 말은 고체나 액체 혹은 기체 상태를 가리키는 화학용어이다. 그래서 응집상태의 변화란 고체에서 액체 혹은 기체로, 다시 기체에서 액체 혹은 기체 등으로의 변화를 말한다. 한편 여기서 '응집'으로 번역된 Aggregat은 '사회시민들의 이해관계를 결집하다'에서 '결집하다'로 번역된 aggregieren의 명사적 표현이다. 여기서 하버마스는 행정 권력이 단순히 사회시민들의 이해관계를 결집하여 정책적으로 반영하는 역할만 해야 한다는 자유주의적 견해를 염두에 두고 저 화학적 표현을 비유적으로, 그리하여 중의적으로 사용하고 있다.

9) B. Peters, "Öffentlicher Diskurs, Identität und das Problem demokratischer Legitimität", in: 같은 이, *Der Sinn von Öffentlichkeit*, Frankfurt am Main: Suhrkamp 2007, 322~376.

10) J. Rawls, *Der Politische Liberalismus*, Frankfurt am Main: Suhrkamp 1993, 219~265. 〔옮긴이 주: 이 책의 영어 원본은 *Political Liberalism*, New York: Columbia Univ. Press 1993이고, 우리말 번역본은 《정치적

적이라 할 방도는 그러한 이론을 해당 정치학 영역들에서의 경험적 연구기획의 기초로 사용하는 것이다. 11)

이 점은 왜 한편으로 정치적 자유주의와 경제적 민주주의론 사이에 친화력이 존재하고, 다른 한편으로 공화주의와 민주주의에 관한 몇몇 공동체주의적 입장들 사이에 친화력이 존재하는지를 밝혀준다. 자유주의적 구상은 법치국가 이념으로부터 출발하며 경쟁사회의 시민들을 위한 자유의 법적 제도화에 집중한다. 이에 상응하게 경제적 민주주의론은 정치적 사건과 과정들을 합리적 선택결정의 관점에서 바라보면서 당파들 간의 경쟁을 통한 민주적 과정을 시민들의 계몽된 자기이익을 가지고 설명한다. 12) 공화주의적 구상은 인민주권을 핵심으로 삼고, 시민들의 자치 실천과 그들의 공민적 에토스 사이에 경험적 연관을 만들어낸다. 이에 부응하는 정치학적 연구들은 자유주의적 정치문화의 문제들이나 적절한 정치적 사회화의 형식들 혹은 다른 연대의 원천들을 (예를 들어 신뢰나 **정신적 습성들**을) 민주적 통치체제의 안정성을 위해 기능적으로 반드시 필요한 것들로 다룬다. 13)

공민적 현실참여를 주장하는 제한된 시각은 현대적 체계들의 다대한

자유주의》, 장동진 역, 동명사 1998이다.〕

11) 이러한 시각에서 베른하르트 페터스는 지난 15년 동안 자신의 교수자격 심사논문(*Die Integration moderner Gesellschaften*, Frankfurt am Main: Suhrkamp 1993)에서 발전시켰던 이론 모델을 보다 상론하고 경험적으로 검증하였다. 특히 책 제목과 같은 논문 "Der Sinn von Öffentlichkeit"와 "Die Leistungsfähigkeiten heutiger Öffentlichkeiten — einige theoretische Kontroversen" in: Peters 2007, 55~102 내지는 187~202 참조.

12) K. Arrow, *Social Choice and Individual Values*, New Haven: Yale University Press 1963.

13) R. N. Bellah, *The Broken Covenant: American Civil Religion in Time of Trial*, New York: Free Press 1975; R. D. Putnam, *Bowling Alone. The Collapse and Revival of American Community*, New York: Simon & Schuster 2000.

복잡성을 놓치는 반면, 합리적 선택 모델은 정치적 행위와 행태에서
본질적인 규범적 특징들을 도외시한다. 토의 모델은 합리적 선택이나
정치적 에토스보다는 의견 및 의사형성의 인지적 기능에 훨씬 더 주목
한다.[14) 토의 모델에서 문제해결책에 대한 협력적 탐구는 선호하는 것
들의 경쟁민주주의적 결집이나 한 민족 혹은 국민의 집단적 자기결정
을 대신한다.

2. 정치적 토의에 잠재된 합리성의 힘

토의 모델이 근거하고 있는 경험적 연관의 규모는 일차적으로 일정
한 절차적 특성 덕분에 정당성을 창출하는 힘을 가지고 있다고 여겨지
는 민주적 과정이다.[15) 민주적 의견 및 의사형성이 정당성 있는 결정
을 산출해내려면 그것은 해당 사안과 관련이 있을 수 있는 모든 당사
자들의 동등한 포용이라는 상정과 (합리적 동기에 의한 선호도의 변동에
근거하는 것까지 포함하는) 이성적 결과에 대한 전망이 그럴만한 근거
를 가지는 방식으로 구성되어 있어야만 한다.

여기서 나는 정치적 공론장이 정당성 창출에 기여하는 바에 관해서
만 논하고자 하기 때문에 다른 측면들은 도외시할 수밖에 없다. 지배
에 대한 민주적 정당성 창출과 시민들의 정치적 통합 간의 중요한 연관
관계는 법적으로 창출된, 그리고 그러하기 때문에 추상적인 공민적 연

---

14) B. Peters, "Deliberative Öffentlichkeit", in: L. Wingert, & Klaus.
Günther 편, *Die Öffentlichkeit der Vernunft und die Vernunft der Öffen-
tlichkeit*, Frankfurt am Main: Suhrkamp 2001, 655~677.

15) C. Lafont, "Is the ideal of a deliberative democracy coherent?", in: S.
Besson, & J. L. Martí 편, *Deliberative Democracy and its Discontents*,
Aldershot/Burlington: Ashgate Publishing 2006, 3~26.

178

대성의 측면하에서 고찰해야 비로소 밝혀지게 된다. 또한 나는 논증과 협상 간의 (즉 논의적 의사형성과 타협 간의) 논란 많은 관계에 대해서 도16) 제쳐놓아야만 하고, 논증적 주장이 갖는 합리적 동기부여의 힘에 적절하게 논의와 결정절차를 결합하는 문제 역시 제쳐놓을 수밖에 없다.17) 법정이나 의회, 위원회나 내각회의에서의 제도화된 심의와는 달리 정치적 공론장이 갖는 합리화의 힘이 미치는 영역은 정치적 결정이 아니라 단지 의견형성일 뿐이다. 그러나 토의 모델이 품고 있는 합리성에 대한 기대는 정당성 창출과정 전체를 향한 것이다.

먼저 나는 '인식적 절차주의' 개념과 이에 상응하는 연구 패러다임을 설명하고 난 다음(1), 관련 연구문헌들로부터 몇 가지 예를 인용하고자 한다(2).

(1) 합리적 논의는 관련 주제와 주장들에 대해 정보를 잘 아는 상태에서 입장을 표명하기 위하여 자발적으로 논거들을 교환할 것을 요구한다. 토의정치 모델은 정치적 의사형성이 논의적 의견형성이라는 필터를 거치게 된다는 생각을 지침으로 한다. 따라서 우리는 민주적 과정이, 전체적으로 고찰해보았을 때, 첫째, 모든 당사자들의 포용과 심의의 투명성 및 동등한 참여기회를 보장하고, 둘째, 합리적 결과에 대한 추정의 근거를 제시해야 한다는 조건을 충족하는 정도만큼 민주적 과정에 인지적 기능을 부여한다.

이 추정은 다시금 심의의 적절한 제도화가 대체적으로 다음과 같은 기능들을 충족시킬 수 있다는 가정에 근거하고 있다. 즉, 관련된 문제제기와 주제와 주장들, 필요한 정보들 그리고 적절한 찬반 논지들을

16) 이 문제에 대해서는 P. Niesen, & B. Herborth 편, *Anarchie der kommunikativen Freiheiten*, Frankfurt am Main: Suhrkamp 2007, 406~459에 실린 나의 답변을, 특히 413쪽 이하를 참조.
17) 이에 관해서는 Bohman/Rehg 편, 1997을 참조.

동원하고, 이 제시된 주장들을 각각의 문제에 적절한 해설의 차원에서 평가함으로써, 찬성과 반대의 입장표명이 합리적 동기에 의해 이루어지도록 하고(즉, 기만과 강제 없이 통찰에 의해 이루어지도록 하고) 절차에 따른 결정의 결과를 규정하도록 하는 것 말이다.

물론 우리는 민주적 과정이 각기 다른 기능과 이에 따른 의사소통적 구성 및 배치를 갖는 다양한 싸움터들을 거친다는 사실을 고려해야만 한다. 오직 **싸움터들** 간의 기능적 **분업**을 고려할 때에만 논의적 의견 및 의사형성이 대체로 이성적인 결과를 산출할 것이라는 추정을 뒷받침하는 근거를 제공하리라는 것을 정치적 체계 **전체**로부터 기대할 수 있다. 이러한 기대는 의사소통적으로 행위하는 사람들이 적절한 의사소통적 구성 및 배치 안에서 논란이 되는 타당성 주장들을 해명하고 서로서로 배우고 문제들을 해결할 수 있다는 직관적으로 알 수 있는 전제조건의 **일상적 뿌리들**을 인식하는 즉시 유토피아적 과장의 외양을 벗어던지게 된다.

물론 논증적 주장은 상당히 요구수준이 높은 의사소통 형식이다. 그러나 논증적 주장은 왜 그런지 서로 이유를 묻고 대답하는 매일매일의 익숙한 행위들로부터 나온다. 일상적인 의사소통의 실천과정 속에서 행위자들은 이미 항상 '이유들〔논거들〕의 공간' 속에서 활동하고 있는 것이다. 서로 무언가에 대해 의사소통하고자 하는 즉시 참여자들은 자신들의 발언에 대해 서로 타당성 주장을 제기하지 **않을 수 없는** 것이다. 이로써 그들은 묵시적으로 자신들이 말하는 것이 참이거나 올바르거나 진심인 것으로, 어찌됐든 이성적인 것으로 받아들여질 수 있고, 말한 것이 문제의 대상이 될 경우 이러한 견지에서 그에 대한 합리적 근거가 제시될 수 있다는 것을 주장하는 것이다.[18] 이렇게 평범한 방

---

18) J. Habermas, "Rationalität der Verständigung. Sprechakttheoretische Erläuterungen zum Begriff der kommunikativen Rationalität", in: 같은 이, *Wahrheit und Rechtfertigung*, Frankfurt am Main: Suhrkamp 1999,

180

식으로 우리의 익숙한 행동 속에 이미 논의와의 연관이, 보다 나은 주
장을 둘러싼 경쟁과의 연관이 맹아적으로 들어있는 것이다. 그리하여
이념들은 그것들을 이상화하는 불가피한 전제조건들을 거쳐 일상적 실
천 속으로 들어가게 되고, 이곳에서 슬그머니 견고한 사회적 사실들이
라는 특성을 갖게 된다. 19)

정치적 실천관행이나 법적으로 규율되는 과정들도 유사한 전제조건
들하에서 작동한다. 이 점은 이른바 투표자들의 역설(나로선 이 역설에
서 어떠한 역설적인 것도 발견해낼 수 없지만)이라는 것을 예로 들어보면
확실하게 이해할 수 있다. 일반적으로 시민들은 자신들이 투표를 통해
행한 결정의 비중이 선거법이나 선거구 분할이 갖는 무효화 효과를 통
해 상실된다는 정치학적 관찰자들의 설명에도 불구하고 꿋꿋이 선거를
하러 간다. 왜냐하면 시민들에게 민주적 선거는 오직 '각각의 한 표가
중요하며' 똑같은 비중의 영향력을 갖는다는 정의(正義)의 전제조건하
에서만 작동하는, 공동으로 실천하는 일이라는 의미를 갖기 때문이다.
이 실천에 참여하는 참여자로서의 태도를 갖는 시민들은 누군가가 관

102~137〔옮긴이 주: 이 책의 우리말 번역은 하버마스, 《진리와 정당화》
(윤형식 옮김, 나남 2008)이며, 해당 글은 129~170이다.〕; J. Habermas,
Nachmetaphysisches Denken, Teil II, Frankfurt am Main: Suhrkamp 1988,
63~149.〔옮긴이 주: 이 책의 우리말 번역은 하버마스, 《탈 형이상학적 사
유》(이진우 옮김, 문예출판사 2000)이다.〕 참조.

19) J. Habermas, "Kommunikatives Handeln und detranszendentalisierte
Vernunft", in: 같은 이, *Zwischen Naturalismus und Religion*, Frankfurt
am Main: Suhrkamp 2005, 27~83 참조. 일상적인 사회적 실천 속에 구
현되어 있는 '탈선험화된 이성'의 규범적 내용들은 바로 사회적 현실 내부에
서 사회학적 관찰자가 합리적으로 재구성할 수 있는 긴장을 만들어낸다. 이
에 관해서는 M. Neblo, "Thinking about democracy: Between the
theory and practice of deliberative politics", *International Journal of
Political Science* 40/2, 2005, 169~181 참조. 이러한 생각은 존 롤즈의 '이
상적 이론'과 '비이상적 이론'의 구분과 혼동되어서는 안 된다.

찰자의 시각에서 자신들에게 그 반대되는 것을 확언하더라도 흔들리지 않는다. 소송을 제기하는 사람들도 이와 같은 방식으로 행동한다. 이들은 법학교수나 다른 전문가들이 자신들에게 법률의 모호성과 법적용의 불확실성에 대해 무어라고 말하든 간에 개의치 않고 '올바름을 얻어내기 위하여' 소송을 제기한다. 재판이란 제도는 — 모든 법치국가적 실천관행과 마찬가지로 — 참여자들이 실제로(*in actu*) 공정한 심판과 이성적인 판결을 받을 것이라는, 암묵적으로 상정한 전제하에서 행위하지 않는다면 붕괴하고 말 것이다.

일정한 실천관행의 이행과 불가피하게 연결되어 있는 그러한 암묵적 전제조건들을 경험적 예측과 혼동하는 일은 당연히 있어선 안 된다. 그러나 '상호 이해지향적 행위'나 '선거하러 가다' 혹은 '소송을 제기하다'와 같은 실천관행은 참여자들이 그러한 실천관행에 진리를 탐지해내는 잠재력(*truth-tracking potential*)이 있다고 믿지 않는다면 작동할 수 없다. 적절한 사회과학적 서술은 이 반(反)사실적 가정들까지도 포함해야 한다. 예를 들어, 참여자들이 말할 나위 없이 타당한 것으로 여기거나 이미 '준수하고' '충족시킨' 것으로 전제하는 표준들을 포함해야 한다. 토의적 연구 패러다임은 그러한 전제적 가정들의 반사실적 내용을 고려하는 방법론을 요구한다. 합리적 선택이론을 요구하는 방법론적 개체주의도, 공화주의적 입장들이 사용하는 통상적인 해석학적 방법도 저 반사실적 내용에 적합하지 않다. 오히려 간(間)주관적으로 공유하는 실천관행에 대한 해석학적 접근과 이러한 실천관행들에 내재하는 인지적 잠재력을 합리적으로 재구성하는 방법을 결합해야 한다.

암묵적으로 취해진 반사실적 전제조건들의 재구성은 바로 관찰된 실천관행들 안에 뿌리박고 있는 객관적 평가기준을 제공한다. 그래서 예를 들어 민주적 의견 및 의사형성에 부과된 규범적 제한조건들은 — 즉 당사자들의 평등한 포용과 의견 및 의사형성 자체의 논의적 성격은 — 참여자들이 민주적 절차에 의한 결과에 비록 동의하지는 않더라도 그

182

것을 정당성이 있다고 인정할 때 이미 그들 스스로가 취했던 전제조건
들의 반사실적 내용으로부터 독해된 것들이다. 전제조건들을 '주어진
것으로 가정하는' 것은 그것들이 '주어져 있는' 것과는 다르기 때문에
타당한 주장과 타당한 것으로 간주된 주장 간에는 관찰 가능한 차이가
존재한다. 그리하여 이러한 방식의 지각된 차이가 어느 시점부터 더
이상 '정상'인 것으로 받아들일 수 없게 되는지, 참가자들이 기존 실천
관행으로부터 소외되었다고 느끼게 되는 한계지점을 넘어서게 되는지
는 하나의 경험적 문제이다.

(2) 물론 **정치적 의사소통**의 장에 합리적 논의가 존재하는가는 하나
의 경험적 문제이다. 나는 이 점을 소집단연구에서 제출된 예들을 가지
고 증명하고자 한다. 이 연구들은 정치적 의사소통을 협력적 학습 및
문제해결의 개선을 위한 메커니즘으로 이해한다.[20] 네블로(Michael
A. Neblo)는 논의이론의 기본가정들을 경험적 검증이 가능한 가정들의
형태로 만들었고, 조세정의나 적극적 우대조치(*affirmative action*) 또는
'군대 내 동성애자'와 같은 주제들을 가지고 실험대상 집단들 내에서 논
의가 학습과정을 촉진할 수 있는지를 조사하였다.[21]

---

[20] M. A. Neblo, "Family disputes: Diversity in defining and measuring deliberation", *Swiss Political Science Review* 13/4, 2007, 527~557; K. M. Esterling, M. A. Neblo, & D. M. .J. Lazer, *Means, Motive & Opportunity in Becoming Informed about Politics: A Deliberative Field Experiment*(PNG Working Paper No. PNG07-006, 인터넷 온라인 논문 〈http://www. ksg. harvard. edu/netgov/png_workingpaper_series /PNG07-006. pdf〉, 2007년 11월 현재) 참조.

[21] M. A. Neblo, "Change for the better? Linking the mechanisms of deliberative opinion change to normative theory", *Common Voices: The Problems and Promise of a Deliberative Democracy*(출판 준비 중이며, Working Paper 형태로는 다음의 인터넷 주소에서 찾아볼 수 있음. 〈http:- //polisci. osu. edu/faculty/mneblo/papers/ChangeC4. pdf〉, 2007년 11월

먼저 실험대상자들에게 개별적으로 이 주제들과 관련한 개인의견을 물었다. 그리고 5주 후에 이들은 이와 관련한 집단토론에 참가하였는데, 가능한 한 공동의 의사결정을 내려줄 것을 요청받았다. 그리고 다시 5주 후에 각각 이들의 개인의견을 물었다. 이 실험결과는 대체적으로 논의 참여가 성찰적 의견의 형성에 유리한 영향을 미친다는 가설을 뒷받침하고 있다. 마지막에 도달한 의견은 처음에 조사했던 의견과는 두드러지게 달랐다. 집단토론은 의견이 대립되는 쪽보다는 의견이 같은 방향으로 모아지는 쪽으로 참여자들을 변화시켰다. 그 이후 참여자들은 개선된 정보수준과 전체적으로 확장된 시각을 드러내보였고, 제기된 문제에 대해 보다 포괄적이고 엄밀한 정의를 내리고 있었다. 말한 사람이 누구인지와는 상관없이 높은 평가를 받은 논증적 주장들이 종국에는 사람들 간의 관계가 갖는 영향력보다 우위를 차지하였다. 그리고 마지막에는 실험대상자들이 논증적 토론과정을 문제해결방법으로 여기는 신뢰수준도 높아졌다.

우리가 관련 연구들을 실험적 조사에서부터 필드 스터디(field study)로까지 이어지는 눈금자 위에 배열해본다면, 다음 예로는 제임스 피쉬킨이 이른바 '포커스 그룹들'(focus groups)을 가지고 행한 저 유명한 실험을 들 수 있다. 22) 이 실험에서는 비례원칙에 의거하여 선발된 시민 집단들에게 비공식적 선거절차에 참여하여 논란이 되는 정치적 문제에 대한 자신들의 의견을 투표로 밝힐 것을 요청하였다. 이들은 일정 기간 해당 정보자료에 대해 공부하고 격식 없는 대화를 나눈 후 어느 주말 동안에 전문 사회자들이 이끄는 소집단 토론에 참가하였다. 네블로

현재).

22) J. S. Fishkin, *The Voice of the People*: *Public Opinion and Democracy*, New Haven: Yale University Press 1995; J. S. Fishkin, & R. C. Luskin, "Experimenting with a democratic ideal: Deliberative polling and public opinion", *Acta Politica* 40, September 2005, 284~298.

184

의 실험집단들이 (또는, 다른 예를 들어보자면, 6주 동안 매 주말마다 곧
행해질 선거개혁의 대안들에 관해 정보를 취득하고 충분한 토론 후에 결정
을 내려야 했던 브리티시 콜롬비아의 160명의 투표권자들이)23) 공동의 의
사결정과정에 엮여 들어갔던 반면에, 피쉬킨의 실험대상자들은 마치
투표자들처럼 의사표명을 요청받았다. 마지막에 중요하게 셈해지는 것
은 각각의 개인적 의견인 것이다.

여기서 결정의 합리적 동기부여는 오직 '선호도 비중측정'이라는 관
점 아래에서만 조사되지만, 집단토론은 참여자들로 하여금 적절한 수
준의 정보를 취득하고 중요한 주장들에 대해 깊이 생각하고 자신들의
사유의 지평을 확장하도록 해준다. 측정된 효과는 다시금 정보의 취득
과 같은 방향으로의 의견수정으로 나타나고, 이로써 〔여전히 존속하는〕
차이들은 학습효과로 해석될 수 있게 된다. 또 하나의 인지적 성과는
사안의 핵심을 파악하게 되는 데, 즉 진정 문제가 어디에 있는지를 이
해하게 되는 데 있다. 분석적 관점들에 대한 보다 나은 이해는—단봉
성(單峰性, single-peakedness) 차원에서의 개선된 수치들은—사람들로
하여금 각기 어떤 테제나 타당성 주장에 대해 찬반 입장을 취할 수 있
게 해주는 관점들에 대한 해명으로 이끌어준다.

논증적 주장들이 선호도 형성에 미치는 영향력에 대한 경험적 증거
들은 합리적 선택 이론의 한계에 대한 광범위한 토론만 초래한 것이 아
니다.24) 이 경험적 증거들은 이른바 프레이밍 효과(framing effects)를,
다시 말해 해석의 시각들이 정치적 선호도의 형성에 미치는 영향을 연

---

23) A. Blais, R. K. Carty, & P. Fournier, *Do Citizen Assemblies Make Reasonable Choices?* (출판 준비 중).

24) J. Johnson, "Is talk really cheap? Prompting conversation between Critical Theory and Rational Choice", *American Political Review* 87/ 1993, 74~86; J. Heath, *Communicative Action and Rational Choice*, Cambridge, Mass. : MIT Press 2001.

구하게 되는 계기를 제공하기도 하였다. 그리하여 논의가 서로 경쟁하는 상이한 해석틀들을 성찰적으로 비교하게 되는 동기를 제공한다는 것이 확인되었다. 25) 여기서 또한 놀라운 해석들의 눈을 뜨게 해주는 힘이 갖는 생산적 효과도 드러난다. 수사학이 야누스같이 두 얼굴을 갖는 것은 새 어휘들의 세계개창적 힘과 암시적이고 선동적인 메타포들의 제한적이고 조작적인 효과 덕분이다. 26)

정치현실에 보다 가까운 예로는 볼프강 반 덴 댈레의 주도하에 베를린의 〈학문센터〉(Wissenschaftszentrum)가 (다국적 기업들의) 전문가들과 (비정부기구들의) 반대입장의 전문가들을 모아 구성했던 중재그룹들을 들 수 있다. 이 토론그룹들은 그들끼리 갈등하고 있는, 결정이 임박한 주제들에 대해, 예를 들어 유전자조작 식물종 이식의 위험성이나 의학적 특허가 아프리카의 전염병 재난지역에서 전염병을 없애기 위한 활동에 미치는 영향에 대해 끝장토론을 해야 했다. 27) 이 경우 적극적인

---

25) J. N. Druckman, "Political preference formation: Competition, deliberation and the (ir)relevance of framing effects", *American Political Science Review* 98/2004, 671~686. 아래 인용은 675: "이질적 집단과의 대화에 참여하는 사람들은 대화에 참여하지 않는 사람들보다 프레이밍 효과에 덜 영향을 받게 된다."

26) B. E. Gronbeck, "Rhetoric and politics", in: L. L. Kaid 편, *Handbook of Political Communication Research*, Mahwa, New Jersey: Lawrence Erlbaum Associates 2004, 135~154.

27) W. van den Daele, *Technikfolgenabschätzung als politisches Argument*, Berlin: Wissenschaftszentrum Berlin 1994; 같은 이, "Objektives Wissen als politische Ressource: Experten und Gegenexperten im Diskurs", in: 같은 이 & F. Neidhardt 편, *Kommunikation und Entscheidung*, Berlin: WZB-Jahrbuch 1996, 297~326; W. van den Daele, & R. Döbert, & A. Seiler, "Stakeholder dialogue on intellectual property rights in biotechnology: A project of the World Business Council for Sustainable Development", *International Review of Industrial Property and Copyright Law* 34/8, 2003, 932~952.

186

사회자 한 사람이 주제들을 제시하고, 토론과정을 이끌고, 논지와 입장을 명확히 하라고 다그치고, 토론규칙을 지킬 것을 요구함으로써 일정한 수준의 토론이 이루어지도록 하였다. 각각의 '진영'의 상반된 입장들은 기본적인 이해관계와 가치지향과 관련하여서는 어떠한 접근도 이루지 못하였지만, '보다 나은 논증적 주장의 힘'은 주목할 만한 영향력을 발휘하였다. 정보의 획득과 논란의 대상이 되는 관점들의 개념적 해명과 의견불일치의 감소와 서로에게서 기꺼이 배우려는 자세에 있어서 다시금 측정 가능한 효과가 나타난 것이다. 털어놓지 않은 오류와 그릇된 해석들은 암묵적으로 철회되었고, 토론이 진행되면서 독단적인 선입견들은 뒤로 물러났다.

3. 논의와 매스 커뮤니케이션

이런 종류의 연구들은 정치적 토론이 분명 인지적 잠재력을 갖는다는 가정을 뒷받침하는 경험적 근거들을 제공한다. 그러나 그러한 연구들은 소집단이라는 규모를 고려해볼 때 대규모 공간인 국민국가사회에서의 여러 단계와 복잡한 구조를 갖는 정당성 창출과정을 위한 토의 관련 연구기획의 유용성에 대해서는 단지 제한적인 정보만을 줄 수 있을 뿐이다. 내가 지금부터 집중적으로 다루려고 하는 서방의 국민국가 사회에서 정치적 의사소통이 조밀해지고 증대되는 수준을 보면 너무도 인상적이다.[28] 그러나 동시에 정치적 공론장에는 결코 토의적 특징들을 가지고 있다고 할 수 없는 그런 종류의 매체의존적 매스 커뮤니케이션이 범람하고 있다.

---

28) W. van den Daele, & F. Neidhardt, "Regierung durch Diskussion — über Versuche, mit Argumenten Politik zu machen", in: W. van den Daele, & F. Neidhardt 편, 1996, 9~50.

사회적 하부체계들의 기능적 분화의 진전과 이해관계의 다양성 증가 그리고 세계관 및 문화적 생활형식의 다원주의는 정치가 자신들의 관할문제라고 주장하는, 규제가 필요한 사안들의 복잡성이 증가하는 이유이다. 이 복잡성은 정치적 과정의 모든 단계에서 더욱더 많은 숫자의 공식적, 비공식적 대화와 토론과 협상과 타협과 조정절차 등을 요구한다. 정치적 체계의 '입력측'에서 서로 갈등하는 주장들을 조율하고 조정하기 위하여, 이 체계 내부에서 정치적 프로그램들을 입안하고 결정하기 위하여, 그리고 '출력측'에서 이 프로그램들을 실행하기 위하여 더욱더 많은 의사소통이 필요하다. 정치엘리트들은 주의 깊은 매체들과 자신들에 대해 미심쩍어하는 소비자들이 바라보는 가운데 활동하는데, 이들은 또한 여론과 여론조사의 추이에 따라 적절히 대응하기 위하여 이 추이를 세심히 관찰한다. 유통되는 메시지와 아이디어와 이미지들의 양의 팽창은 적어도 오늘날 정치가 매스 커뮤니케이션 과정 속으로 점점 더 깊이 빠져들어 가고 있으며, 심지어 매스 커뮤니케이션에 의해 남김없이 흡수, 변형되고 있다는 인상을 준다.

정치가 의사소통적으로 유동화(流動化)되고 있다는 인상은 세 가지 상호의존적인 사회전체적 발전추이와 연관이 있는데, 이것은 사회학자들이 '정보사회'와 '네트워크사회' 그리고 '매체사회'를 운위하게 되는 계기가 되었다. 29) 바로 정보경제의 생성이 문제였고, 그 다음 이미 언급한 의사소통 흐름 전체의 조밀화와 가속화가 문제가 되었으며, 마침내 의사소통 테크놀로지의 혁명이 문제가 된 것이다.

후기 산업사회의 특징은 피고용인구의 다수가 산업 부문에서 서비스 부문으로 이동하는 것이다. 이에 따라 교육제도도 변화됨으로써 복잡한 정보를 받아들이고 소화해낼 수 있도록 잘 교육받은 사람들의 수도

---

29) A. S. Duff, "Daniel Bell's theory of the information society", *Journal of Information Science* 24/1998, 373~393.

188

증가한다. 비록 새로운 매체에 대한 접근성과 정보의 홍수를 잘 처리
할 줄 아는 능력은 부자와 빈자, 남성과 여성, 잘 교육받은 사람과 그
렇지 못한 사람 사이에 여전히 아주 불평등하게 분배되어 있지만, 30)
그래도 모든 사회 부문에서 사람들은 가속화된 의사소통의 흐름 속에
편입된다. 31) 이러한 경향들 중 가장 눈에 띄는 것은 전화로부터 시작
하여 라디오와 텔레비전을 거쳐 팩스와 인터넷으로까지 이어지는 기술
혁신의 지속이다. 이 전달매체의 혁명은 의사소통망의 확장과 조밀화
를, 그리고 대중적 공중(公衆)의 분화의 진전을 초래하였다. 32)

　하지만 정치의 의사소통적 유동화를 보여주는 이 현상학적 증거들이
바로 토의정치의 약진을 말해주는 것은 아니다. 이야기와 비유, 표정
을 포함한 신체언어적인 표현들, 고백, 호소 등의 수사적이고 매우 비
(非)논의적인 표현형식들은 여전히 정치적 의사소통의 통상적 구성요
소에 속한다. 언론과 전자매체를 통한 매스 커뮤니케이션 방식에는 무
엇보다 법정이나 의회의 위원회 같은 정치제도에서의 **면대 면** 협의를
규율하는 절차적 제한조건들이 결여되어 있다. 우리가 알고 있는 바와
같은 국민국가적 공론장에서의 매체의존적 매스 커뮤니케이션은 논의
의 품질이나 심지어 대표성에 대한 어떠한 요구도 충족시킬 필요가 없

---

30) 인터넷 이용에서 차이를 보이는 사람들 사이의 이른바 '디지털 격차'(*digital divide*)에 대해서는 S. R. B. Berdal, *Public Deliberation on the Web*: *A Habermasian Inquiry Into Online Discourse*, Hovedfag Thesis, Oslo: University of Oslo/Department of Informatics August 2004, 51~56; 이 논문은 다음의 인터넷 주소에서 찾아볼 수 있다. 〈http://heim. ifi. uio. no/~simonb/Studier/hfag/FERDIG/CD/thesis. pdf〉(2007년 11월 현재)

31) 정보의 흐름의 계량화와 측정에 대해서는 A. S. Duff, & J. Shakai, "The Japanese Contribution to Information Society Studies", *Keio Communication Review* 22/2000, 41~77 참조.

32) M. Castells, *Das Informationszeitalter*, Band 1: *Der Aufstieg der Netzwerkgesellschaft*, Opladen: Leske+Budrich 2003.

다. 그것은 이미 그 구조 때문에도 논의적 논쟁의 특징들을 결여하고 있다. 제도화된 의견 및 의사형성과 비교해볼 때 특히 두 가지 결점이 중요하게 부각된다. 첫째, 공동의 결정행위에 참여하는 출석자들(혹은 가상적으로 출석하고 있는 수신자들) 간의 단순 상호작용의 결여와, 둘째, 의견과 타당성 주장의 평등한 교환에서의 발화자 및 수신자 역할의 상호성의 결여가 그것이다. 또한 매스 커뮤니케이션의 동학은 자유롭게 논증적 주장을 주고받는 놀이라는 전제조건을 조롱하는 권력관계를 드러낸다. 메시지를 선별하고 그것을 제시하는 시점과 방식을 결정하는 매체권력은, 다른 행위자들이 공공의 주제와 관련된 어젠다와 그 내용 및 제시방식에 영향력을 행사하기 위하여 매스 커뮤니케이션의 힘을 이용하는 것이 정치적 공론장에 속하는 것과 마찬가지로, 매스 커뮤니케이션의 본질적 특징에 속한다.

그런데 우리는 매스 커뮤니케이션이 논의적 논쟁 모델과 어긋나는 점 모두를 결점으로 이해해야만 하는가? 정치적 공론장이 법치국가적 헌정질서를 갖는 민주주의의 단계적 정당성 창출과정에서 행해야 할 기능과 관련하여 볼 때 매스 커뮤니케이션의 추상적이고 비대칭적인 구조 또는 권력에 의해 이끌어지는 동학(動學)이 반드시 약점이어야만 하는가라는 문제는 결코 결론이 내려진 문제가 아니다. 권력의 동학에 대해 상론하기 전에 나는 먼저 면대 면으로 행해지는 논의의 의사소통 형식과 어긋나는, 매스 커뮤니케이션의 저 두 가지 구조적 특징을 다루고자 한다.

공론장의 추상적 공간구조는 현재 출석한 사람들 간의 단순 상호작용에 의해 창출되는 사회적 공간의 확장으로 파악될 수 있다. 국민국가적 공론장은 '야생의', 즉 전체적으로 조직되지 않은 채 서로 마주치는 의사소통의 흐름들이 통과하는 네트워크(그물망)들로 구현된다. 이 그물들은 다양한 종류의 메시지들을 전달한다. 즉 뉴스와 르포, 의견과 에세이, 보고와 대담, 일인 풍자 쇼, 일반 쇼, 영화, 영상과 연극,

요컨대 오락적, 교육적 내지는 교양적 성격의 프로그램들, 정보를 제
공하거나 의견형성에 기여하거나 극적인 내용을 갖는 방송들을 전달한
다. 이 메시지들은 매체에 의해서 (혹은 극장이나 박물관, 도서관 등등
의 문화시설에 의해서) 생산되고 표현되며, 지방 채널이나 전국 채널을
통해 송출되고, 여러 종류의 독자, 청취자, 시청자, 방문객들에 의해
수용되고 소비되며, 해당 이해관계를 갖는 집단, 정당, 진영, 하위문
화 등에 의해 가공되고 논평이 덧붙여진다.

　　정치적 공론장은 바빌론과 같은 각종의 혼란스런 말들을 전파한다.
그러나 정치적 공론장은 퍼뜨리기만 하는 것이 아니라 동시에 구심력
도 갖는다. 정치적 공론장은 정치적 메시지들의 흐름들로부터 '공론'을
집약해낸다. 이 공론은 널리 퍼져 있는 대중적 공중이 정도의 차이는
있으나 잘 정의된 공공의 문제와 제안들에 대해 취한 수많은 특정주제
관련 입장표명들의 종합으로 파악될 수 있다. 따라서 매스 커뮤니케이
션이 대규모 공중의 반향에 대해 무감각하다는 말은 사실이 아니다.
만약 사실이라면, 정치적 공론장은 토의 모델이 그것에 부여한 역할인
사회 전체적 문제들의 공명판 역할을 행할 수 없을 것이다.[33] 그러나
매스 커뮤니케이션은 대체적으로 수동적인 수용자들의 신체적 출현을
도외시하고 출석한 자들과 수신자들의 구체적 시선과 제스처, 생각과
반응들의 직접성을 무시한다는 점에서 '추상적'이다.

　　매스 커뮤니케이션은 출석한 자들 간의 문답놀이에, 긍정과 부정,
주장과 반박의 교환에 관여하지 않는다. 매스 커뮤니케이션은 참여자
들의 행위 및 의사소통 목적을 통해 참여자들을 상호 결합시켜주는 단
순 상호작용과 어떠한 유사성도 가지고 있지 않은 듯하다. 오히려 가
격에 의해 조절되는, 수요자들과 공급자들 간의 거래망처럼 보인다.

---

33) W. Habermas, *Faktizität und Geltung*, 435~467.〔옮긴이 주: 하버마스,
　　《사실성과 타당성》, 한상진·박영도 옮김, 나남 2000, 478~511.〕

정치적 의견 및 의사형성과정 속의 논의는 논란이 되는 문제들에 대해
정당성 있는 해결책을 찾겠다는 목적에 의해 규정되어 있는 반면, 정
치적 공론장을 관통하는 거창한 의사소통의 흐름들은 집단적인 학습
및 결정과정과는 유리되어 있는 것처럼 보인다. 단순 상호작용들과 분
리된 채, 의미론적 내용들은 상호 간에 제기하는 타당성 주장의 강제
력의 저편에서 제멋대로 표류하기 시작한다. 의견들이 그저 단순한 의
견들의 수준으로 전락하는 즉시 입장표명에 대한 요구도 없어진다.

그러나 공론장의 추상적 성격만이 아니라 매스 커뮤니케이션의 비대
칭적 구조도 서로 질문과 반론을 제기해야 하는 논의 참여자들을 대체
적으로 수동적인 관람자이자 소비자로 만든다.[34] 논의가 발화자와 수
신자 간의 역할교환을 요구하는 반면, 공론장에서의 매스 커뮤니케이
션은 소수의 배우와 말없이 관람하는 관중 간의 역할교체를 허용하지
않는 무대에 비유해보면 가장 잘 이해할 수 있다. 물론 배우들은 관중
을 위해서 연기한다. 그러나 관중은 단지 막이 끝나거나 공연이 끝난
후에 **통틀어서** 박수를 치거나 거부반응을 보일 수 있는 가능성만을 가
질 뿐이다. **관중은 말대꾸를 할 수가 없다**(they can't talk back). 이 '비대
칭적' 구조는 정치적 공론장이라는 무대를 구성하는 요인인 두 가지 유
형의 배우들로 구체화된다. 즉 한편으로는 뉴스와 논평과 리포트를 책
임지는 매체 지식인들, 특히 저널리스트들로, 다른 한편으로는 공론의
소비자인 동시에 공동창출자로 등장하는, 정치적 체계 한복판에 존재
하는 정치가들로 구체화된다.

국민국가의 사회에 이러한 배우들이 없다면 정치적 공론장도 존재할
수 없을 것이다. 이들은 함께 토론하는 것이 아니라, 익명적인 공중의
의견형성을 목표로 겨냥하지만, 이 공중에 대해 자신들의 입장을 정당

---

34) 여기서 나는 베른하르트 페터스가 1997년 저술한 다음의 분석을 따른다.
   B. Peters, "Über öffentliche Deliberation und öffentliche Kultur", in:
   B. Peters 2007, 103~186.

화할 의무를 지지는 않는다. 35) 저널리스트들을 포함한 매체지식인들은 그럴 필요가 없다. 그들은 매체에 복무하기 때문에, 즉 오직 직업상의 실패라는 아주 예외적인 경우를 빼고는 공공의 비판의 대상이 되지 않는 전문화된 직업에 종사하기 때문에 그렇다. 정치가들은 고도로 전문화된 정치가 매체의 영향력에 의존적이 되면 될수록 그만큼 더 자신들의 잠재적 선거권자들과 포퓰리즘적이고 민중주의적인 관계를 맺을 태세를 갖출 수 있다.

그런데 월드 와이드 웹은 인터넷 의사소통을 통해 매스 커뮤니케이션의 익명적이고 비대칭적인 성격이 갖는 약점들을 보완하는 듯하다. 월드 와이드 웹은 가상적이기는 하나 서로 같은 눈높이에서 의사소통하는 상대방들 간의 규제받지 않은 교류에 상호작용적이고 토의적인 요소들이 다시 들어오는 것을 가능케 하기 때문이다. 사실 인터넷은 호기심 많은 서핑(surfing)족들만을 만들어낸 것이 아니라 한때 역사 속으로 사라져갔던, 글을 쓰고 읽는 대화참여자와 편지상대들로 이루어진 평등주의적 공중을 부활시키기도 하였다. 다른 한편 컴퓨터에 의존한 의사소통의 명백한 민주적 공헌을 주장할 수 있는 경우는 오로지 하나의 특별한 맥락에만 해당될 뿐이다. 그것은 자발적인 공론을 통제하고 억압하려고 하는 권위주의 정권의 검열에 금이 가게 만든다. 그러나 자유주의적 정권의 맥락 속에서는 다른 경향이 압도적이 된다.

이 경우, 전 세계에 분산되어 있는 수백만 개의 채팅방과 전 세계적 네트워크 속에 각 이슈를 중심으로 존재하는 수백만 명의 공중(公衆)의 탄생은 저 대규모의 대중적 공중을, 그러나 동시에 정치적 공론장에서는 동일한 문제제기를 중심으로 결집되어 있는 대중적 공중을 파편화시키는 경향을 촉진한다. 이 공중은 가상공간에서 파편화되고 특수한 이해관계를 통해 결집된 엄청난 수의 우연적인 집단들로 분해된다. 이

---

35) W. van den Daele, 1996, 18 이하.

러한 방식으로 현존하는 각국의 공론장들은 오히려 그 기반을 침식당
하고 있는 듯이 보인다. 월드 와이드 웹은 조밀화되고 가속화된 의사
소통의 탈 공간화를 위한 하드웨어를 제공해주기는 하지만 그 자체로
는 원심적(遠心的) 경향에 제동을 걸 수 없다. 무엇보다 가상공간에는
탈중심화된 메시지들을 다시 거두어 선별하고 정리된 형태로 종합하는
공론장 구조에 기능적으로 상응하는 그 무엇이 결여되어 있다. 각 국
민국가의 공론장에서 정치적 의사소통이 당분간 온라인 토론의 유용성
을 활용할 수 있는 경우란 단지 웹상의 활발한 집단들이 추종자들의
관심과 지지의사를 동원하기 위하여 가령 선거나 현재 진행 중인 논쟁
들과 같은 실재 사건들을 끌어들이는 경우뿐이다.[36] 이렇게 컴퓨터에
의존한 의사소통이 가상세계 외부의 사건들에 근거하고 있는 예로써는
정당과 연계된 지지자 집단들이나 개별 언론기관과 그 간행물들의 주
위에 형성된 **뉴스그룹들**을 들 수 있다.[37]

---

36) C. Bieber, *Politische Projekte im Internet*, Frankfurt am Main/ New
York: Campus 1999; 또한 Andrew Feenberg과 Darin Barney가 편찬한
책, *Community in the Digital Age*, Lanham, Maryland: Rowman &
Littlefield 2004, 183 이하의 제3부에 실린 글들도 참조. 〈슈피겔〉(*Spiegel*)
지와 영국의 일간지 〈가디언〉(*The Guardian*)과 스웨덴의 〈아프텐포스텐〉
(*Aftenposten*)의 웹포럼들의 조직과 기반구조에 대한 비교분석으로는 Berdal
2004를 참조.

37) 이러한 종류의 기생적인 온라인 커뮤니케이션의 비판적 기능을 뒷받침하는
예로는 bildblog. de 사이트의 주도자가 〔독일의 대표적 황색신문인 빌트
(*Bild*)지가 운영하는 ― 옮긴이 주〕bild. de 사이트의 책임편집자에게 '서비
스 제공'에 대해 지불하라며 2천 88유로를 요구하는 영수증을 보낸 사례를
들 수 있다. 이 블로거들은 유용한 오류수정 제안과 논평들을 통해 빌트지
의 품질을 개선했다고 주장하였다. (이에 대해서는 2006년 5월 2일자 〈쥐트
도이체 차이퉁〉(*Süddeutsche Zeitung*) 온라인 판에 실린 기사 "서비스 제공
자인 매체감시자"(Medienwächter als Dienstleister)를 참조. 이 기사는 다
음의 인터넷 주소에서 볼 수 있다. 〈http://www. sueddeutsche. de/, -
cm2/computer/artikel/898/74824〉(2007년 11월 현재)

인터넷을 언급하는 것으로 토의정치의 촉진을 위해 매스 커뮤니케이션이 기여할 수 있는 잠재력에 대한 **초견적**(初見的, *prima facie*) 의심을 해소할 수는 없다. 그보다 우리는 이 비관주의적 진단이 근거하고 있는 전제를 검토해야 한다. 매체에 의존한 매스 커뮤니케이션이 토의정치를 촉진하려면 논의의 까다로운 의사소통 모델과 같아져야만 한다는 주장은 결코 이미 결론이 난 사안이 아니다.

4. 매스 커뮤니케이션의 구조와 성찰된 공론의 형성

나는 지금부터 왜 대중매체가 지배하는 공론장의 추상적 성격이나 매스 커뮤니케이션이 배우들〔활동가들〕과 그들의 관객〔공중〕 사이에 만들어내는 비대칭적 관계가 꼭 토의정치 모델의 적용 가능성에 역행하는 것은 아닌지를 설명하고자 한다.

⑴ 국민국가사회에서 정치적 의사소통의 순환은 세 가지 **차원들** 사이를 돌고 돈다. 나는 아래와 같이 이 세 가지 차원을 구분한다.

- 정치적 프로그램과 그 실행에 대한 구속력 있는 결정들이 준비되는 정치적 체계의 핵심 내부의 '제도화된 논의들'의 차원
- 독자와 청취자와 시청자들로 구성된 대체로 수동적인 공중과 함께 공론이 형성되는 차원인 '매체에 의존한 매스 커뮤니케이션'의 차원
- 장기적으로 향후 투표권자들의 잠재적인 생각 및 성향이 형성되는 차원으로서, '개최된' 공론장이나 비공식적 공론장에서 참석자들(혹은 가상적 수신자들) 사이에 일어나는 '시민사회의 일상적 의사소통'의 차원

이 각각의 세 차원에서 정치적 공론장은 상이한 싸움터에서 각기 다

른 형태를 취한다. 정치적 공론장은 제도적으로 고도로 조밀화된 국가 중심부에 대해서 보다 느슨한 구조를 갖는 주변부를 형성하는 한편, 스스로는 시민사회의 보다 성긴 의사소통망 속에 뿌리내리고 있다. 다른 두 부문과 기능적으로 분화된 가운데 정치적 공론장은 정치적 의사소통을 창출하고 유지하고 방향을 조종하고 또 여과함으로써 정당성 창출과정에 기여한다. 즉 나는 정치적 공론장을, 한편으로 중심부에서의 공식적으로 조직된 심의 및 협상으로, 다른 한편으로 정치적 체계의 시민사회적 주변부에서 행해지는 행사 및 비공식적 대화들 사이의 중간에 위치한 매개적 의사소통체계로 파악한다.

논의가 입법과 재판의 결정에 합리화 효과를 갖는 영향력을 행사한다는 점에38) 대해서만이 아니라 시민들 간의 일상적 대화가 갖는 학습효과에39) 대해서도 이를 뒷받침하는 경험적 증거들이 존재한다. 우리의 논의맥락상 나는 정치적 공론장이 전반적으로 토의정치의 조건들을 충족시켜야 하는 정당성 창출과정에 행할 수 있는 기여에 대해서만 다루고자 한다. 정치적 체계의 상이한 차원들에서 상이한 기능을 수행하는 싸움터들 간의 공동작용은 어찌하여 주제와 제안들이 각기 장소에 따라 상이한 증거제시의 부담을 지게 되고 상이한 수준의 퍼블리시티와40) 상이한 방식의 논쟁(협상 대 논의)을 요구하는지도41) 밝혀준다.

---

38) J. Steiner, A. Bächtiger, M. Spörndli, & M. R. Steenbergen, *Deliberative Politics in Action*, Cambridge: Cambridge University Press 2004. 그리고 이 주제와 관련한 나의 견해에 대해서는 "Concluding comments on empirical approaches to deliberative politics", *Acta Politica* 40/3, 2005, 384~392, 특히 389 이하 참조.

39) P. J. Canover, & D. D. Searing, "Studying 'Everyday Talk' in the Deliberative System", *Acta Politica* 40/3, 2005, 269~283.

40) S. Chambers, "Measuring publicity's effect. Reconciling empirical research and normative theory", *Acta Politica* 40/3, 2005, 255~266.

41) K. Holzinger, "Context or conflict types: Which determines the selec-

196

〈표 1〉 정치적 의사소통의 싸움터들

의사소통 양식들	정치적 의사소통의 싸움터들	
제도화된 논의와 협상들	정부, 행정, 의회, 법정 등	정치적 체계 (1)국가제도들
여기저기 분산된 공론장들에서의 매체에 의존한 매스 커뮤니케이션	공간된 의견들 ← 매체체계 ← •정치가 •로비스트 •시민사회 활동가 공중 → 여론조사 결과 ↑ 매체체계	(2)정치적 공론장
수신자들 간의 의사소통	조직된 관계 및 비공식적 관계들과 사회적 네트워크와 운동들	시민사회

'토의'는 오직 정당성 창출과정 전체에 걸쳐 이루어질 경우에만 정치적 의사형성이 정치적 의사소통의 혼탁한 홍수의 물결 속에서 의견형성의 이성적 요소들을 낚아낼 수 있다는 추정의 근거를 제공하는 여과기능을 수행할 수 있다.

  정치적 체계의 국가적 핵심은 — 의회, 법정, 통치기관 및 행정기관, 연정(聯政)회의, 위원회들 등 — 잘 알려진 제도들의 복합체로 구성되어 있다. 이에 상응하는 생산물들은 — 법률과 정치적 프로그램들, 판결, 방침과 정책들, 조례와 조치들은 — 제도화된 심의 및 결정과정의 결과이다. 체계의 주변부에서 공론장은 대중매체를 통해 이루어지는 의사소통의 네트워크들로 구현된다. 공론장은 우선 매체들이 다양한 활동가들의 기고와 제안들 중에서 선별하여 방출하는 공간(公刊)된(ver öffentlicht) 의견들의 영역으로서 정치적 중요성을 획득한다. 그 내용들은 일차적으로 정치가와 정당들, 로비스트들과 압력단체들로부터, 또한 전문가와 시민사회 활동가들로부터 나온다. 우리는 공간된 의견의 스펙트럼과 — 여론조사의 결과인 — 여론조사 대상자들의 스펙트럼을

---

tion of communication mode?", *Acta Politica* 40/3, 2005, 239~254.

구분할 수 있다. 여론조사 결과는 대중매체의 수용자로서 여기저기 산재하는 '약한' 공중들 속에서 형성되는, 통계적으로 포착된 주민들의 생각과 성향들을 반영한다. 이 생각과 성향들은 시민사회에서의 행사들과 그저 그런 만남들의 영향을 받아 형성된 것들로서 그 스펙트럼의 폭은 일반적으로 각각 현존하는 정치적 문화의 한계 내에서 움직인다.

매체에 의존한 의사소통은 대개 엘리트들이 시작하고 이끌어가는 논의이다. 베른하르트 페터스는 대중매체가 지배하는 정치적 공론장이라는 가상무대에 등장하는 가장 중요한 배우들인 직업적 매체종사자들과 직업 정치가들 외에도 다른 유형의 등장인물들을 분류하였다.[42] 사회적 기능체계들의 조직된 이해관계를 대변하는 **로비스트들**, (예를 들어 국경 없는 의사회와 같이) 보편이익을 추구하는 조직들을 대표하거나 사회의 주변화되고 소외된 집단들의 목소리도 경청될 수 있도록 힘쓰는 보편이익의 **변호자들**, 전문적 혹은 학문적 특수지식 때문에 자문을 요청받는 **전문가들**, 소홀히 취급된 주제들에 대해 공공의 관심을 일깨워내는 **도덕사업가들**(*Moralunternehmer*),[43] 그리고 자기 직업분야에서 (예를 들어 작가나 학자로서) 일정한 명성을 획득하였고 (로비스트나 전문가와는 달리) 이른바 보편이익을 증진시키기 위하여 요청받지 않고도 현실참여에 나서는 **지식인들**이 그들이다.

(2) 이렇게 구성되어 있는 정치적 공론장이 정당성 창출과정에 이성적 기여를 할 수 있는지 여부를 판단할 수 있으려면 우리는 정치적 공론장이 규범적 관점에서 볼 때 어떤 기여를 해야 하는지에 대해 확실히 해두어야 한다. 토의 모델의 기준에서 보자면 논의는 — 민주적 절

---

42) B. Peters 2007, 76 이하 및 145 이하 참조.

43) 옮긴이 주: '도덕사업가'(*moral entrepreneur*)는 미국의 사회학자 하워드 베커(Howard S. Becker)가 만들어낸 용어로 현존 규범에 만족하지 못하고 이를 비판하면서 새로운 규범을 창출하고 관철하려는 사람들을 가리킨다.

차의 본질적 구성요소로서 ─ 다음과 같은 추정들의 근거를 제시해야
한다.

- 중요한 문제제기와 논란의 대상이 되는 답변들, 그리고 필요한 정
  보와 적절한 찬반 주장들이 동원될 것이라는 추정.
- 이를 통해 떠오른 대안들이 논쟁을 통해 논증적으로 검토되고 평
  가될 것이라는 추정.
- 절차에 맞게 이루어진 결정을 합리적 동기에 의해 받아들이는 입
  장표명이 결정적 역할을 할 것이라는 추정.

정당성 창출과정 전체와 관련하여 볼 때 정치적 공론장이 해야 할
기여는 이 기능들 중 첫 번째 기능을 수행하는 데 있다. 공공의 커뮤
니케이션에 참여하는 엘리트들은 시민사회로부터 동기를 받아들여서
이를 가공된 형태로 다시 선거권자 공중에게 돌려주는 한편, 중요한
주제들과 적절한 제안들을 국가적 제도들의 어젠다 속에 투입하고 제
도화된 심의 및 결정과정들 자체를 관찰하고 논평해야 한다. 이와 같
은 중심부와 주변부 간의 의사소통적 순환으로부터 ─ 공론장의 자체
산물로서 ─ **성찰된 공론**이 생성되어 나와야 한다.

이것은 여전히 상당히 요구수준이 높은 기대이다. 어떤 사안과 관련
하여 중요하고 충분히 성찰된 공론의 창출에 반드시 필요한 조건들을
제시하는 일은 의사소통 연구가 이로부터 의사소통의 병리현상의 원인
들을 파악하고 분석하기 위한 척도를 얻어낼 수 있다는 점에서 유용하
다. 나는 그렇게 규범적 내용을 지니면서도 경험적으로 적용 가능한
모델을 두 단계에 걸쳐 펼쳐 보이고자 하며, 먼저 국가 및 시민사회
측과 기능적 체계 측 사이의 상호작용을 살펴보고자 한다.

민주국가는 양 측의 절대적 요구사항들과 마주하고 있다. 국가는 규
정과 조치 외에도 시민들을 위해 공공재와 공공서비스를, 그리고 (산
업과 노동시장, 건강보장체계, 교통과 에너지, 연구와 개발, 교육체계 등

등의) 상이한 사회적 기능체계들을 위해 보조금과 공공인프라를 마련해야 한다. 기능체계들의 대변자들은 정치를 상대로 로비와 홍보작업 그리고 신조합주의적 협상들을 통해 그것이 추정에 불과하든 혹은 사실이든 간에 '기능상의 절대적 요구사항'을 관철한다. 이들은 '기능의 실패'를 가지고 협박할 수 있다. 가령 해고나 자본도피 혹은 상승하는 인플레이션, 교통마비, 에너지 공급중단, 고급노동력 부족, 두뇌 유출 등을 가지고 말이다. 다른 한편 이러한 위기들을 생활세계적 스트레스로 겪게 되는 사람들은 바로 해당 기능체계들의 고객 역할을 하는 시민들이다. 기능의 장애는 계급구조와 계층화를 통해 사회적으로 불평등한 부담으로 바뀌게 된다. 그러면 시민사회로부터 관심을 가진 시민집단이나 변호인들, 교회들 또는 지식인들이 지각된 사회문제들을 서로 경합하는 정의에 대한 요구들에 비추어 해석하고 이에 상응하는 정치적 요구들을 제기할 수 있다. 시민사회를 통해 상이한 사회집단들의 생활세계 안에서 체험된 결핍들이 공론장에서 표출될 수 있고, 이 공론들은 다시금 정당들 간의 경쟁을 이용하고 정부에 대해 정당성을 박탈하겠다고 협박할 수 있는 잠재적 선거권자들의 생각과 성향을 규정한다.

(3) 하지만 표심(票心)은 시민사회의 지반으로부터 자연발생적으로 싹터 나오는 것이 아니다. 일상적 의사소통이 일어나는 비조직적인 공론장들에서도 그렇고 주의를 집중하지 않고 그냥 편하게 받아들이는 대중매체 수신자들로 이루어진 약한 공중에서도 그렇고 — 지속적으로 생성되고 고정되고 극히 점차적인 변화만 일어나는 보다 장기적인 의견 및 성향에 선거운동이 끼치는 영향은 비교적 작다. 오직 극적이라고 인식된 사건들이나 사회운동들만이 급격한 의견변화를 불러일으킬 수 있다. 정치적 체계는 민주적 정당성에 의존하고 있기 때문에 시민사회에 대해 취약한 측면을 갖는다. 바로 공론의 비공식적 압박과 보통선거

라는 공식 메커니즘을 통해 정치적 권력관계의 유지 및 교체과정에 관여하고 있는 정치적 공론장이 그것이다. 이 주변부는 제도적 조밀화의 정도가 낮음으로써 정치적 체계의 국가적 핵심부와 구분된다. 확정력 (Rechtskraft)으로 무장한 '정치권력'은 관직들에 고착되어 있는 반면, 공론의 민첩한 '정치적 영향력'은 서로 교차하는 의사소통의 흐름들로부터 생겨나온다. 정치적 제도와 관직들은 그 소유자들에게 대표성과 위임을 바탕으로 민주적 절차에 따라 집단적 구속력을 갖는 결정을 내릴 수 있는 권한을 부여한다. 이와 달리 의사표현 및 언론의 자유라는 기본권과 매체 제도, 즉 매체의 다양성 및 독립성에 대한 법적 보장들은 '야생의' 의사소통 흐름들의 자유분방한 동학(動學)으로부터 영향력이 큰 공론이 발생하는 것을 가능하게 해주는 틀을 형성한다.

매체와 통신사들의 네트워크는 정치적 공론장의 인프라를 형성한다. 여론조사기관들은 수동적이고 익명적인 대중적 공중의 생각과 성향을 지속적으로 관찰하고 기록한다. 매체지식인들은 상이한 활동가들의 기여와 제안들을 바탕으로 만들어지는 엘리트적 논의를 생산한다. 발신기관들에 대한 접근권을 둘러싸고 서로 경쟁하고 프로그램 내용에 가능한 한 많은 영향력을 행사하고자 하는 이 활동가들은 이를테면 세 방향으로부터 공론장의 포럼으로 입장한다. 정치가와 정당들은 정치적 체계의 핵심부로부터 진입하고, 이익단체와 로비스트들은 사회적 기능체계들의 이익을 대변하며, 일반이익의 옹호자와 교회와 지식인과 비정부기구(NGO)들은 시민사회에 뿌리내리고 있다.

이 모든 활동가들은 '저널리스트들'과 함께 **공론**의 창출에 관여한다. 내가 생각하는 공론이란 광범위한 공중이 취한 찬반의 입장표명들의 집적을 각기 지각하는 바에 따라 관련 당파들이 직관적으로 그 비중을 평가하는, 논란이 되는 주제들과 제안들로 이루어진 군집(Syndrome, 群集)을 의미한다. 공론은 영향력을 갖는다. 공론은 생각과 느낌이 그것에 따르게 되는 환경을 형성하며, 그런 점에서 의견과 성향에 간접

〈표 2〉 공론장: 입력과 출력

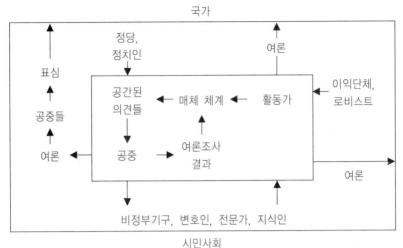

적 압력을 행사한다. 장기적으로 공론은 심성(*Mentalität*)을 형성하는
영향력을 갖는다. '지배적인' 공론의 (즉 여러 공론들 중에서 가장 우세
한 공론의) 영향력은 한편으로 주의 깊게 관찰하는 정치권 쪽으로 향하
게 되고, 다른 한편으로 바로 그 공론의 출처인 대중적 공중 쪽으로
향하게 되는데, 그러면 이제 이 공중은 그들 속에서 가장 우세해진 의
견을 거의 성찰적으로 인식하게 된다. 공론을 경험적 방법으로 파악하
기란 어렵다. 궁극적으로 공론은 한편으로 고품질 언론의 강력한 영향
하에 규정된, 공간(公刊)된 의견들과, 다른 한편으로 표본의 대표성을
고려하여 행해진 여론조사의 결과에 반영되어 나타난 의견분포들 간의
차이점들을 인식하고, 이 차이점들을 직관적으로 조정하는 것으로부터
형성된다. 즉 공론은 의견을 주도하는 엘리트들의 노력과 이에 대한
광범위하고 다양한 대중적 공중의 대체로 의식적인 반응들이 합성된,
계산해내기 어려운 결과물이다.

　　정치권이나 선거권자 공중 모두 각기 '공론'으로 부각되는 것에 대해

서 또다시 찬성, 중립 내지는 거부 입장을 취할 수 있다는 사실은 공론
장의 독특한 성찰적 성격을 말해준다. 사람들은 자신들이 공론이라고
인식하는 것에 대해서 다시 한 번 입장을 취할 수 있다. '위로부터', 즉
정치적 체계로부터 나오는 성찰적 답변들과 '아래로부터', 즉 시민사회
로부터 나오는 성찰적 답변들은 공론장에서의 정치적 의사소통이 얼마
나 효과적으로 필터기능을 하고 있는지에 대한 이중의 테스트이다. 이
런 이유에서도 매스 커뮤니케이션의 추상적이고 비대칭적 구조는 그
자체로 '성찰된 공론'의 형성에 장애가 되지는 않는다. 성찰된 공론이
란, 하나의 중요한 주제와 관련되어 있고, 주어진 정보에 비추어 충분
히 중요하지만 통상 논란의 대상이 되는 사안에 대해 행해진 현재 가
장 설득력 있고 가장 잘 논증된 해석들을 표출해주는, 찬성과 반대에
따라 그 비중이 매겨진 한 쌍의 상반된, 그러나 대체로 조리 있는 의
견들을 의미한다.

정치엘리트의 시각에서 볼 때 그러한 성찰된 공론은 정당성이 있는
것으로 여겨지는 가능한 정책들의 스펙트럼의 한계를 설정하는 변수들
을 확정해준다. 동시에 성찰된 공론은 경쟁하는 정견과 프로그램들 중
에서 어느 것을 택할지 결정할 수 있는 선거권자들에게 방향을 알게
해주는 지향점이 되기도 한다. 주변부에서의 정치적 의사소통과 정치
적 체계 핵심부에서의 권력배분 사이를 공식적으로 연결해주는 것은
바로 선거일에 개별 선거권자들이 실제로 행사한 투표들의 총합이다.
"공중에게나 결정권자들에게나 공론의 중요성은 […] 경쟁 민주주의에
서는 궁극적으로 선거방식을 통해 확보된다."44)

광역의 국민국가사회에서 대중매체에 의해 지배되는 정치적 공론장
은— 매스 커뮤니케이션의 추상적이고 비대칭적인 구조에도 불구하고

---

44) J. Gerhards, *Neue Konfliktlinien in der Mobilisierung öffentlicher Mei-nung*, Opladen: Leske+Budrich 1993, 26.

— 조건이 좋은 상황에서는 성찰된 공론을 생성해낼 수 있고, 이로써 정치적 과정이 전체적으로 토의적 속성을 띠게 되는 데에 이 영역이 토의 모델의 관점에서 볼 때 마땅히 해내야 할 기여를 할 수 있다. '조건이 좋은 상황에서는'이라는 저 제한적 표현은 앞에 언급한 유보사항들 중 두 번째 유보사항을 상기시킨다. 즉, 정당성이 없는 권력자들의 정치적 공론장에 대한 영향력 행사는 물론 매스 커뮤니케이션의 동학을 그것이 규범적 기대를 더 이상 충족시키지 못하는 정도로까지, 다시 말해 더 이상 각기 중요한 주제들과 필요한 정보들과 관련 주장들이 말로 표현되고 제도화된 심의 및 결정과정의 문턱을 넘어서는 방식으로 작동하지 않는 정도로까지 왜곡할 수 있다.

5. 공론장의 권력구조와 매스 커뮤니케이션의 동학

규범적 관점에서 볼 때 '권력'은 그 자체로 정당성을 결여한 것은 아니다. 우리의 목적에 비추어볼 때 네 가지 범주의 권력을 구분하는 것으로 충분하다. 정치적 권력은 어찌됐든 정당성 창출을 필요로 한다. 즉 권력에 복속된 사람들이 어떤 이유에서든 간에 수용하거나 적어도 감수하는 정당화를 필요로 한다. 민주적 헌정국가에서 정치적 권력의 획득 및 행사는 보다 까다로운 정당성 창출을, 즉 모든 시민들이 정치적 결정과정의 원칙과 절차에 대해 통찰하면서 동의할 것을 요구한다. 그러한 정치체제가 당연히 인정받을 만한 것인지를 입증하는 것은 정치적 의견 및 의사형성에 모든 시민들이 포용되는 것과 이 의견 및 의사형성과정의 이성적 구조, 즉 충분한 정도로 확보된 토의적 속성의 결합이다. 사회적 권력은 계층화된 사회의 신분질서에 근거하며 통상 사회적 기능체계 내에서의 지위로부터 도출된다. 경제적 권력은 자본주의 사회에서는 지배적인 형태의 사회적 권력이기는 하지만 사실 특

204

수한 형태의 사회적 권력이다. 헌정국가에서 사회적 권력은 그 자체로는 정당성 확보를 필요로 하지 않는다. 그러나 사회적 권력을 정치적 결정과정에 대한 영향력으로 전환하는 것은 오직 투명성이 확보되는 조건하에서만 허용될 수 있다. 정치적 영향력을 행사하려는 시도는 통상적인 정치적 공론장의 채널을 무시한 채 행해져서는 안 된다. 시민사회의 활동가들은 오직 정치적 공론장에서의 자신들의 위상 덕분에 정치적 영향력을 갖는 경우 말할 것도 없이 이러한 요구조건을 충족시킨다. 이 활동가들은 (자기 조직의 회원들에 대해 조직상 갖는 권력을 제외하고는) 엄밀한 의미에서 어떠한 '권력'도 갖고 있지 않다. 이들의 공공의 영향력은 이들이 사회적 네트워크의 형성과 매체를 통한 영향력, 유명세와 명성 혹은 (예를 들어 교회와 같은) '도덕적 위상'의 형태로 축적한 '사회적' 혹은 '문화적' 자본에 근거한다.

대중매체는 또 다른 권력의 원천이기 때문에 매체 관련 직업에 종사하는 사람들은 특별한 범주의 권력을 갖는다.45) 이 매체권력은 매스커뮤니케이션의 테크놀로지와 인프라에 근거한다. 기자와 칼럼니스트와 편집장들, 발행인과 감독과 프로듀서들, 그리고 또한 출판인과 출판 편집인들은 그들이 정치적으로 중요한 내용들을 선별하여 제공하고 그로써 공론의 형성에 개입하는 경우 권력을 행사하지 않을 수 없다. 언론이나 전자매체가 단지 보도만을 생산하고 뉴스만을 전달한다고 할지라도 그것들은 필터처럼 기능한다. 왜냐하면 그것들은 마치 엄청난 정보의 홍수 중에서 단지 물 몇 방울만을 통과시켜 흘려보내듯이 잠재적 메시지들 중에서 아주 적은 양만을 보도할 수 있기 때문이다. 그러나 내용들은 선별되어야 할 뿐만이 아니라 또한 제공되어야 한다. 표현의 양식과 포맷은 '성과지표'에, 즉 도달한 수신자의 수와 획득한 관

45) O. Jarren, & P. Donges, *Politische Kommunikation in der Mediengesellschaft*, Wiesbaden: VS 2006, 119 이하와 329 이하.

심의 양에 결정적 영향을 미치는 요소 중 하나이다. 매체권력은 일반
적으로 프로그램의 내용 선택과 그 형식이나 주제의 표현 시각이나 '프
레이밍'에 대해 결정할 수 있는 권한에 있다. 매체권력의 크기는 한 방
송 프로그램이 정치적 공론장에서 촉발하는 효과에 의해, 예를 들어
내용과 실제적 우선사항과 수행과제의 시간확정에 대해 결정하는 영향
력으로 측정된다. 46) 저널리스트들은 아젠다 설정과 이슈 프레이밍을
통해 권력을 행사한다. 왜냐하면 이들은 이를 통해 정치적 공론장에서
'보다 큰 영향력'을 둘러싸고 경쟁하는 활동가들 사이에 공공의 영향력
을 배분하는 일에 개입하기 때문이다.

  그럼에도 불구하고 민주주의 이론의 관점에서 볼 때 매체권력은 저
널리스트들이 '자유' 언론과 '독립적인' 매체 시스템이라는, 헌법에 따
라 확정된 공적 위탁임무의 틀 안에서 자신들의 활동을 펼치는 한 무
해한 것으로 간주된다. 이 '무해 추정'의 필수적 조건은 정치적, 경제
적, 사회적으로 권력을 가진 활동가들의 압력으로부터 매체가 편집의
독립성을 지키는 것이다. 그런데 이것은 서방사회에서도 비교적 최근
에 이루어진 일로서 그 시작은 제2차 세계대전이 끝난 직후부터라 할
수 있다. 47) 매체 시스템에서 기능적 독립성이란 직업과 관련된 법률과
규정의 법전(法典)을 준수하는 자기규율을 뜻한다. 이 법전은 공식적
으로는 대체로 요구수준이 높은 (적어도 의견의 다양성을 보장하는) 매
체관련 법률로 나타나고, 비공식적으로는 이 분야에 특유한 결사체나
자치조직 등의 직업윤리적 규정들로 표현된다. 48)

---

46) K. Callaghan, & F. Schnell, *Framing American Politics*, Pittsburgh:
University of Pittsburgh Press 2005, 1~20.

47) Jarren & Donges 2006, 26 이하; B. Weisbrod, "Öffentlichkeit als poli-
tischer Prozess. Dimensionen der politischen Medialisierung in der Ge-
schichte der Bundesrepublik", in: 같은 이(편), *Die Politik der Öffentli-
chkeit — Die Öffentlichkeit der Politik. Politische Medialisierung in der Ge-
schichte der Bundesrepublik, Göttingen*: Wallstein 2003, 11~28.

206

언론과 전자매체는 매체 시스템의 내부와 외부로부터 정치적으로 중
요한 원자재를 공급받는다. 우리와 같은 유형의 사회에서 정치보도의
주요원천은 텔레비전인데, 49) 이 인기 많은 매체는 이른바 '신망 높은
매체들'보다 더 큰 전파력을 갖는다. 하지만 국가적인 고품질 언론, 즉
전국적인 일간신문 및 주간신문과 정치주간지들에 매체 간 교류에서
의견을 주도하는 역할을 보장하는 비공식적 위계질서가 존재한다. 전
국적 배포망을 가진 주도적 신문과 잡지에 실린 정치보도와 논평은 다
른 매체들에게 모범이 되고 자극을 주는 기능을 한다. 50)

외부로부터의 유입과 관련하여 보자면 당연히 정치가와 정당들이 가
장 중요한 제공자들이다. 이들은 대부분의 정치적 사건과 뉴스와 논평
을 생산하고 전달해준다. 이들은 명백히 특권적인 매체접근권을 교섭
해낼 수 있을 만큼 강력한 지위를 갖는다. 그러나 정부라 할지라도 매
체들이 어떻게 보도하고 논평하는지에 대해서나 나아가 정치엘리트들
이나 광범위한 공중이 어떻게 보도를 수용하고 이에 대해 반응하는지
에 대해서 통상 어떠한 통제권도 가지지 않는다. 51) 특권적인 매체접근
권을 갖는 또 다른 집단은 기능체계들의 대표자와 대변자들이다. 로비
스트들과 **특수이익집단**들은 조직 수준이 높고 물적 자원의 규모도 크기
때문에 자신들의 사회적 권력을 정치적 영향력으로 전환시키기 위하여
전문적인 홍보작업 및 정치마케팅 기술들을 이용할 수 있다. 자칭 일
반이익을 대변하는 조직과 집단과 변호인들은 꽤 많은 경우 **기업 커뮤**

48) J. B. Thompson, *The Media and Modernity*, Cambridge: Polity Press 1995, 258 이하.
49) R. J. Dalton, *Citizen Politics. Public Opinion and Political Parties in Advanced Industrial Democracies*, Washington: CQ Press 2006, 22.
50) Jarren & Donges 2006, 180~195.
51) "발표되는 순간 정부는 주제와 해석에 대한 통제권을 상실한다. 왜냐하면 어떤 주제가 전적으로 수용되었다고 할지라도 그에 대한 반응과 이어지는 의사소통에 대해서는 확실한 예측이 불가능하기 때문이다."(앞의 책, 360)

니케이션 경영의 수단들을 투입할 수 있다. 그린피스의 떠들썩한 집단 행동이 그 예이다. 그러나 정치가와 로비스트들에 비해 시민사회 활동 가들은 보다 취약한 상황에서 출발한다. 이들은 일시적으로 세간의 주목을 받는 경우를 빼놓고는 오직 정치적 동원이 이루어지는 시기에만 전문성과 자금의 결핍을 메울 수 있다. 사회운동들로부터 이익을 얻거나 일반적으로 불안에 빠진 주변부의 진동들을 이용하는 경우 말이다.

정치적 공론장의 무대 위의 배우들, 즉 행위자들은―이들이 각기 보유하고 있는 권력이나 '자본'의 범주에 따라―하나의 위계질서를 형성한다. 매스 커뮤니케이션의 채널들을 통해 권력을 공공의 영향력으로 변화시킬 수 있는 좋은 기회들은 불평등하게 분배되어 있다. 몇몇 유형들은 다른 유형들보다 더 자주, 더 잘 개입할 수 있는 여지를 갖는다. 이 계층화는 물론 권력의 격차를 반영한다. 그러나 이 권력은 공론장의 성찰적 특성 때문에 한계를 갖는다. 이 말이 의미하는 바는, 관련된 모든 당파들이 자신들이 '공론'이라고 인식한 것에 대하여 다시 한 번 입장을 정리할 수 있다는 것이다. 함께 '지배적인' 공론을 만듦으로써 비로소 행위자들은 공론장에 전략적으로 영향력을 행사하려는 시도들을 하게 된다. 모든 행위자들은 소속이 정치적 체계의 중심부든, 기능체계들 중 하나든 혹은 시민사회든 간에 공론의 형성에 함께 영향력을 행사하겠다는 동일한 의도를 위해 복무한다. 커뮤니케이션 경영의 전문적 수단들은 비용이 많이 들기 때문에 모든 당파들이 이 수단을 동원할 수는 없다. 그러나 효과적인 영향력 행사를 위한 수단의 불평등한 분배가 반드시 성찰된 공론의 형성을 방해하는 것은 아니다. 왜냐하면 공론형성과정에 대한 전략적 개입은 그 효과를 상실하지 않으려면 일정한 게임규칙을 지켜야만 하기 때문이다. 즉, 이러한 전략적 개입은 그 자체로 비판적 검토의 대상이 되는 중요한 주제들과 확실한 사실들과 설득력 있는 주장들을 동원하는 데 기여하여야 한다.

그런데 강력한 행위자들은 기존의 게임규칙이 올바른 것일 경우에

208

만, 즉 성찰된 공론을 잘 창출할 수 있도록 맞춰진 게임을 보장하는
경우에만 자신들이 이 게임규칙을 반드시 지켜야 할 필요가 있다고 생
각한다. 그러한 게임이 성사되기 위해서는 두 가지 조건이 충족되어
있어야 한다. 앞에 이미 언급했듯이 자율적인 매체 시스템은 자신의
사회적 환경에 대해서 충분한 독립성을 유지해야 한다. 하지만 동시에
시민사회는 시민들이 포용적인 공론 형성에 참여할 수 있는 능력을 갖
도록 만들어야 한다. 이것은 일단 우리가 과연 대중매체의 소비자들이
정치적 의사소통에 자율적으로 참여하는 데 필요한 자질과 능력을 가
지고 있다고 이성적으로 기대할 수 있느냐는 물음을 제기한다.

분산된 대중적 공중을 구성하는 수신자들은 오직 — 가정컨대 — 대
체로 이성적인 엘리트 논의의 핵심요지를 수용할 수 있고 스스로 관련
된 중요주제들에 대해서 성찰적인 방식으로 입장을 취할 수 있을 경우
에만 논의를 통한 정당성 창출과정에서 자신들의 역할을 수행할 수 있
다. 첫눈에 보기에 이것은 몹시도 당황스럽고 과도한 요구인 것처럼
보인다. 공공의 무지(public ignorance)에 관한 연구들이 그리고 있는 평
균적 시민상은 전반적으로 무관심하고 정보에도 어두운 암울한 모습이
기 때문이다.52) 잠재적 독자, 시청자 및 청취자의 주의력 집중은 부족
한 자원이며 분명코 정치적 공론장에서 서로 차지하기 위해 가장 치열
한 경쟁이 벌어지는 대상이 되는 자원이다. 나아가 국민들 사이에 관
련 동기부여와 정치적 메시지들을 저장하고 가공하기 위해 필요한 인
식능력은 불평등하게 분배되어 있다. 위의 두 가지 사실은 정치적 프
로그램들의 수신이 고도로 선택적이며 아주 부주의한 가운데 이루어진

52) I. Somin, "Voter ignorance and the democratic ideal", *Critical Review*
12/1998, 413~458; M. Weinshall, "Means, ends, and public igno-
rance in Habermas' theory of democracy", *Critical Review* 15/2003, 23
~58; J. Friedman, "Public opinion: Bringing the media back", *Critical
Review* 15/2003, 239~260.

다는 것을 말해준다.

그런데 중장기적 지향방향이 성립되고 안정화되는 데 있어 손쉬운 판단정보들(*information shortcuts*)[53]이 하는 역할에 대한 최근의 연구들은 이 상당히 비관적인 모습을 일정하게 수정하는 데 기여하였다. 과연 경험적 연구조사가 시민들의 '정치적 무지'와 같은 것들에 대해 올바르게 개념화할 수 있는가의 문제는[54] 전적으로 차치하고라도 실망스러운 자료들은 종종 그 자료들을 근거로 도출되는 분명한 결론들을 그리 간단하게 허용하지는 않는다. 비교적 긴 시각에서 볼 때 독자와 청취자와 시청자들은 정치적 주제들에 대해, 비록 대체로 무의식적인 과정을 토대로 이루어지는 것이기는 하지만, 이성적으로 입장을 정립한다. 어떤 주제와 관련된 견해와 태도들은 일단 창발(創發)해 나오는, 유동적인 개념틀들을 배경으로 평가된, 우연히 보고 들은 몇몇 정보들에 대해 종종 묵시적인 채로 남아 있으며 잠시 동안 '잊어버렸던' 반응들이 쌓이는 방식으로 형성되기 때문이다. "그리하여 사람들은 정치에 대해 엄청난 양의 지식을 갖고 있지 않으면서도 자신들이 어떤 정치적 선택을 해야 할지 숙고할 때 식견을 가질 수 있다."[55]

---

53) 옮긴이 주: 손쉬운 판단정보(*information shortcut*)란 투표 행태에 있어 사람들이 후보자에 대해 개인적 접촉경험이나 다른 상세한 정보를 가지지 않은 상태에서 간략히 주어진 어느 단순한 정보에 의거해 그 후보자에 대해 판단하는 경우 이 단순한 정보를 일컫는 말이다. 예를 들어 성별, 출신지, 학력 등이 그것이다.

54) R. B. Talisse, "Does public ignorance defeat deliberative democracy?", *Critical Review*, 16/2004, 455~464.

55) M. X. Delli Carpini, "Mediating democratic engagement: The impact of communications on citizens' involvement in political and civic life", in: Kaid 편, 2004, 395~434, 여기 인용된 부분의 출처는 412; Dalton 2006, 26 이하.

6. 정치적 의사소통의 병리현상들

지금까지 거칠게나마 개진한 생각들은 우리와 같은 방식의 매체사회에서 정치적 의사소통이 법적으로 제도화되고 작동하는 방식이 토의 모델의 규범적 기대와 반드시 모순되지는 않는다는 것을 보여주려는 것이었다. 물론 첫눈에 보아도 이 규범적 기대와 실제상황 간에는 격차가 있다는 것을 알 수 있다. 그런 까닭에 나는 규범적 내용을 가지면서도 충분히 현실적인 연구기획이 갖는 **비판적** 의미에 대해 명확히 밝힐 것을 제안한다. 토의 모델은 정치적 공론장이 정당성 창출과정에 적절한 기여를 해낼 수 있을 조건들이 무엇인지 확실히 밝히는 것을 가능하게 한다. 무엇보다도 (1) 자율적인 매체 시스템의 상대적 독립성과 (2) 시민사회와 매체의존적 의사소통 간의 올바른 **피드백**이 그것이다.[56] 토의 모델과 어긋나는 자료들은 그것들을 실천적으로 바꿀 수 있는 정당성 창출과정의 제약들을 알려주는 비판적 징후들로 파악한다면 단지 해체적인 의미만이 아닌, 다른 의미를 획득하게 된다. 이러한 관점에서 보면 위에 내세운 두 가지 조건들은 현존하는 정당성의 결함들의 원인을 주목하도록 해주는 발견술의 역할을 하게 된다.

(1) 매체 시스템의 독립성과 관련하여 우리는 **불완전한** 기능적 분화라는 역사적 현상과 이미 분화가 이루어진 형태의 매체 시스템의 탈

---

56) 우리의 논의 맥락이 커뮤니케이션 연구〔의사소통학〕와 관련된 것이기 때문에 여기서 나는 또 다른 조건, 즉 정치적 공론장이 정책이 입안되는 모든 중요한 과정들의 투명성을 확보해야 한다는 조건에 대해서는 상론할 수 없다. 마찬가지로 경제체계의 기능적 요구사항들을 들먹이며 제기되는 모든 정치적 요구들 또한 공론장의 수로들을 통과해야만 할 것이다. 이것은 여전히 지속되고 있는 민주주의와 자본주의의 관계에 대한 토론과 관련이 된다. C. Offe, *Strukturprobleme des kapitalistischen Staates*, 개정판, Frankfurt am Main/New York: Campus 2005〔초판 1972〕 참조.

(脫)분화를 구분할 필요가 있다. 가령 전후 이탈리아의 방송체계의 국
가독점적 상황은 정치체계와의 공생적 융합의 예를 보여준다. 기독교
민주당과 공산당 간의 정권교체가 막혀있던 동안 세 개의 대형 정당들
은 각기 공공채널 중 하나의 직원들을 자기들 사람들로 채우는 특권을
누렸다. 이러한 모델은 일종의 다원주의를 보장하기는 하였지만 프로
그램 제작에서의 전문적 독립성을 보장해주지는 않았다. 정치체계의
핵심부로부터 매스 커뮤니케이션의 분화가 불완전하게 이루어짐으로써
미몽(未蒙)의 시민들에 대한 정치교육이 일정하게 후견주의적 성향을
갖게 되었는데, 베를루스코니(Berlusconi)는 바로 이러한 성향을 자신
의 시장자유주의 정책을 통해 더욱더 성공적으로 이용할 수 있었다.57)
　불완전한 분화와 비교해볼 때 일시적인 탈분화의 폐해는 작은 것처
럼 보인다. 하지만 이 변종은 보다 심각한 결과를 초래할 수 있다. 그
한 예로는 2003년 3월 미군의 이라크 침공 전후 백악관의 놀라울 정도
로 성공적인 홍보정책을 통한 국민세뇌공작을 들 수 있다. 유사한 여
타 성공적인 캠페인들과 이 이라크 관련 공작이 다른 중요한 점은
2001년 9월 11일의 테러를 즉각 '테러와의 전쟁'의 기폭제로 해석해낸
호전적 대통령의 간교하고도 중대한 결과를 초래한 조치 때문이 아니
다. 그다지 설득력이 없는 이 '테러와의 전쟁'이라는 정의에 대한 긍정
적 반향은 사회심리학적으로 쉽게 해명될 수 있다.58) 마찬가지로 잔인
하고 간악한 저 테러행위가 미국 국민들에게 안겨준 충격을 생각해볼
때 저 해석은 일어난 일에 너무나도 잘 들어맞는 것처럼 보였다. 그러
나 이 일과 관련하여 보다 주목해야 할 현상은 저 흉악한 사건을 다른
맥락 속에 위치시키기 위해 경쟁하는 시도들, 즉 다르게 '프레이밍' 하

---

57) C. Padovani, *A Fatal Attraction. Public Television and Politics in Italy*,
　　Lanham, Maryland: Rowman & Littlefield 2005, 1~12.
58) R. M. Entman, *Projections of Power*, Chicago: Chicago University Pre-
　　ss 2004, 1~22.

기 위해 경쟁하는 시도들이 부재했다는 점이다. 같은 시기에 유럽 언론에 실린 보도와 논평들과 비교해볼 때 미국 언론은, 특히 〈뉴욕 타임스〉 같은 고급신문들은 위험스럽게도 잘못된 방향으로 이끌고 가는 정부의 공보정책을 적시에 폭로해줄, 경쟁력 있는 해석들을 제공해야 하는 과제를 수행하는 데 실패하였다.59) 돌이켜 보면—권력의 소스들〔sources〕에 접근할 수 있는 특권을 위해서 정부의 선전에 대해 스스로 입을 막았던 유명한 저널리스트인—쥬디스 밀러(Judith Miller) 케이스는 백악관의 전쟁 팔아먹기가 얼마나 거창했었는지를 알게 해준다. 자유주의적 기준에 따를 때 책임 있는 언론이라면 대중적 신문과 텔레비전 방송들과의 매체 간 교류를 통해 광범위한 공론장에 보다 믿을 만한 정보와 보다 정확한 해석들을 제공했어야만 하였다.

또 다른 경우는 경제적 혹은 다른 특수이익을 대변하는 집단과 조직들에 대해 매체가 마땅히 두어야 할 거리를 두지 않는 것이다. 이 경우는 언론과 텔레비전이 정부의 그물망 속에 일시적으로 걸려드는 경우보다 구경거리는 덜 거창한 편이지만 그 발생빈도는 훨씬 잦다. 자신들의 특수 관심사와 이 관심사에 대한 호의적 해석에 보다 많은 계층들의 관심을 얻어내고자 하는 로비의 성공 여부는 물론 조직의 힘과 물적 자원, 특히 광고예산에도 달려있다. 그러나 유리한 보도 및 연출은 은폐광고와 부패를 제외하고는 간단히 돈으로 살 수 있는 것이 아니다. 오직 일정한 정책들이, 예를 들어 의약품 판매의 규제와 같은 정책들이 대기업이나 중요한 부문들의 본질적 이해관계를 건드릴 때에만 PR 전략을 통해 경제적 권력을 정치적 영향력으로 전환시키고자 하는 집중적 노력이 측정 가능한 효과를 거둔다. 이와 관련하여 또한 과학자공동체들의 간접적 영향력에 대해서도 언급되어야 한다. 시카고

---

59) L. Artz, & Y. R. Kamalipour 편, *Bring'em On. Media and Politics in the Iraq War*, Lanham, Maryland: Rowman & Littlefield 2005.

학파의 신자유주의 학설이 이른바 '워싱턴 콘센서스'에 끼친 영향은 전 세계적인 파급력을 발휘하기까지 하였다.

미디어 제국의 사적 소유주들이 자신들의 본래적인, 개인경제적인 기능을 넘어서 정치적 야심을 갖게 되고 자신의 경제적 권력을 정치적 영향력을 얻기 위한 기반으로 이용하게 되면 언제나 발생하는 매체의 편집 독립성에 대한 훼손은 특별한 경우이다. 사영 신문과 방송은 다른 모든 기업들과 마찬가지로 〔하나의 사적〕 기업이다. 그러나 이를 기반으로 소유주들은 매체권력을 **직접적으로** 정치적 영향력으로 전환하기 위하여 자신들의 기업가로서의 권력을 투입할 수 있다. 현재 로버트 머독(Robert Murdoch)은 그러한 거물들의 가장 좋은 예이다. 그는 자기 신문과 방송들을 마가렛 대처나 조지 W. 부시 혹은 토니 블레어 같은 정치인들과 같은 영향력을 얻기 위한 수단으로 사용하였다. 보다 덜 전형적인 예로는 또 다른 매체제왕인 실비오 베를루스코니(Silvio Berlusconi)가 있다. 그는 희한한 구도를 이용하여 이익을 얻었다. 먼저 그는 소유주가 가진 합법적으로 가능한 수단들을 자신의 정치선전에 이용하였고, 정권을 잡은 뒤에는 자신의 정치적 성공과 개인재산 모두를 공고히 하려는 목적을 가지고 입법에 영향력을 행사하였다. 이 모험적인 인생역정에서 그는 심지어 그때까지는 정당들에 의한 일종의 정치적 후견제가 지배적이었던 한 나라 전체의 매체문화를 비정치적인 오락을 — '영화와 드라마, 퀴즈쇼와 버라이어티쇼, 만화영화와 스포츠, 그중에서도 특히 축구를 혼합한'[60) 오락을 — 팔아먹는 포퓰리즘으로 전환시키는 데 성공하였다.

---

60) P. Ginsborg, *Silvio Berlusconi. Television, Power and Patrimony*, London: Verso 2004, 40.

214

(2) 두 번째 조건은 자율적인 매체 시스템과 대체로 자율적인 자체 공론장을 가지고 있으면서 의사소통의 자극들에 대해 민감한 시민사회 간의 피드백과 관련된 것이다. 왜냐하면 민주적 정당성 창출은 본질적으로 정치적 체계에 전 대역(帶域)에 걸친 국민의 이해관계를 반영하는 것들을 '올바로 입력'하는 것에 좌우되기 때문이다. 규범적 관점에서 볼 때 시민들의 참여는 보통선거의 결과를 통해 국회 및 각종 지방의회와 정부의 구성에 영향을 미치는 것이 전부가 되어서는 안 된다. 투표권자들의 생각과 성향들 역시 공론들을 배경으로 형성된다는 점을 차치하더라도 집단적 구속력을 갖는 정치적 결정은 지속적으로 논평하고 통제하는 공론장의 관찰하에서 수행되어야 한다. 다른 한편 시민사회가 민주적 정당성 창출에 같이 영향력을 행사할 수 있는 경우는 오직 공공의 토론의 대상이 되는 사회문제들에 대해 입장을 표명함으로써 성찰된 공론의 형성에 참여할 의사와 능력을 가진 시민들에게 매체 의존적 의사소통이 도달할 때에만 가능하다. 이러한 방식의 피드백이 왜 그렇게 거의 존재하지 않는지를 해명해주는 원인들로는 주로 두 가지가 지적된다. (a) 한편으로 사회적으로 불리한 처지와 문화적으로 주변적인 위치가 정치적 의사소통에 대한 선별적 접근과 고르지 못한 참여의 원인이다. (b) 동시에 시장(市場)의 명령에 의한 공론장의 식민화는 매스 커뮤니케이션 소비자들 사이에 특별한 종류의 마비를 촉진하는 것 같다.

(a) 공적 사안에 대한 관심과 정치적 내용을 가진 방송을 보고 듣는 것은 문화적 배경과 사회적 위상(직업과 수입, 학력, 종교 등등)에 크게 좌우된다. 61) 이 자료들은 공론장이 시민사회적 잠재력을 형성하는 저

61) S. Verba, K. L. Schlozman, & H. Brady, *Voice and Equality: Civic Voluntarism in American Politics*, Cambridge, Mass.: Harvard University Press 1995; Delli Carpini 2004, 404 이하.

심성규정적 사회환경으로부터 기능적으로 불충분하게 분화되었다는 것을 나타내는 대략적 지표들로 파악될 수 있다.[62] 그런데 제2차 세계대전의 종전 이래로 정치적 행태가 사회적 그리고 문화적 출신배경과 결부되어 나타나는 귀속적 연결성이 점차 해체되고 있다. 상이한 정치적 차원들(적극적 활동과 가치구속성, 정당 및 투표 선호도)에서의 이해관계 변화에 관한 장기적 연구들은 정치적 태도가 거주지나 사회계층 혹은 종교와 같은 결정요인들로부터 점차 독립되어 가는 경향을 보인다는 것을 입증하고 있다.[63] 이러한 변화들은 물질주의적 가치에서 탈물질주의적 가치로의 변동이라는 잘 알려진 경향변화와 시사적 사건과 주제들에 대한 태도의 ('유행에 따른') 단기적 변경이 갖는 중요성의 증대와 함께 나타난다. 특정 정당에 대한 장기간의 충성과 소속감을 반영하는 선거행태에서 **쟁점 투표**(*issue voting*)로의 변동은 무엇보다 공적 논의가 선거행태에 미치는 영향이 증대하고 있음을 보여준다. 또한 이른바 **쟁점 공중**(*issue publics*)이 형성되는 경향, 즉 특정 주제에 대한 공동의 관심을 중심으로 뭉치는 집단들이 형성되는 경향은 공공의 동인(動因)들, 적어도 매체에 의해 매개된 동인들의 비중이 증가하고 있음을 나타내는 것일 수 있다. 더욱더 많은 사람들이 더욱더 많은 수의 상이한 주제들에 대해 관심을 가지기 때문에 그렇게 주제를 중심으로 뭉친 집단들의 다원주의가 발생한다. 하지만 이러한 경향은 오직 **쟁점 공중**들이 상호 중첩되고 네트워크를 형성하는 정도만큼만 선거권자 공중의 파편화를 저지할 수 있다.[64]

더욱더 많은 시민들이 매스 커뮤니케이션의 순환과정 속에 포용되고

---

62) M. Vester, P. von Oertzen, H. Geiling, T. Hermann, & D. Müller, *Soziale Milieus im gesellschaftlichen Strukturwandel*, Frankfurt am Main: Suhrkamp 2001.

63) Dalton 2006, 150 이하, 172 이하, 219 이하.

64) Dalton 2006, 121 이하, 206 이하.

있음에도 불구하고 관련 연구들은 매체효과의 폭과 심도에 대해서는 ('그렇게 최소한은 아니다' 식의) 매우 조심스런 평가를 내리고 있다. 그리고 시민들을 정치로 포용하는 데 매스 커뮤니케이션이 끼치는 영향의 방식에 대해 내리는 결론은 터놓고 비관주의적이 아니면 잘해야 모호하다.[65] 미국의 경우 몇몇 연구결과는 이른바 비디오 병(*video malaise*) 가설을, 즉 전자매체를 자주 이용하고 또한 이 전자매체들을 중요한 정보 소스로 여기는 시민들은 정치에 대해 보다 더 신뢰하지 않고 냉소적 태도를 취한다는 가설을 뒷받침한다.[66] 텔레비전과 라디오 프로그램들을 보고 듣는 것이 어떻게 정치에 대한 무력감과 무감각과 무관심을 오히려 강화시키는가에 관한 한, 우리는 그 원인을 정치적 의사소통의 포맷과 내용에서 찾아야지 시민사회의 마비상태에서 찾아서는 안 된다.

(b) 신자유주의 경제정책의 전 세계적 성공은, 자기 조절하는 시장이 정치적으로 조절되는 영역들을 몰아내고 그 자리를 차지하는 현상이 각국 정부가 선택할 수 있는 여지를 제한한다는 인상을 한층 강화한다. 정치엘리트들이 점점 더 어찌할 바를 모르는 답답한 상황에 빠지는 것을 보면서 광범위한 국민 공중도 무력함과 무감각과 무의미함의 감정을 더욱더 가슴에 품게 되었을 수도 있다. 하지만 앞에 언급한 자료들은 보도 및 연출의 방식과 매스 커뮤니케이션의 내용이 시민들의 정치로부터의 소외, 즉 사생활주의적(*privatistisch*)이고 반(反)정치적인 정조의 확산에 기여하였다는 사실을 뒷받침한다.[67] 매스 커뮤니

---

65) Delli Carpini 2004, 420 이하.

66) T.-T. Lee, "Media effects on political disengagement revisited", *Journalism & Mass Communication Quarterly*, 82/2005, 416~433, 여기에 언급한 주장과 관련하여서는 421 이하.

67) C. Boggs, "The great retreat: Decline of the public sphere in late-

케이션의 스타일 변화는 정치적 문제를 광고의 범주들로 재정의하는 경향을 드러내준다. 문화적 재화들의 생산과 판매를 시장교환의 조건에 맞게 전환시키는 일은 18세기에 걸쳐 진행된 자율적 문화와 독립적 언론의 탄생이라는 역사적 사례가 보여주고 있는 바와 같이 전혀 다른 효과를, 즉 해방적 효과를 낳을 수 있다. 문화적 생산물을 시장에 내놓는 것이 반드시 이 상품들의 내용과 수용의 상품화(*Kommodifizie-rung*)를 초래하는 것은 아니다. 시장의 기능적 강제력이 메시지와 프로그램의 생산과 제시〔보도 및 연출〕의 논리 안으로 침투해 들어올 때에야 비로소 눈에 띄지 않게 슬그머니 의사소통 양식의 교체가 이루어지게 된다. 인포테인먼트(*Infotainment*)는 정치적 논쟁이 오락의 양식으로 전이되는 것을 나타내주는 키워드 중 하나이다.

마케팅 전략은 더 이상 선거운동의 조직만이 아니라 — 공공의 논의들을 우회하여 — 광범위한 공중과의 개인적인 접촉을 항구화하는 지도적인 정치인들이 지속적으로 매체에 등장하는 것도 규정한다. 선거에서 후보자들의 '이미지'가 갖는 중요성이 점점 커지고 있기 때문에 후보자 중심으로 선거전략이 짜이게 되고, 이러한 후보자 중심 선거전략은 이제 선거기간 전체로 확대되어 집행되게 되었다.[68] 점차 개별주제들에 대해 취하는 입장에 따라 좌우되는, 저 앞에 언급한 투표경향은 이렇게 후보자의 개인 프로필에 좌우되는 투표경향에 의해 중첩되고 압도된다. 정치의 인물중심화(*Personalisierung*)는 프로그램의 상품화를 보완한다. 여기서 사영(私營) 라디오 및 텔레비전 방송은 선구자로서 두각을 나타낸다. 공영방송은 비록 여전히 다소 다른 프로그램 구성을 유지하기는 하지만 경쟁상대인 사영방송에 적응하는 과정에 들어가게

---

twentieth century America", *Theory and Society* 26/1997, 741~780.

68) "후보자들의 이미지는 이미지 메이커들에 의해 포장되는 상품으로 간주될 수 있다. 이미지 메이커들은 투표권자들에게 특별한 호소력을 갖는 〔후보자들의〕 특징들을 강조함으로써 공중을 좌우한다."(Dalton 2006, 215)

218

된다. 69) 정치적 프로그램들은 공격과 압박을 당하면서 소비친화적으로 마름질된다. 실질적인 논쟁의 인물중심화 외에도 사건들의 극적 표현과 복합적인 연관관계의 표어(標語)적 단순화와 갈등의 첨예한 양극화는 '소비자 친화성'의 강제력의 징표들인데, 이것은 이제 독일에서도 뉴스방송에까지 그 촉수를 뻗치고 있다. 시민과 소비자의 역할이 융합되고 있다. 적지 않은 저자들이 우리가 현재 알고 있는 바와 같은 정치 저널리즘을 이미 수명이 다한 단종모델로 간주한다. 70)

이상은 토의적 연구기획의 비판적 사용을 보여주는 느슨한 예들이다. 하지만 이러한 사용은 오직 이 연구기획 자체가 충분한 경험적 근거를 가지는 한에서만 가능하다. 나의 목적은 이 연구기획의 경험적 근거를 설득력 있게 제시하는 것이었다. 공론장은 근대서양사회가 이룩해낸 진화의 산물로서 이를 위해서는 전제되어야 할 것이 아주 많은, 그렇기에 있음직하지 않은 산물이다. 공론장의 발생지에서도 우리는 공론장이 과연 계속 존속할 수 있을지에 대해서 확신할 수 없다. 하지만 이 복잡하고 취약한 의사소통구조가 붕괴된다면 근대사회의 수준 높은 정치적 자기이해의 — 자유롭고 평등한 시민들의 자율적 결사로서의 법치국가적 민주주의의 — 주요한 사회적 토대도 함께 사라지게 될 것이다.

---

69) Jarren & Donges 2006, 163과 348 이하.
70) K. Hickethier, "Der politische Blick im Dispositiv Fernsehen", in: *Weisbrod* 2003, 79~96.

7. 짧은 후기: 국민국가를 넘어서는 정치적 공론장?

나는 나의 논의를 서양의 자유주의 헌정국가들에서 각국의 공론장이 갖는 정치적 역할에 국한하였다. 서구사회만을 예로 들어 특별히 논한 것은 토의민주주의 모델을 출발점으로 삼는 경우 공론장의 역사적 유래 때문에 정당성을 획득한다. 그러나 이로써 다른 문화와 사회에도 이식이 가능한가라는 물음에 대한 답까지 미리 결정된 것은 아니다.[71] 고전적 유형의 국민국가가 갖는 정당성의 토대를 변화시킨, 20세기의 4/4분기에 시작된 최근의 세계화 바람은 전혀 다른 문제를 도발하고 있다.[72]

현재 고도로 상호의존적인 세계사회가 생성되고 있는데, 이 세계사회의 기능체계들은 거침없이 국경을 가로질러 뻗어나가고 있다. 조정 및 규제의 필요성의 증대는 국제기구들의 네트워크의 증대를 통해 충족되어야 한다. 이때 여기서 정치적 결정들이 내려지는데, 이 결정들은 관련된 각국의 국민들에게 그 방식과 개입의 심도와 항구성 때문에 과도한 영향력을 갖는다. 국제조약이 갖는 정당성의 토대로는 그러한 '국민국가를 넘어서는 통치'를 정당화하기에는 역부족이기 때문이다. 국제조약의 정당성의 토대는 어쨌든 더 이상 민주주의 헌정국가들에서 이미 관습화된 척도들을 충족시키지 못한다.

한 국민국가의 틀 안에서 정치적 공론장은 시민들이 지속적으로 관찰하면서 (정당, 보통선거, 비정부기구, 시민발의 혹은 사회운동을 통해)

---

71) 예를 들어 Tasuro Hunada의 흥미로운 연구들을 참조. 가령 "Can there be a public sphere in Japan?", *Review of Media, Information and Society* 2/1997, 1~23; 혹은 "Towards a Politics of the Public Sphere", *Review of Media, Information and Society* 4/1999, 115~133 참조.

72) A. Hurrelmann, S. Leibfried, K. Martens, & P. Mayer, *Transforming the Golden-Age Nation State*, Houndmills/Basingstoke: Palgrave 2007.

결정에 참여하는 방식으로 정책의 입안과 관철에 참여하는 것을 가능하게 해주는 반면, 각국 정부의 대표들이 불투명한 국제기구에서 협상을 통해 내리는 정치적 결정들은 추후에야, 경우에 따라서는 의회의 비준이 이루어지는 시점에야 비로소 시민들의 시야에 들어오게 된다. 종종 글로벌 공론장이 운위된다. 실제로 전 세계적으로 재해나 전쟁과 같은 개별 사건들에 대해 일시적으로 관심이 집중되는 현상이 발생하고 있다. 추측컨대 베트남 전쟁이 문자 그대로 글로벌하게 인식된 최초의 역사적 사건이었을 것이다. 이 사건을 둘러싸고 각국에서의 보도 및 논평의 채널들을 통해 일종의 점상(點狀, *punktuell*) 세계 공론장이 형성되어 나왔던 것이다. 그러나 초국가적 결정과정의 항구화에는 이와 유사한 영향력을 갖는 지속적인 관찰 및 논평이 하나도 이루어지지 않고 있다. 또한 국제적 제도들도 투명성과 접근성과 반응성이라는 본질적 전제조건들을 충족시키지 못하고 있다.[73]

민주주의의 결핍은 유럽연합에서 특히 극명하게 드러난다. 유럽 공론장의 부재로 인하여 시민들은 아무리 유럽의회의 권한이 충분히 확대된다고 할지라도 유럽 집행위원회와 이사회의 계속해서 조밀해지고 개입의 정도도 심화되는 정치적 결정들을 통제할 수 없을 것이다. 유럽 공론장이 없기 때문에 시민들은 의제가 잘못 설정된 가운데, 즉 각국의 국내 문제들이 의제로 설정된 가운데 유럽 의회를 선출한다. 동시에 회원국 정부들은 브뤼셀에서 내려진, 정당성 확보가 불충분한 결정들을 단지 '이행'할 수밖에 없기 때문에 정당성에 손실을 입게 된다. 정치적 공론장이 단지 각 국민국가의 사회 내부에만 존재하고 유럽 관련 주제들을 수용하는 것도 매우 불충분한 수준에서 행하기 때문에 시민들이 유럽적 결정과정에 적시에 참여하는 것이 불가능하다. 그리고

---

73) P. Nanz, & J. Steffek, "Zivilgesellschaftliche Partizipation und die Demokratisierung internationalen Regierens", in: Niesen & Herborth 편, 2007, 87~110.

유럽적 결정과정이 마침내 각 나라 차원에 도달해도 시민들의 정치적 의견 및 의사형성은 더 이상 요구되지 않는다.74)

'유럽 공론장의 결여'는 통상 그 대안이 상부구조의 구축에, 즉 하나의 제2언어로 유럽 전역에 걸쳐 보급되는 자체 매체들을 가진 보다 높은 의사소통차원의 도입에 있다는 잘못된 전제하에서 다루어진다. 비록 일상적, 정치적 그리고 경제적 교류를 위해 하나의(혹은 각각의 경우마다 하나의) 공동의 제2언어라는 의사소통수단이 유럽 안에서 관철되게 될지언정 전(全) 유럽적 매체 공론장에서의 언어다양성 문제는 보다 멋진 방식으로 해결될 수 있다. 바움쿠헨(*Baumkuchen*)75) 모양으로 생각하는 것은 잘못된 생각이다. 해결책은 초국가적 공론장의 구축이 아니라 이미 존속하고 있는 각국의 공론장들의 **국가 가로지르기** (*Transnationalisierung*)이다. 각국의 공론장들은 현존하는 기반구조들을 크게 바꾸지 않고서도 **상호 간에 개방**할 수 있다.76) 이를 통해 각국의 공론장들의 경계는 동시에 상호 간 번역의 포털이 될 것이다. 현존하는 고품질 언론은 무엇보다도 이 공론장들의 상호개방과정에서 이제는 반드시 이루어져야 할 각국 공론장들의 용량 확대를 위한 길잡이 역할을 맡음으로써 경제적으로 위협받고 있는 자신들의 존재를 구할 수 있

74) 그런 까닭에 리스본 조약은 각국의 의회에 정지적(停止的) 거부권 행사 기한을 부여하고 있다[옮긴이 주: 유럽연합의 각 회원국 의회는 집행위원회가 제안한 법안의 보충성 원칙 위배 여부에 대해 8주 동안 사전 심의할 권한을 갖는다].

75) 옮긴이 주: 바움쿠헨은 절단면이 나이테 모양으로 층을 이루는 원통형의 독일 전통 케이크로 '나무과자'로 번역되기도 한다. 여기서 하버마스는 바움쿠헨을 각국의 공론장 위에 포괄적인 유럽적 공론장이 중첩된다는 식의 위계질서적 관념에 대한 비유로 사용하고 있다.

76) J. Habermas, "Braucht Europa eine Verfassung?", in: 같은 이 (편), *Zeit der Übergänge*, Frankfurt am Main: Suhrkamp 2001, 104~129, 이 문제와 관련된 부분은 119 이하.

을 것이다. 이 고품질 언론은 유럽관련 주제들을 그 자체로 부각시키고 다루는 것뿐만이 아니라 같은 주제들이 다른 회원국들에서 촉발하는 정치적 입장표명과 논쟁에 대해서도 알려주어야 한다. 77)

---

77) 베른하르트 페터스는 이 과정을 (a) 각기 자기 나라의 공론장에서 유럽 관련 주제들을 관찰하는 것으로부터 (b) 이 주제들과 관련한 각국 공론장들 간의 상호관찰로, 그리고 (c) 이 주제들에 대한 각국 공론장들 간의 논의를 통한 교환으로의 행보로 서술하였고, 이것을 집단적 정체성의 의사소통적 산출에 대한 전망과 연결하였다(이에 관해서는 Peters 2007, 298 이하 참조).

▌글의 출처

1. 초창기 연방공화국의 헤르만 헬러: 볼프강 아벤트로트의 탄생 100주년을 기념하며

"Wolfgang Abendroth zum 100. Geburtstag", in: H. -J. Urban, M. Buckmiller, & F. Deppe 편, *Antagonistische Gesellschaft und politische Demokratie*, Hamburg: VSA 2007, 21~24.

2. 리처드 로티와 긴축의 충격에 대한 환희

"Meister Eckhart-Preis für Richard Rorty", in: *Frankfurter Allgemeine Zeitung*, 2001년 12월 4일자.

3. "… 그리고 미국을, 그것의 강건한 민주주의를 정의하는 것": 리처드 로티를 추모하며

"Zum Andenken an Richard Rorty", in: *Deutsche Zeitschrift für Philosophie* 55/6, 2007, 851~858.

4. 윤리적 물음에 어떻게 답변해야 하는가: 데리다와 종교

"Derrida und die Religion"은 다음의 영어본을 토대로 한 것임. "How to respond to the ethical question", in: L. Thompson 편, *The Derrida-Habermas Reader*, Edinburgh: Edinburgh University Press 2006, 115~127; 불어 번역은 J. Cohen, & R. Zagury-Orly 편, *Judéités. Questions pour Jacques Derrida*, Paris: Galilée 2003에 실려 있음.

224

5. 데리다의 명료화 효과: 마지막 인사

   "Ein letzter Gruß". 이 추도사는 *Frankfurter Rundschau* 2004년 10월 11
   일자에 실렸음.

6. 로널드 드워킨 – 법학자들 세계에서의 독보적 존재

   "Luhmann-Preis für Ronald Dworkin", in: *Frankfurter Allgemeine Zeitung*, 2006년 12월 18일자.

7. 무엇이 중요한지를 알아채는 전위적 감지능력: 지식인의 역할과 유럽문제

   "Europa und die Rolle des Intellektuellen", in: *Blätter für deutsche und internationale Politik* 5/2006, 551~558.

8. 유럽과 이민자들

   "Europa und seine Immigranten", in: *Blätter für deutsche und internationale Politik* 12/2006, 1453~1456. 이 글의 발췌본이 *Kölner Stadtanzeiger*, 2006년 11월 8일자에 실림.

9. 막다른 골목에 처한 유럽정책: 차등적 통합정책을 위한 호소

   "Europapolitik in der Sackgasse", 이 강연문의 발췌본이 *Die Zeit*, 2007년 11월 29일자에 실림.

10. 매체, 시장 그리고 소비자 – 정치적 공론장의 지주로서의 정론지

   "Medien, Märkte und Konsumenten", in: *Süddeutsche Zeitung*, 2007
   년 5월 16/17일자.

11. 민주주의는 아직도 인식적 차원을 갖는가?: 경험적 연구와 규범적 이론

   영어 강연본: "Does democracy still enjoy an epistemic dimension?
   The impact of normative theory on empirical research", in: *Communication Theory* 16/4, November 2006, 411~426.

▌찾아보기

인 명

Jürgen Habermas

Theorie des kommunikativen Handelns 1·2

의사소통행위이론 1·2

1권 행위합리성과 사회합리화 2권 기능주의적 이성 비판을 위하여

위르겐 하버마스 지음 장춘익(한림대) 옮김

4년여에 걸친 번역작업으로 완성된 현대사회이론의 이정표.
지금까지 한국에 소개된 하버마스는 서장에 불과하다. 《의사소통행위이론》으로
우리는 진정한 하버마스 사상의 본령(本領)에 들어서게 된다.

나남출판이 발간한 《공론장의 구조변동》, 《사실성과 타당성》
《도덕의식과 소통적 행위》 등에 이은 하버마스 저작의 최고 결정판!

신국판 양장본 | 각권 592, 672면 | 각권 35,000원

나남
nanam

Tel. 031)955-4600(代)
www.nanam.net

우리 시대의 마지막 '보편천재',
막스 베버가 21세기의
학문, 정치, 종교에 던지는 메시지

Max Weber

직업으로서의 학문
막스 베버 지음 전성우 옮김

학문을 '천직'으로 삼고자 하는 자에게는 어떤 덕목이 필요한가?

백여 쪽밖에 되지 않는 이 책은 현대 사회과학 역사상 가장 널리 읽혀온 강연문 중 하나이다. 베버는 이 책에서 학자라는 '직업'에 필요한 '외적' 조건과 '내적' 자질, 근대 학문의 본질, 근대 문화에서 학문이 차지하는 위상, 학문과 정치의 관계, 규범적 '가치판단'과 과학적 '사실판단' 간의 구분 등 실로 학자 및 학문에 관해 우리가 던질 수 있는 가장 본질적인 문제들을 평이하면서도 깊이 있게 다룬다.

4×6판 · 값 6,000원

직업으로서의 정치
막스 베버 지음 전성우 옮김

정치의 소명은 무엇이고 그 배반은 언제 일어나는가?

정치에 대한 필생의 사유를 해박한 지식과 특유의 섬세하고 깊은 통찰력으로 풀어낸 이 강연은 근 1세기의 세월을 뛰어넘어 오늘날 우리의 정치적 성찰을 이끌어 주기에도 전혀 손색이 없다.

4×6판 · 값 7,000원

막스베버 종교사회학 선집
막스 베버 지음 전성우 옮김

종교적 초월의 세속적 의미는 무엇인가?

첨단과학의 21세기는 종교의 학문적, 정치적 대부활로 시작하였다. 의미상실의 첨단과학시대에 종교는 무엇을 뜻하는가? 글로벌 시대에 문명 간 충돌은 왜 발생하는가? 막스 베버의 종교사회학 핵심 논문을 모은 이 책에서 그 해답을 찾을 수 있을 것이다.

4×6판 · 값 9,000원

막스베버 사회과학방법론 선집
막스 베버 지음 전성우 옮김

'객관적으로 타당한 진리'란 존재하는가?

이 역서에 수록된 〈객관성 논문〉, 〈가치중립 논문〉 및 〈사회학 기초개념〉에서 베버가 100여 년 전 설정한 의제들은 현대 사회이론 및 사회과학방법론 발전의 중심동력 가운데 하나였으며, 오늘날까지도 방법론 담론의 출발점이자 준거점 역할을 하고 있다.

신국판 · 근간

경제와 사회 – 공동체들
막스 베버 지음 박성환 옮김

《경제와 사회》는 근대 서구 문화의 특성과 기원 그리고 운명을 경제와 사회 사이의 연관이라는 세계사적 전망에서 체계적으로 분석하고 있는 중요한 사회과학 저술로서, 포괄 분야가 워낙 광범해서 사회학적 지식의 백과사전적 창고로 이해되기도 했고, 여러 분야의 과학에서 수용되었다. 이 책은 역사-비판적 편집작업을 거쳐 새롭게 간행되는 《경제와 사회》의 제 1권: 공동체들이다.

신국판 · 양장본 · 값 38,000원

정의의 타자 실천 철학 논문집

악셀 호네트 | 문성훈 · 이현재 · 장은주 · 하주영 역

'정의의 타자'에 관심을 두는 것은 정의의 원칙의 한계 때문이다. 저자는 '배려'의 윤리적 입장을 강조하지만 정의와 배려의 양자택일이 아니라, 양자를 아우르는 제3의 가능성을 모색한다. 비판이론 제3세대가 어디에 있고 어디로 가고 있는지 잘 보여주는 이정표 역할을 하는 저작이다.

신국판 | 416면 | 18,000원

물화(物化) 인정(認定)이론적 탐구

악셀 호네트 | 강병호 역

이 책에서 저자는 게오르크 루카치의 "물화" 개념을 오늘날의 사회적 현실과 학문적 수준에 맞춰 새롭게 해석하고 재활성화한다. 이렇게 새롭게 정식화된 "물화" 개념이, 인간의 삶의 가능성을 왜곡하고 제한하는 사회 병리들을 추적하고 비판하는 데 어떻게 쓰일 수 있는지를 암시한다.

크라운판 변형 | 112면 | 8,500원